L.1264.
+ G.30.

COLLECTION
DES CHRONIQUES
NATIONALES FRANÇAISES.

COLLECTION
DES CHRONIQUES
NATIONALES FRANÇAISES,

ÉCRITES EN LANGUE VULGAIRE

DU TREIZIÈME AU QUINZIÈME SIÈCLE,

AVEC NOTES ET ÉCLAIRCISSEMENTS,

PAR J.-A. BUCHON.

XVᵉ SIÈCLE.

PARIS.

VERDIÈRE LIBRAIRE, QUAI DES AUGUSTINS, N° 25.
J. CAREZ, RUE HAUTEFEUILLE, N° 18.

M DCCC XXVI.

CHRONIQUES

D'ENGUERRAND

DE MONSTRELET.

IMPRIMERIE D'HIPPOLYTE TILLIARD.

RUE DE LA HARPE, N° 78.

CHRONIQUES

D'ENGUERRAND

DE MONSTRELET,

NOUVELLE ÉDITION,

ENTIÈREMENT REFONDUE SUR LES MANUSCRITS,

AVEC NOTES ET ÉCLAIRCISSEMENTS,

PAR J. A. BUCHON.

TOME V.

PARIS.

VERDIÈRE, LIBRAIRE, QUAI DES AUGUSTINS, N° 25.
J. CAREZ, RUE HAUTEFEUILLE, N° 18.

M DCCC XXVI.

PROLOGUE

D'ENGUERRAND DE MONSTRELET.

Un très renommé philosophe, nommé Végèce, récite en un sien livre, qu'il fit de la vaillance et prudence de chevalerie, que l'exercite des armes et la continuation de batailler que eurent jadis les Romains, furent cause qu'ils subjuguèrent et dominèrent la plus grand' partie du monde. Laquelle récitation, et qu'il ait ainsi été, il semble être véritable, parce que engin subtil, industrié et exercite d'armes, font plus souvent obtenir victoire que grande assemblée ni multitude de combattants. Et à dire la vérité, peu de chose eût été le petit nombre d'iceux Romains, en leur temps, au regard de toutes autres nations, s'ils n'eussent eu en autre manière subtilité et instruction de combattre que n'avoient leurs adversaires. Mais ils étoient à ce du tout ordonnés; et de jour en jour continuoient en icelle exercite, par laquelle ils acquirent, durant leur règne, grand' renommée et inestimable louange, qui, aujourd'hui, demeure par écrit en plusieurs livres, lesquels clercs, sages et éloquents, philosophes et poètes, ont fait et composé, tant en mètres comme en prose, et qui souvent, devant les princes et grands seigneurs, sont alléguées et volontiers vues et ouies pour les vertueuses entreprises et hardiesses d'armes qui y sont écrites et trouvées. Si peut-on considérer en cette partie que le très puissant Dieu, créateur du ciel et de la terre, de sa grâce, donne à un chacun entendement par soi séparer de tous autres, par lequel aucunes fois se forment en aucunes personnes, diverses imaginations d'une même chose; car nous voyons que les livres de plusieurs sciences, composés par les sages anciens, ont été et sont ajoutées aucunes choses, qui est à supposer icelles avoir été précédentes à l'entendement d'iceux; lesquels n'en voulurent pour lors mettre ni écrire, si non ce qu'il leur sembloit que la matière requéroit. Et ceux qui ce ont quis et trouvé, soit par entendement naturel, écriture ou expérience, en tant que l'intention soit utile et raisonnable, le doivent bénignement et agréablement retenir, sans pour ce réprouver l'acteur. Et aussi nul ne se doit pas trop émerveiller si les hommes, ayant leurs engins appliqués à la guerre, trouvent ou imaginent, selon la qualité du temps, aucunes nouvelles matières, qui leur semblent être nécessaires et convenables à la conduite d'icelle. Et que oncques mais ils ne virent ni surent les paroles qui leur viennent de leur propre entendement et imagination, par l'ardent désir qu'ils ont aux besognes, comprenant et considérant en eux-mêmes les manières qu'ils perçoivent être pour eux avantageux d'envahir leurs ennemis, et eux défendre d'eux, tant par art et manière louable, comme par prouesse et vaillance de corps, dont tous hommes de noble courage qui se mettent à hanter et poursuivir icelle guerre par ordonnance, contrainte ou nécessité convenable, se doivent de leur pouvoir instruire et employer vaillamment et honorablement au bien de la chose publique, et aussi en particulier pour leur honneur et corps garder et défendre, et en ce faisant peuvent acquérir grand' recommandation. Et sans aucunement vouloir déroguer à la vaillance et prouesse des anciens preux en armes, ni diminuer leurs excellents et nobles faits, selon mon opinion, on trouve aussi hautes et excellentes vaillances de plusieurs manières avoir été faites au temps dont cette présente histoire ou chronicle fera mention qu'en icelles, que par avant on peut avoir vues et ouï recorder ; car, par usage et continuation, ont été mis en cours moult de cruels et divers habillements de guerre, desquels par avant n'étoit aucune mémoire : pourquoi, à l'occasion et aide d'iceux, avec autres subtilités, ont été commises et sont avenues diverses manières de soi conduire entre la dessusdite guerre.

Pour lesquelles ramener à mémoire, et recordation véritable, je, Enguerrand de Monstrelet, faisant ma résidence en la cité de Cambrai, qui autrefois ai pris laborieux plaisir à faire mettre par écrit, par manière de chronicle, les merveilleuses aventures et vaillances d'armes dignes de louange et recordation avenues au très chrétien royaume de France, ès pays voisins et ès marches lointaines, tant de la chrétienté comme d'autre loi, au mien petit entendement, sans polir les choses ni issir hors de la matière, mais mettant le fait directement en ensuivant les récitations qui faites en ont été à moi par plusieurs hommes nobles et autres notables personnes, et aussi par rois d'armes, hérauts et poursuivants dignes de foi et de crédence, qui ont été présents aux besognes, me suis remis à continuer et poursuivir ce que de long-temps avois et ai encommencé et à entendre les besognes, pour compiler ces présentes histoires, qui se comprennent, comme on pourra voir à elles lire et ouïr en batailles mortelles, désolations de plusieurs églises, cités, villes et forteresses, dépopulation de moult de pays et autres merveilles piteuses à recorder, dont les vaillants et prudents hommes, tant nobles comme autres, qui longuement y ont exposé corps et biens, et souffert et enduré peine et travail en péril de leurs corps, et qui grand' partie d'iceux y ont par vaillance ou par pitoyable aventure misérablement fini leurs jours, doivent être bienheureux et guerdonnés, en racontant leurs vaillances, bonnes renommées et nobles faits, tant pour eux que leurs successeurs, et doit être dénoncé par les vivants à durable mémoire. A laquelle ouïr réciter, toutes nobles personnes de vaillance et hardi courage se peuvent et doivent recueillir à vouloir loyaument servir leur prince et seigneur droiturier, en gardant sa querelle et bon droit.

Et pour ces raisons ai voulu mettre et exposer mon temps, comme dit est, en persévérant en icelle occupation : car, avec ce, ai assez aperçu et vu par expérience ce qu'aucuns princes et seigneurs de grand autorité et de divers états, ont pris plaisir à en voir et ouïr aucune chose, jà-soit-ce que ce ne soit pas sans peine d'enquérir, veiller et travailler, que tels faits se puissent aussi par ordre assembler. Toutefois de tant peu griève le travail comme l'acteur y prend plaisir quand il le fait libéralement.

Si commencerai celui mon second livre au mois d'octobre mille quatre cent vingt-deux, qui est la fin du premier volume par moi autrefois composé des histoires précédentes, et aussi le commencement du règne de très noble mémoire Charles-le-bien-instruit, par la grâce de Dieu, roi de France, septième de ce nom, et finira au mois de mai, l'an mille quatre cent quarante-huit, auquel mois et an se prirent et fermèrent les trèves d'entre les royaumes de France et d'Angleterre, en la ville de Tours en Touraine.

CHRONIQUES
D'ENGUERRAND
DE MONSTRELET.

LIVRE PREMIER.

CHAPITRE I.

Comment les nouvelles de la mort du roi Charles le Bien-Aimé furent apportées au duc de Touraine, dauphin, son seul fils, et plusieurs autres matières.

En l'an mil quatre cent vingt-deux, au mois d'octobre dessusdit, furent portées les nouvelles du trépas du roi Charles le Bien-Aimé, au duc de Touraine, dauphin, son seul fils, lequel étoit emprès le Puy en Auvergne, en un petit châtel nommé Espally, qui étoit à l'évêque du Puy. Lequel dauphin oyant les nouvelles dessusdites, en eut au cœur grand' tristesse, et pleura très abondamment. et prestement, par l'ordonnance de son conseil, fut vêtu de noir pour la première journée, et le lendemain à sa messe, fut vêtu d'une robe de vermeil ; et y avoit plusieurs officiers d'armes vêtus de leurs blasons. Si fut lors levée une bannière de France, de la chapelle ; et adonc lesdits officiers commencèrent à crier haut et clair : *Vive le roi!* Après lequel cri fut faite l'office de l'église ; et n'y fut fait pour lors autre solennité ; et de ce jour en avant, tous ceux tenant son parti le nommèrent roi de France.

Après ce que le duc Philippe de Bourgogne fut retourné en Artois, depuis la mort du roi d'Angleterre, il assembla plusieurs de ses capitaines dedans Arras ; et fut conclu que messire Jean de Luxembourg assembleroit gens pour subjuguer les Dauphinois de la comté de Guise et du pays environ, lesquels travailloient grandement les marches de Cambrésis et de Vermandois ; et sur ce les assembla autour de Péronne. Et en ces jours fut le seigneur de l'Ile-Adam mis à pleine délivrance, à la requête du duc Philippe de Bourgogne, lequel par long temps avoit été détenu prisonnier dedans la bastille Saint-Antoine, par l'ordonnance du roi Henri d'Angleterre défunt, et fut remis et restitué en ses biens, et avec ce, en partie de ses offices.

En ce même temps furent envoyés plusieurs chevaliers et écuyers de Picardie, à la journée de Saint-Valery, pour sommer messire Jacques de Harcourt de le rendre, comme promis l'avoit ; lequel, après ladite sommation, leur fit faire ouverture de ladite ville de Saint-Valery, et en demeura capitaine, messire Jean Blondel.

La nuit de Saint-Martin d'hiver de cet an, par certain moyen fait par avant, la ville de Rue fut rendue en la main de messire Jacques de Harcourt, auquel ceux de la ville firent serment et féauté, pour et au nom du dauphin, en violant la paix finale qu'autrefois avoient jurée; et y commit ledit messire Jacques pour capitaine le seigneur de Verduisant. Et pource qu'il avoit peu de gens pour fournir ses forteresses, manda aucuns de ceux de la comté de Guise; lesquels gens venus par-devers lui, travaillèrent moult le pays par leurs courses.

En ce même temps, fut pris dedans le châtel de Choisy-sur-Oise, le seigneur des Bosqueaux, lequel par grands temps avoit eu très grand règne en tenant le parti du dauphin et d'Orléans. Si fut mené à Paris, où il fut décapité et écartelé, pource que long-temps par avant il avoit occis et mis à mort, par haine qu'il avoit à lui, messire Gui de Harcourt, bailli de Vermandois.

CHAPITRE II.

Comment Charles, duc de Touraine, dauphin, fut couronné près la mort du roi Charles son père.

Après la mort du roi Charles de France dessusdit, son seul fils Charles, duc de Touraine, dauphin, par le conseil de ses princes, se fit couronner et élever à roi de France, en la ville de Poitiers; et de ce jour en avant, par tous ceux tenant son parti, fut nommé roi de France, comme étoit son père en son vivant. Et un peu auparavant, avoit-il été en grand péril de sa vie, en la ville de la Rochelle; car en tenant son conseil avec ses barons, chut une partie de la chambre où il étoit, et y fut mort Jean de Bourbon, seigneur de Préaux et aucuns autres. Et mêmement ledit dauphin y fut un peu blessé, mais ses gens le tirèrent hâtivement hors du péril, et le menèrent en autre lieu plus sûr, où en bref temps il fut réparé, et mis en bonne santé.

En cet an, fut pris messire Mansart d'Esne, dedans le châtel de Vitry, dont il fut capitaine et gouverneur; et fut pris par la Hire, tenant le parti du dauphin, comme faisoit ledit Mansart. Et, nonobstant que par long temps ils eussent été bien amis ensemble par semblant, si fut ledit messire Mansart désevré de tous ses biens, de sa forteresse; et avec ce fut mis à rançon à très grand somme de deniers, et si fut par long-temps détenu prisonnier bien détroitement. Et comme il fut commune renommée, Jean Raoulet, avec la Hire, fut consentant de lui bailler cette gabe (moquerie) de Pouille.

Item Messire Jean de Luxembourg, et tous ses gens d'armes, qu'il avoit assemblés autour de Péronne, comme dit est, alla en la comté de Guise, et ès marches d'entour, où il conquit en assez bref temps les forteresses de Bussy-sur-Fontaines, Proisy, et aucunes autres, et après s'en retourna, atout ses capitaines, auxquels il donna congé; et s'en retournèrent chacun en leurs propres lieux,

CHAPITRE III.

Comment les Parisiens envoyèrent leur ambassade en Angleterre, devers le jeune roi Henri et son conseil; et autres matières.

En cet an et en ce temps, envoyèrent les Parisiens et ceux du grand conseil du jeune roi Henri d'Angleterre, au conseil dudit roi et de la reine, une ambassade solennelle, pour faire requête, que bref ensuivant fût envoyé en France un certain nombre de combattants, pour résister aux entreprises que chacun jour faisoient les gens du nouvel roi Charles, naguères dauphin de Viennois. En laquelle ambassade, allèrent l'évêque de Thérouenne, maître Jean de Mailly, messire Bourdin de Salignies, Michaut Lailler, et aucunes autres notables personnes; et allèrent par Lille, où ils parlèrent au duc de Bourgogne; et de là, par Calais, nagèrent en Angleterre, où ils furent joyeusement reçus. Et leur fut du conseil du roi et de ladite reine, promis bon et bref secours : et après qu'ils eurent accompli leur dite ambassade, ils retournèrent en France.

Le quatorzième jour de janvier, audit an, fut prise par subtilité la forteresse du pont de Meulan par les François; desquels étoit chef, messire Jean de Graville; et avec lui avoit plusieurs notables hommes de guerre, jusques au nombre de cinq cents combattants; lesquels mirent à mort ce qu'ils y trouverent d'Anglois; et après se préparèrent en toute diligence pour tenir ladite ville et forteresse du pont, en les pourvoyant de vivres et habillements de guerre, et en réparant la fortification d'icelle. En ce temps, la comtesse de Hainaut, douairière, fut défiée d'un pauvre saquemain (pillard) lequel étoit nommé l'Escremot-Câtel, natif de Ligny, en Cambrésis, pour lors capitaine de la tour de Beaumont, sous messire Jean de Luxembourg. Après lesquelles défiances, lui courut aucunes de ses villes, et fit guerre à ses hommes et subjets par longue espace de temps.

En ce temps, ou environ le Noël, y eut plusieurs bourgeois de Paris qui firent conspiration ensemble contre le roi Henri, en intention de livrer ladite ville en la main de Charles, roi de France; desquels bourgeois y eut une partie pris; dont les aucuns furent décapités, et une femme à ce consentant fut arse; et les autres se rendirent fugitifs; entre lesquels se partit Michaut Lailler; et tous leurs biens furent pris de par le roi Henri et confisqués.

En ces jours même, fut prise la ville de la Ferté-Milon des François, par le consentement des habitants d'icelle: mais le châtel fut défendu par ceux qui le gardoient, lesquels mandèrent hâtif secours au seigneur de l'Ile-Adam, au seigneur de Castillon, et au bâtard de Thien lequel de l'Ile-Adam assembla de cinq à six cents combattants, et les mena par derrière audit châtel; et tantôt, à certaine heure qu'ils avoient conclue ensemble, assaillirent vigoureusement ceux de la ville, qui, en bref temps, sans grand' défense, furent déconfits, et plusieurs pris et occis cruellement, et tous leurs biens ravis et emportés sans avoir nulle pitié.

Assez bref ensuivant la prise de Meulan dessusdite, le duc de Bedfort, qui se disoit régent en France, assembla grand nombre de combattants, tant Anglois, Normands, comme Picards, atout lesquels il alla mettre le siége devant ledit pont de Meulan, à un lez à l'autre côté de la rivière; et là, fit dresser contre les portes et murailles, grands engins pour icelle confondre et abbattre. Et en ce continua par grand' diligence; et fut là à siége depuis l'entrée de janvier jusques au mois de mars ensuivant, que lesdits assiégés commencèrent à traiter. Ce siége durant, au mois de février, furent conquis par messire Jean de Luxembourg, les forts de Franquenez, Neufville, Endorans, Vironfosse et Canaple. Avec lequel de Luxembourg, étoient le seigneur de Saveuse, messire Daviod de Poix, et plusieurs hommes d'armes experts et éprouvés en armes. Après laquelle conquête, retournèrent devant la ville de Guise, et là livrèrent à ceux de dedans une très grande escarmouche. Et ce fait, par devant Oisy en Thierasche, retourna ledit de Luxembourg en son châtel de Beaurevoir, et donna congé à tous ses capitaines, et autres gens d'armes.

CHAPITRE IV.

Comment les capitaines du roi Charles s'assemblèrent en grand nombre pour lever le siége de Meulan; et comment le duc de Bedfort traita à ceux dudit lieu.

En la fin du mois de février, s'assemblèrent en très grand nombre les gens du roi Charles, vers le pays de Berri, sous la conduite du comte d'Aumale, du comte de Bouquen (Buchan) Écossois, du vicomte de Narbonne, de Tanneguy, le Châtel-Breton, et plusieurs autres capitaines, atout six mille combattants ou environ; lesquels ils menèrent, et conduirent jusques à six lieues près dudit Meulan. Et eux venus audit lieu, ils ordonnèrent leurs batailles; mais il se mut dissention entre eux, pour quoi ils retournèrent en très petite ordonnance et sans rien faire. Et à leur retour, perdirent de leurs gens très largement, des garnisons qui étoient à Chartres et ès pays d'environ, de par les Anglois, qui se férirent entre eux, quand ils aperçurent qu'ils s'en alloient ainsi à desroi. Laquelle chose venue à la connoissance des assiégés de Meulan, leur fut moult déplaisante, quand ils virent qu'on leur failloit à envoyer secours au jour qu'on leur avoit promis, dont, par courroux et désespoir, jetèrent la bannière du roi Charles, qu'ils avoient mise sur leur porte, du haut en bas. Et puis montèrent plusieurs gentilshommes à la vue des assiégeants, et là, dépecèrent et déchirèrent leurs croix et enseignes qu'ils portoient du roi Charles dessusdit, en despitant à haute voix ceux de delà, qui leur avoient envoyées, comme faux parjures.

Et bref après, commencèrent à parlementer avec les gens dudit comte de Bedfort; et sur ce furent gens élus des deux parties pour traiter; c'est à savoir du côté de Bedfort, qui se disoit régent, le comte de Salsebery, messire Jean Fastolf, messire Pierre de Fontenay, messire Jean de

Poulligny, seigneur de La Motte, Richard de Wydeville, Nicolas Bourdet, grand bouteiller de Normandie, et Pierre le Vérard. Et de la partie des assiégés, furent commis messire Jean de Graville, sire Louis Martel, messire Adam de Croisines, chevaliers; Jean d'Estambourg, Jean de Mirot, Roger de Boissie, Oudin de Boissie, et Jean Marles, écuyers; lesquels commis et traiteurs des deux parties dessusdites, convinrent ensemble par plusieurs fois, et enfin furent d'accord par la forme et manière ci-après déclarée.

CHAPITRE V.

S'ensuit la copie du dessusdit traité de Meulan.

PREMIÈREMENT, tous les assiégés devant dits rendront et délivreront ledit pont et la forteresse en la main de monseigneur le régent, ou de ses commis et députés, ainsi réparée, fortifiée et garnie de canons, poudres et arbalètres, et autres habillements de guerre, comme elle est en présent, sans à icelle faire fraude, mal engin, ni déception, et sans faire auxdits habillements de guerre, et autres choses défensables pour ladite forteresse, aucun gast, fraction, ou aucune empirance de vivres, ou autres choses pour corps humain; laquelle forteresse et pont ils rendront dedans demain tierce, que sera le second jour de ce présent mois de mars.

Item, est traité et appointé que tous ceux qui, à présent, sont audit pont de Meulan et forteresse, de quelque état qu'ils soient, se rendront et mettront du tout à la volonté de monseigneur le régent, en la plus grande humilité et obéissance qu'ils pourront. Pour cause de laquelle humilité et obéissance lesdits commis et députés dudit monseigneur le régent, de sa haute grâce, en usant de miséricorde, et en l'honneur et révérence de Dieu et du saint temps de carême, qui est de présent, les recevra, et leur laissera les vies sauves, excepté ceux qui autrefois ont été en l'obéissance de feu le roi d'Angleterre, héritier et régent de France, auquel Dieu pardoint ! et ceux qui ont fait le serment de la paix finable des royaumes de France et d'Angleterre, et ceux qui ont été consentants et coupables de la mort de feu Jean, duc de Bourgogne, dernièrement trépassé, et Gallois, Irois et Écossois, si aucuns y en a, et excepté, avec ce, Jean Dourdas, un nommé Savary, Servant de Bernabant, Olivier de Lannoy, et les canonniers, et ceux qui furent en la première embûche, qui entrèrent premièrement audit pont, lesquels demeureront à la volonté de monseigneur le régent.

Item, est appointé que si aucuns gentilshommes, et autres dessusdits non exceptés, comme dit est, se veulent rendre et mettre en l'obéissance du roi notre souverain seigneur, roi de France et d'Angleterre, et de monseigneur le régent, comme ses vrais hommes liges, et faire guerre à l'encontre de ses adversaires, comme naguères ils faisoient contre le roi notredit seigneur et mondit seigneur le régent, icelui monseigneur le régent, de sa grâce, les recevra sans ce qu'ils paient finance ni rançon, pourvu toutefois que de ce faire et accomplir ils bailleront pleige et caution.

Item, que tous ceux qui à présent sont en ladite forteresse et pont de Meulan, qui ont ou tiennent, ou autres pour eux, aucunes villes, places ou forteresses au roi notredit seigneur, et à monseigneur le régent, les rendront et délivreront à mondit seigneur le régent, ou à sesdits commis et députés, et avec ce, feront toute leur puissance et devoir pardevers leurs parents et amis, qui aucunement en tiennent, qu'ils les rendront à monseigneur le régent, ou à ses commis. Et jusqu'à ce qu'ils auront fait et accompli les choses dessusdites, ils demeureront en la volonté de mondit seigneur le régent, lequel, les choses dessusdites accomplies, dûment les recevra, comme dessus est dit.

Item, que si aucuns étant audit pont et forteresse de Meulan ont ou tiennent, en quelque lieu que ce soit, aucuns prisonniers anglois, françois, bourguignons, ou autres marchands de l'obéissance et serment de mondit seigneur le régent, ils les rendront et délivreront franchement et quittement, sans prendre desdits prisonniers ou de leurs pleiges rançons.

Item, est appointé que ceux qui sont en la forteresse du pont de Meulan, dedans le jour de lendemain, mettront ou feront mettre en un ou deux lieux certains de ladite forteresse, tous leurs harnois de guerre, sans aucune chose rompre, froisser ni dépecer; et aussi feront mettre en un autre lieu certain, tout l'or et l'argent, vaisselle, joyaux, et autres biens de value étant en ladite forteresse, sans en retenir, recéler, ni détourner aucune chose, en quelque lieu ni par quelque manière que ce soit, et les délivreront et dénonceront aux commis de monseigneur le régent, sur peine de perdre le bénéfice de ce présent traité et la grâce de mondit seigneur le régent.

Item, mettront en un ou deux lieux de ladite forteresse, les chevaux étant en icelle, et leurs harnois, pour iceux être délivrés en l'état qu'ils sont de présent, avec les autres choses, aux commis de mondit seigneur le régent, sur la peine dessusdite.

Item, sur ladite peine, est traité et accordé que ledit temps durant ils ne laisseront ni souffriront partir de ladite forteresse et pont de Meulan, ni entrer en iceux quelque personne que ce soit, sans le congé et licence de mondit seigneur le régent; et, sur icelle même peine, dénonceront, bailleront et délivreront à lui, ou à sesdits commis, tous les devant dits, excepté ceux dont ils n'auront connoissance.

Et afin que toutes les choses dessusdites et chacunes d'icelles soient intérinées et accomplies fermement et vaillablement, les dessusdits commis et députés d'une partie et d'autre ont mis leurs sceaux à ce présent appointement, le premier jour de mars l'an mil quatre cents et vingt-deux.

Après que tout le contenu de ce présent traité fut accompli en la manière dessusdite, à cause de ce furent rendues en la main dudit régent les forteresses de Marcoussy, de Mont-le-Héry, et plusieurs autres, étant lors en l'obéissance desdits assiégés : lesquels furent trouvés au jour de ladite reddition en nombre de cent gentilshommes et deux cents autres combattants, dont les plusieurs firent le serment ci-dessus devisé, et jurèrent d'être bons et loyaux envers ledit régent. Et mêmement leur promit et jura ledit seigneur de Grasville. Et furent menés à Rouen prisonniers jusqu'au plein accomplissement de tout le traité. Et fut certifié par ledit de Grasville aux commis du régent que le roi Charles étoit en vie quand il se partit de lui dernièrement pour venir à Meulan : mais il avoit été blessé en la ville de La Rochelle, d'une maison qui étoit chute, où il tenoit son conseil, dont ci-dessus est faite mention.

CHAPITRE VI.

Comment les François échelèrent et prirent la forteresse de Dommart en Ponthieu ; et plusieurs autres matières.

Le vingtième jour de mars de ce présent an, les François échelèrent et prirent la forteresse de Dommart en Ponthieu, dedans laquelle étoit Le Borgne de Fosseux, chevalier, et Jacques de Craon son beau-fils, lesquels se sauvèrent à petite compagnie secrètement par une poterne quand ils ouïrent l'effroi. Et messire Simon de Boulenviller, Jean de Douceurie, et plusieurs autres étant audit châtel, furent détenus prisonniers avec la femme dudit de Fosseux. Et généralement tous les biens d'icelui furent pris, ravis et butinés ; desquels biens y avoit grande abondance, tant de ladite ville de Dommart comme du pays. Et bref ensuivant, le seigneur de Crotoy, atout trois ou quatre cents combattants, s'en alla loger en une forteresse appartenant à l'évêque d'Amiens, nommée Pernois, séant à une lieue auprès dudit Dommart, pour là tenir frontière, et garder ledit pays contre lesdits François. Et après aucuns jours ensuivant, fut un traité fait avec iceux François, par condition qu'ils rendroient ladite forteresse, et s'en retourneroient au Crotoy atout leur gagnage; et étoit le chef d'iceux un nommé Dandounet.

En cette saison, le duc de Glocestre eut en mariage la duchesse Jacqueline de Bavière, comtesse de Hainaut et de Hollande, laquelle long-temps par avant, comme dit est dessus, étoit allée en Angleterre, nonobstant que ladite Jacqueline avoit épousé le duc Jean de Brabant, qui pour lors étoit encore vivant; pour lequel mariage moult de gens furent grandement émerveillés.

En l'an dessusdit, alla le roi d'Arragon en Italie, à la requête de la reine Jeanne, femme à Jacques de Bourbon, laquelle avoit élu pour son hoir et héritier ledit roi d'Arragon, et lui venu audit pays déchassa le duc d'Anjou; qui se nommoit roi de Sicile, et tous ses gens; et après attrahit (attira) vers lui, et à son accord, tous les capitaines de ladite reine : c'est à savoir Forte (Sforza), Brace (Braccio de Monton), Tartaille (Carraccioli), et aucuns autres anciens et des plus principaux de toute Italie. Lesquels, bref ensuivant, tous d'un commun accord, iceux et ledit roi d'Arragon firent tenir prisonnière ladite reine Jeanne; et par ainsi fut punie de telle punition qu'elle avoit puni son seigneur et mari Jacques de Bourbon. Et demeura ledit roi d'Arragon seigneur et maître de la plus grand' partie d'Italie, certaine espace de temps. Et le pape même s'accorda à lui, et y envoya le cardinal de Saint-Ange pour faire ledit accord. Lequel cardinal, en faisant son voyage, si comme il entroit par une planchette en une forteresse, chut du haut en bas ès fossés, et se blessa tellement que bref ensuivant il mourut.

Au temps dessusdit, vinrent les nouvelles ès marches de France des hérèses (hérétiques) et rebelles contre la foi chrétienne, étant à Pragues et ès marches de là environ; lesquels se mettoient en peine de acquérir et mettre en subjection châteaux et forteresses sur les chrétiens. Et étoient iceux hérèses en plus grand' erreur et plus puissants que par avant n'avoient été; et tant que l'empereur ne pouvoit résister contre eux, et s'en retourna en son pays de Hongrie sans eux rien méfaire.

En l'an dessusdit, les gens de messire Jacques de Harcourt firent secrètement plusieurs courses ès pays de Vimeu, de Ponthieu, d'Artois et des marches à l'environ : et mêmement prirent et emmenèrent plusieurs charrues aux censiers du mont Saint-Éloi, emprès Arras. Si les menèrent vendre et butiner dedans la ville du Crotoy : pour lesquelles courses les riches laboureurs du pays n'osoient coucher en leurs lieux et hôtels, ni faire labeurs. Et d'autre part, les François qui se ténoient en la comté de Guise alloient et venoient souvent audit Crotoy, et à Rue, parquoi le pays étoit alors moult travaillé, tant d'une partie comme d'autre, et n'étoit justice en rien obéie.

En cet an furent les bourgeois et communauté de Tournai en grand' dissension l'un contre l'autre, et s'assemblèrent en armes atout les bannières de leurs métiers, par manière de commotion : c'est à savoir les grands contre les petits, et reçurent le seigneur de Moy, qui tenoit le parti du roi Charles; et leur bourgeoisie et plusieurs hommes de petit état firent leurs capitaines, en doutant les prévôts, jurés et autres gouverneurs. Et toujours la plus grand'partie d'iceux soutenoient la partie dudit roi Charles. Toutefois ils se apaisèrent pour icelle fois sans coup férir; et depuis par plusieurs fois se mirent en armes en faisant pareilles mutations à celle dessusdite.

Auquel an aussi s'assemblèrent en Normandie deux mille et cinq cents Anglois, sous la conduite du seigneur de la Pole, de Thomas Burry et aucuns autres chefs de guerre, lesquels se mirent à chemin et passèrent le pays du Maine; et de là, en dégâtant pays, allèrent jusque devant Angers, où ils firent de grands dommages, et prirent audit pays grand nombre de prisonniers, bétail et autres biens, atout lesquels ils s'en retournèrent loger par plusieurs journées, à une grosse ville nommée Buisignes de la Gravelle.

Durant lequel temps, Jean, comte d'Aumale, qui par ceux du pays savoit cette chevauchée, et avecque lui le baron de Colonges, seigneur de Fontaine, du pays d'Anjou, et messire Pierre le Porc, firent grand amas de gens d'armes et de communes, et les attendirent assez près d'illec audit lieu de Gravelle, en très bonne ordonnance. Et lors que les Anglois les aperçurent, descendirent tous à pied, et mirent tout leur bagage arrière d'eux. Si les assaillirent les François très vigoureusement et de grand courage; et en étoit la plus grand' partie à cheval; et les Anglois se défendirent assez vaillamment. Et y eut un très dur estour (combat); mais finablement iceux Anglois furent tous déconfits, et en demeura lors sur la place douze cents largement. Et y fut pris le seigneur de la Pole, et avecque lui bien trente gentilshommes; et des communes de la partie françoise moururent six-vingts personnes sur tout.

CHAPITRE VII.

Comment les ducs de Bedfort, de Bourgogne et de Bretagne vinrent à Amiens, et firent alliance entre eux.

Au commencement de cet an mil quatre cent vingt et trois, s'assemblèrent à Amiens les ducs de Bedfort, de Bourgogne et Bretagne; avecque eux de chacune partie grand nombre de chevaliers et écuyers. Et avecque ledit Bedfort, qui se nommoit régent de France, étoit le grand conseil du jeune roi Henri d'Angleterre. Et avecque le duc de Bretagne étoit Artus, comte de Richemont, son frère. Lesquels princes venus audit lieu d'Amiens firent l'un à l'autre grand' révérence et semblant de tout amour. Et donna le duc de Bedfort royalement à dîner aux autres princes, en l'hôtel épiscopal de l'évêque d'Amiens, où il étoit logé. Et après ces choses, traitèrent l'un avecque l'autre, et firent alliance par la forme et manière contenue en une lettre scellée de leurs sceaux et signée de leurs signes manuels, de laquelle la copie mot après autre s'ensuit.

« Jean, gouverneur et régent du royaume de France, duc de Bedfort; Philippe, duc de Bourgogne, et Jean, duc de Bretagne, à tous ceux qui ces présentes lettres verront et orront, salut. Savoir faisons que, pour la considération des amitiés et prochaineté de lignage qui jà sont entre nous, moyennant les mariages conclus, accordés et confirmés entre nous Jean, duc de Bedfort, régent de France, et notre très chère et très aimée compagne et cousine Anne de Bourgogne, d'une part, et notre très cher et très aimé frère Artus, duc de Touraine, comte de Montfort et d'Ivry, et de notre très chère et très aimée sœur et cousine Marguerite de Bourgogne, d'autre part, et pour le bien du roi notre sire, et de ses royaumes de France et d'Angleterre, de nous et de nos dominations et seigneuries, de nos terres, pays et sujets, nous, et chacun de nous, jurons et promettons être et demeurer, tant que nous vivrons, en vraie fraternité, bon amour et union; et nous entre aimerons et entretiendrons comme frères, parents et bons amis; garderons et défendrons l'honneur l'un de l'autre, tant en couvert comme en public, sans fraction ni quelconque dissimulation ; avertirons l'un l'autre de tout ce que nous saurons et entendrons être au profit, dommage, honneur ou blâme l'un de l'autre, et de nos seigneuries, terres, pays et sujets. Et si aucun ou aucuns nous faisoient mauvais rapport l'un de l'autre, nous n'y ajouterons point de foi, mais retiendrons sûrement chacun devers nous ceux qui feront lesdits rapports. Et par vrai amour et charité, ferons savoir incontinent à celui de qui telle relation aura été faite, pour en faire ainsi comme raison sera. Et si nous ou l'un de nous avons affaire pour notre honneur ou nos pays, terres et seigneuries garder et défendre contre aucuns autres qui nous voudroient grever ou endommager, nous et chacun de nous serons tenus d'aider et servir celui de nous qui aura à besogner, si de ce sommes requis, à cinq cents hommes d'armes ou de trait valant ledit nombre, en la manière que cil qui aura à besogner voudra. Et sera tenu celui qui sera requis payer ses gens à ses dépens pour le premier mois ; et celui qui les requerra sera tenu de les payer du sien au temps qu'ils serviront outre. Et si aucun de nous veut avoir plus grand' puissance pour aide, celui qui sur ce et de ce sera requis, sera tenu d'aider le requérant le plus abondamment qu'il pourra, ses pays demeurés garnis.

» *Item*, que de toute notre puissance, et par les meilleures voies et manières que nous saurons aviser, nous nous emploierons pour le relèvement du pauvre peuple de ce royaume, qui tant a à souffrir et tant souffre de pauvreté, à débouter les guerres hors de ce royaume et le mettre en paix et tranquillité. Afin qu'en icelui royaume, Dieu soit servi et honoré, et que marchandise et labour y puissent avoir cours, nous et chacun de nous promettons loyaument et en parole de princes, faire, tenir et accomplir toutes les choses dessusdites par la manière dessusdite, autant que nous vivrons, sans dorénavant faire ni aller à l'encontre, par quelque manière que ce soit, sous l'obligation de nos biens, tant meubles que immeubles, présents et à venir. En témoin de ce, nous avons fait mettre nos sceaux à cesdites présentes, lesquelles nous avons scellées et signées de nos propres mains : et avons écrit au-dessous nos propres noms, en la ville d'Amiens, le dix-septième jour d'avril, l'an mil quatre cent vingt et trois. »

Avec icelui traité et accord dessusdit, furent par confirmés les deux mariages dessus déclarés, c'est à savoir du duc de Bedfort, régent, et de Anne, sœur au duc de Bourgogne. Et avec ce, de Artus de Bretagne et de Marguerite, sœur au duc dessusdit, laquelle par avant avoit eu épousé le fils aîné du roi Charles, dauphin de Vienne et duc d'Aquitaine. Et fut vérité que le duc de Bourgogne donna à sa sœur Anne, avec le duc de Bedfort, sa comté d'Artois, avec toutes les appendances héritablement, en cas toutefois qu'il n'y eût nul hoir de sa chair né en loyal mariage.

Après tous lesquels traités se départirent de la

ville d'Amiens, les ducs de Bedford et de Bourgogne, lesquels retournèrent ensemble à Paris; et le comte de Richemont s'en alla à Arras. Et le duc de Bretagne reçut premier six mille écus pour les dépens de son voyage, que lui fit délivrer ledit régent, et puis retourna en son pays avec ses Bretons. Durant le temps que les ducs de Bedford, de Bourgogne et de Bretagne furent ensemble à Amiens, requit icelui duc de Bourgogne audit Bedford, qu'au cas que les châtellenies de Péronne, de Roie et de Mont-Didier seroient remises au domaine du roi, qu'en ce lieu lui fussent délivrées les villes d'Amiens et d'Abbeville, Montreil, Dourlens, Beauquesne, et toutes les appartenances. Sur quoi lui fut répondu qu'on en parleroit au grand conseil du roi. En après, le duc de Bedford, régent, atout grand' puissance de ses Anglois, s'en alla à Troyes en Champagne, auquel lieu lui fut amenée honorablement du pays de Bourgogne, Anne, sœur au duc Philippe; et lui amena en gracieux appareil la dame de Rochefort et la dame de Salms, accompagnées du seigneur de Saint-George, et aucuns autres barons et seigneurs de Bourgogne. Avec lesquels étoit un nommé Jean de Quielong, qui de par le duc de Bourgogne avoit été envoyé devers la duchesse douagière (douairière), pour faire apprêter les besognes.

Lesquels venus audit lieu de Troyes, le duc de Bedford épousa ladite demoiselle de Bourgogne. Et furent les noces faites tant solennellement comme royalement. Après lesquelles, aucuns jours ensuivant passés, se départirent lesdites dames l'une d'avec l'autre, non mie sans pleurs, retournant en Bourgogne. Et le duc de Bedfort, atout sa femme la duchesse, prit son chemin vers Paris, auquel chemin il assiégea puissamment la ville de Pont-sur-Seine, laquelle en bref fut par force d'assaut prise des Anglois; et la plus grand' partie des François qui dedans étoient, furent mis à mort cruelle. Et de là passa outre, et alla séjourner une espace de temps à Paris, en l'hôtel des Tournelles, lequel pour sa demeure il fit grandement réparer.

CHAPITRE VIII.

Comment Pothon de Sainte-Treille et Lyonnel de Vendôme firent armes à Arras, en la présence du duc de Bourgogne.

En ces propres jours furent faites armes à Arras, en la présence du duc de Bourgogne, juge en cette partie, de Pothon de Sainte-Treille d'une part, et de Lyonnel de Vendôme d'autre part. C'est à savoir que ledit Pothon avoit requis Lyonnel, qu'ils pussent courir l'un contre l'autre, tant qu'ils eussent assis l'un sur l'autre six coups de lance, ou icelles rompues. Et à l'opposite, ledit Lyonnel avoit requis à Pothon de combattre après de haches, tant qu'elles pourroient durer. En après, quand le jour fut venu, et qu'ils se furent préparés, Pothon entra premier au champ comme appelant, accompagné de ses gens bien gentement, et alla faire la révérence au duc de Bourgogne, qui étoit en son échafaud, et puis se retrahit. Et assez tôt après entra ledit Lyonnel de Vendôme, accompagné de messire Jean de Luxembourg, qui le servit tout le jour de lances, et aucuns autres de ses seigneurs et amis. Et, comme avoit fait ledit Pothon, alla faire la révérence au duc, et puis se mit à son lez au bout des lices, et assez tôt après ils se préparèrent à courre l'un contre l'autre. Si coururent plusieurs coups moult roidement, entre lesquels y eut de chacune partie aucunes lances rompues et froissées l'un sur l'autre. Toutefois, sur la fin, le heaume Lyonnel fut un petit cassé du fer de son adversaire, et de ce eut la tête blessée, non mie grandement ; et pour tant le duc de Bourgogne, de ce averti, les fit cesser de plus courre l'un contre l'autre ce jour, touchant les armes à cheval.

Le lendemain, le duc de Bourgogne revint en son échafaud environ dix heures, accompagné du comte de Richemont et des seigneurs de son conseil, pour attendre les champions qui devoient faire leurs armes à pied. Et assez tôt après entra Lyonnel de Vendôme, toujours accompagné de messire Jean de Luxembourg, et alla, comme il avoit fait le jour de devant, faire la révérence au duc Philippe; et puis retourna devans son pavillon, et là attendit son adversaire, lequel vint tantôt après. Et après qu'il eut fait la révérence audit duc, se retrahit dedans son pavillon; et tantôt, comme il est de coutume en tel cas, fut crié par un héraut, que tout homme vidât les lices, et que nul ne donnât empêchement aux champions, sur peine capitale.

Et adonc, Lyonnel de Vendôme, qui étoit appelant, issit de son pavillon, sa hache en son poing, et marcha le grand pas sur son ennemi, lequel, quand il le vit approcher, issit hors de son pavillon, et alla à l'encontre dudit Lyonnel; lequel Lyonnel le assaillit vigoureusement, en jetant plusieurs coups de sa hâche à bras tourné contre icelui Pothon. Et aucunes fois frappoit d'estoc sans cesser ni refréner son haleine; et en ce faisant, Pothon recevoit froidement ses coups sur sa hache, en les détournant, à son pouvoir, arrière de lui. Et, quand il vit son point, il approcha ledit Lyonnel, et le férit plusieurs coups de la pointe de sa hache par-dessous sa visière de son bassinet; et tant fit qu'il lui leva ladite visière, tant qu'on voyoit pleinement le visage dudit Lyonnel. Lequel, se voyant en ce danger, fit tant qu'il prit la hache de Pothon d'une main dessous son bras. Et Pothon prit Lyonnel d'une main par le bord de son bassinet, et l'égratigna de son gantelet au visage.

Et en ce faisant et ardiant (s'échauffant) l'un

contre l'autre, Lyonnel referma sa visière à peu près. tantôt le duc de Bourgogne les fit prendre en ce point par ceux qu'il avoit commis à garder le champ; desquels ils furent menés devant le duc : lequel présentement leur ordonna à demeurer bons amis ensemble, tant comme il touchoit leurs armes ci-dessus déclarées. Et sur ce retournèrent chacun en leurs hôtels; et fit là ledit Pothon de grands bobans avecque ses gens. Et le lendemain coururent de fer de lance, l'un contre l'autre, Rifflard de Champ-Remy, tenant le parti du roi Charles, contre le bâtard de Rosbecque; et rompirent l'un sur l'autre aucunes lances; mais, en conclusion, ledit Rifflard fut enferré tout parmi son harnois, qu'on vit vers le côté; et néanmoins ne fut point percé au vif. Pour lequel coup le duc de Bourgogne les fit cesser, et retournèrent en leurs hôtels, chacun accompagné de ses gens; et dedans brefs jours, s'en retourna ledit Pothon avec les siens en la comté de Guise.

CHAPITRE IX.

Comment le comte de Salsebery assiégea la forteresse de Mont-Aiguillon, laquelle se rendit à lui; et autres matières.

En ce temps, alla le comte de Salsebery, atout grand' puissance, assiéger la forteresse de Mont-Aiguillon, en Champagne, par l'ordonnance et commandement du duc de Bedfort, qui se disoit régent de France; lequel Salsebery étoit pour lors gouverneur du pays de Champagne et de Brie : lequel siége il continua par moult longue espace de temps, en faisant plusieurs assauts par divers engins et autres instruments de guerre. Et y fut bien six mois ou environ. Toutefois, ce temps durant, furent livrés plusieurs assauts à la forteresse, et, par diverses manières de les assiéger, furent moult oppressés. Et pouvoient être dedans jusques à six vingts combattants; desquels étoient capitaines le seigneur de la Bourbe, le seigneur de Coligny, et un homme d'armes nommé Bourghenon. Desquels six vingts combattants se départirent grand' partie, et en la fin n'y demeurèrent que trente ou environ, lesquels, en conclusion, furent contraints de manger leurs chevaux. Et en la fin se rendirent audit comte de Salsebery, par condition qu'ils paieroient, pour sauver leur vie, vingt et deux mille saluts d'or, dont, pour ladite somme fournir, demeurèrent en otages quatre des principaux, jusques à l'accomplissement d'icelle. Et se partirent les compagnons en purs leurs pourpointeaux sous son sauf-conduit, réservé ceux qui autrefois avoient fait serment de la paix finale qui avoit été jurée entre les rois de France et d'Angleterre. Et quand tous s'en furent partis, comme dit est, la forteresse fut abattue et du tout démolie.

En ces mêmes jours, fut pris dedans Arras, par le commandement du duc de Bourgogne, messire Mauroi de Saint-Léger, pour plusieurs plaintes qui de lui étoient venues audit duc, tant pour avoir pillé sa ville d'Auchin comme pour plusieurs autres faits. Si fut mené prisonnier au châtel de Chavetignes, où il fut par l'espace d'un an entier; et puis fut délivré par le pourchas de ses amis. En ce même temps, le duc de Bedfort fit, par ses Anglois, assiéger puissamment et de force la forteresse d'Orsay, entre Paris et Mont-le-Héry, laquelle tenoient les François; lequel siége lesdits assiégeants continuèrent environ six semaines. Et en la fin se rendirent les assiégés à la volonté du duc: desquels les uns furent amenés à Paris, les têtes nues, en purs leurs pourpointeaux, une corde liée entour leur col, et les aucuns tenant leurs épées nues, les pointes appuyées à leurs poitrines. Et en tel point furent menés à l'hôtel des Tournelles, en la présence dudit duc de Bedfort et de sa femme : lequel duc commanda tantôt qu'on les menât au Châtelet. Mais la duchesse, mue de pitié, pria tant pour eux à son seigneur et mari, qu'ils furent délivrés sans avoir autre peine, et s'en allèrent où bon leur sembla, les uns au parti dont ils étoient venus, et les autres demeurèrent du parti des Anglois.

Au mois de mai, furent envoyés de Rouen et du territoire de Caux, de six à sept cents Anglois, lesquels menoit le bailli de Caux; et passèrent parmi Abbeville, et assiégèrent le châtel de Noël sur la mer, appartenant à messire Jacques de Harcourt. Et dedans brefs jours après, ceux qui étoient dedans, doutant non avoir secours, rendirent auxdits Anglois leur forteresse, en eux départant, sauf leur vie et leurs biens. Et adonc ledit messire Jacques de Harcourt remanda hâtivement ses gens qui étoient à Rue, et laissa la ville abandonnée à ses ennemis, sans y mettre quelques provisions. En laquelle, sans faillir, les Anglois entrèrent tantôt après, où, par moult de manières, travaillèrent les simples gens qui y étoient demeurés.

Et lors fut mise frontière à l'encontre du Crotoy de la gent angloise, ainsi que vous pourrez ouïr.

Audit mois de mai, fut faite une grosse bataille emprès Naples, entre Alphonse, roi d'Arragon d'une part, et le père au comte françois, et autres capitaine du pays d'Italie d'autre part ; lesquels derechef s'étoient trouvés contre le roi d'Arragon. Et pour vérité, la déconfiture fut lors faite si grande sur les Arragonnois, qu'il fallut par force que le roi Alphonse d'Arragon se sauvât à bien petite compagnie, en lui départant de la bataille : autrement eût-il été mort ou pris de ses adversaires.

Environ la Saint-Jean-Baptiste ensuivant, fut assiégée par mer et par terre la ville et forteresse du Crotoy par les Anglois, desquels étoit principal capitaine, messire Raoul Bouteillier, qui, très puissamment et en grand' diligence, fit son ost fermer, et loger ses gens très avantageusement. Et messire Jacques de Harcourt se prépara très vigoureusement pour lui défendre; et fit asseoir plusieurs canons et autres engins pour jeter contre ses ennemis, afin de les garder qu'ils ne pussent approcher de ladite ville. Pour lequel siége, les habitants du pays furent moult joyeux.

CHAPITRE X.

Comment le roi Charles de France fit assiéger la ville de Crevant par le connétable d'Écosse et le comte de Ventadour, auvergnois.

A L'ENTRÉE du mois de juillet, le roi Charles fit passer ses gens la rivière de Loire, et assiéger à grand' puissance la ville de Crevant, laquelle tenoit le parti du duc de Bourgogne. Et étoit chef dudit siége le connétable d'Écosse, lequel avoit avec lui plusieurs grands seigneurs, qui vaillamment se combattirent contre lesdits assiégés par divers engins et habillements de guerre qu'ils avoient. Pour lequel siége, ne furent mie tant seulement troublés les Bourguignons, mais, avec ce, les Anglois. Et pour tant la duchesse douaigière de Bourgogne manda hâtivement les plus grands seigneurs de Bourgogne, et leur requit instamment, pour et au nom de son fils le duc, qu'ils assemblassent diligemment leurs gens pour donner secours aux dessusdits assiégés de Crevant. Lesquels seigneurs, avec le seigneur de Thoulongeon, maréchal de Bourgogne, se mirent ensemble à toute puissance, et chevauchèrent jusques à Auxerre; auquel lieu vint, de par le duc de Bedfort, régent, le comte de Salsebery, le comte de Suffort (Suffolk), le seigneur de Willeby (Willoughby), et aucuns autres seigneurs anglois, tant qu'ils furent jusques au nombre de quatre mille combattants ou environ, gens d'élite, et éprouvés en armes. A l'encontre desquels Anglois allèrent, pour les honorer, le comte de Joigny, Bourguignon, le Borgne de Thoulongeon, le seigneur de Vergy, messire Jean et messire Guillaume de Vienne, messire Régnier Pot, le seigneur de Rochefort, et plusieurs autres notables seigneurs. Et eux venus et assemblés ensemble, firent grand' révérence l'un à l'autre, et puis chevauchèrent l'un avec l'autre en belle ordonnance jusques en la ville; et fut logé ledit comte de Salsebery en l'hôtel de l'évêque. Et quand ils furent un peu refectionnés de boire et de manger, se assemblèrent lesdits seigneurs, tant Anglois que Bourguignons, en l'église cathédrale de la ville; et là prirent leurs conclusions telles que ci-après seront déclarées. Après, les Anglois et Bourguignons se mirent à chemin pour aller vers Crevant, combattre leurs adversaires : et descendirent à pied à environ un grand quart de lieue d'iceux. Alors il faisoit moult chaud; et pour ce furent grandement travaillés, tant d'aller à pied, pour la pesanteur de leurs armes, comme de l'ardeur du soleil. Et ce propre jour, furent faits chevaliers de cette partie, Guillaume de Vienne, fils au seigneur de Saint-George, Jean, seigneur d'Auxy, Philippe, seigneur de Trenont, et Copin de la Viefville.

Premièrement, fut ordonné par lesdits seigneurs, que lendemain, qui étoit vendredi, se partiroient avec tous leurs gens, à dix heures du matin, pour aller loger vers Crevant.

Item, ordonnèrent deux maréchaux pour avoir regard sur leurs gens. c'est à savoir, pour les Bourguignons, le seigneur de Vergy, et pour les Anglois, messire Gillebert de Hallesal.

Item, fut crié que les Anglois et Bourguignons fussent d'accord et amis ensemble en bonne union, sans faire débat ni remords, sous peine d'être punis à la volonté des capitaines.

Item, fut ordonné qu'ils chevaucheroient tou

ensemble en un ost; et y auroit six vingts hommes d'armes; c'est à savoir soixante Anglois et soixante Bourguignons, avec autant d'archers qu'il y appartenoit pour découvrir devant.

Item, fut ordonné que quand on viendroit au lieu où on se devroit combattre, qu'incontinent qu'il sera dit et publié, que chacun descende à pied; et ceux qui en seront refus, soient mis à mort, et tantôt les chevaux soient menés arrière l'espace de demi-lieue; et ceux qui en seront trouvés plus près, soient pris comme confisqués.

Item, fut ordonné que chacun archer fit un pieuchon aiguisé à deux bouts pour ficher devant lui quand besoin en seroit.

Item, fut ordonné que nul, de quelque état qu'il fût, ne fût si hardi que de prendre prisonniers au jour de la bataille, jusques à ce qu'on voie pleinement que le champ soit gagné; et que si on en prend aucun, tantôt soit occis, et avecque lui celui qui l'aura pris, s'il en fait aucuns refus.

Item, fut ordonné que chacun se pourvût de viande pour deux jours, et avecque ce, que ceux de la ville d'Auxerre envoyassent vivres après l'ost, en tant qu'ils s'en pourroient finer, et ils seroient bien payés.

Item, fut ordonné que nuls ne chevauchassent devant ni derrière, sans l'ordonnance des capitaines, sur peine capitale, mais se tienne chacun en l'ordonnance où il sera mis.

Lesquelles choses dessusdites furent en ce jour

proclamées et publiées à son de trompe en la ville d'Auxerre. Et le lendemain, comme dit est, quand ils eurent ouï la messe en grand' dévotion, et bu un coup, ils se départirent de la ville en grand' fraternité, et allèrent loger tous ensemble en la Vinchelles, à une petite lieue de leurs ennemis. Et le samedi ensuivant, environ dix heures du matin, se délogèrent, et allèrent à belle ordonnance devant leurs ennemis, lesquels, sans faillir, ils trouvèrent ordonnés en grand' et notable compagnie; et avoient pris place sur une montagne devant ladite ville de Crevant, laquelle ils avoient tenu nuit et jour en attendant leurs gens. Mais lesdits Anglois et Bourguignons allèrent passer par l'autre lez de la rivière d'Yonne, du côté vers Coulangne-la-Vineuse. Et adonc, descendirent les François de leur montagne, et vinrent contre leurs ennemis en montrant grand' semblance de hardiesse, et se mirent en bataille l'un contre l'autre, où ils furent bien trois heures sans autre chose faire, et étoit la rivière d'Yonne entre deux. Et après, se avancèrent les Anglois et Bourguignons, et gagnèrent un pont sur leurs ennemis, par lequel ils les commencèrent fort à grever et envahir.

Et d'autre part, ceux qui étoient en la ville les assaillirent par derrière moult roidement, et adonc commencèrent de toutes parts à combattre les uns contre les autres très âprement. Mais en conclusion, les dessusdits Anglois et Bourguignons obtinrent la victoire contre leurs ennemis, et gagnèrent le champ; auquel furent morts et pris la plus grande partie des Ecossois, qui étoient au front devant la bataille, desquels y avoit environ trois mille.

Toutefois le connétable d'Ecosse se rendit prisonnier au seigneur de Chastellus; mais il eut un œil crevé; et pareillement fut prisonnier le comte de Ventadour, au seigneur de Gamache, et eut aussi un œil crevé; et Etienne et Jean de Farsmères (Fernihurst), chevaliers écossois, avecque plusieurs autres notables hommes, jusques au nombre de quatre cents. Et furent morts sur la place, le neveu du comte de Bouquing (Buchan), messire Thomas Secron (Swinton), messire Guillaume Hanbon (Hamilton) et son fils, tous chevaliers d'Ecosse; Jean Pillot (Pollock), capitaine écossois, et le bâtard du roi, avecque plusieurs autres, jusques au nombre de douze cents ou environ. Après laquelle victoire, rassemblèrent les capitaines anglois et bourguignons en grande union, et entrèrent dedans la ville de Crevant, en remerciant et regraciant le créateur de leur victoire, où ils furent moult joyeusement et honorablement reçus; et leurs gens se logèrent au plus près. Toutefois Perrinet et aucuns autres chassèrent les fuyants assez longuement; si en prirent et occirent plusieurs en faisant celle poursuite. Et le lundi ensuivant, que lesdits capitaines eurent assemblé leurs gens, ils se partirent l'un d'avecque l'autre, et puis s'en allèrent les Bourguignons en leurs propres lieux, et les comtes de Salsebery et Suffort (Suffolk) retournèrent au siége de devant Mont-Aiguillon, le lieu même dont ils s'étoient partis, et y avoient laissé aucune partie de leurs gens pour garder ledit siége. Et fut vérité, qu'au jour de la bataille dessusdite, ledit comte de Salsebery fit bien quatre-vingts chevaliers, ou plus. Et puis, après la dessusdite bataille de Crevant, ledit comte de Suffort alla assiéger la ville de Coucy, laquelle se rendit à lui dedans certains brefs jours ensuivant. Et de là alla au pays de Mâconnois, où se mirent en obéissance plusieurs forteresses que les François tenoient. Si fit par un de ses capitaines nommé Claidas, assiéger le fort châtel de la Roche, qui enfin se mit en son obéissance.

CHAPITRE XI.

Cy parle de plusieurs matières en bref.

Environ le temps dessusdit, le duc de Bourgogne se partit de son pays d'Artois, et s'en alla à Paris, et de là en son pays de Bourgogne, où il séjourna jusques au mois de février ensuivant; et mena avecque lui le comte de Richemont, qui épousa lors sa sœur, dont le mariage étoit fait long temps devant, comme dessus est dit. A l'issue du mois de juillet, s'assemblèrent plusieurs François des marches de Monson, de la comté de Guise et d'ailleurs, lesquels encloyrent soudainement dedans Bethléem, le bailli de Vermandois, et le bâtard de Saint-Pol; mais messire Jean de Luxembourg et le comte Maréchal, Anglois, se mirent tantôt ensemble avec grand nombre de leurs gens, et chevauchèrent hâtivement pour lever le siége que tenoient lesdits François. Lesquels François, quand ils en furent informés, se partirent et tirèrent en grand' hâte vers leurs marches; et les dessusdits comte Maréchal et messire Jean de Luxembourg les poursuivirent roidement bien vingt lieues pour les combattre.

En cet an arrivèrent les Arragonnois et les Castillans en grand' puissance, au pont de Naples, et illec prirent de force icelle ville de Naples, laquelle fut pillée et courue; et prirent la plus grand' partie des puissants hommes, jusques au nombre de huit cents, lesquels ils envoyèrent prisonniers en Arragon; et en y eut grand' partie de morts; et fut bien le tiers de la ville arse et détruite, dont le roi Louis fut moult troublé. Mais bref ensuivant, par l'aide que lui envoya le duc de Milan, il reconquit icelle ville de Naples et plusieurs.

Au mois d'août ensuivant, messire Jean de Luxembourg conquit par force d'assaut la forteresse d'Arsie, dedans laquelle étoient environ trente sacquemains (pillards) tenant le parti du roi Charles, dont les aucuns furent mis à mort et pendus, et ladite forteresse fut arse et du tout démolie. Et de la, ledit de Luxembourg alla assiéger Landrecies, où il fut jusques au mois d'octobre, en combattant iceux de ses engins très fort. Mais en conclusion ceux de dedans rendirent la forteresse par tel si, qu'ils s'en allèrent sauf leurs corps et grand' partie de leurs biens; laquelle forteresse, comme celle de dessus, fut démolie et abattue.

En ce temps même, le comte Maréchal, Anglois, étoit, atout six cents combattants, ou environ, sur les marches de Laonnois. Pour lequel ruer jus et détrousser s'assemblèrent les gens du roi Charles; mais ledit comte, de ce averti, alla contre eux, et les fit fuir et départir l'un de l'autre. Et en les poursuivant tout chaudement, se boutèrent une partie dedans la forteresse. Auquel lieu ils furent dudit comte assiégés sans arrêt, et tant approchés qu'en la fin ils se rendirent à sa volonté. Si en y eut grand' partie de pendus; et fut ladite forteresse désolée. Au mois d'août dessusdit, le capitaine de La Bussière, entre Tournus et Mâcon, tenant le parti du roi Charles, mit journée pour délivrer la forteresse au seigneur de Thoulongeon, maréchal de Bourgogne, pour une somme d'argent, dont ils étoient ensemble d'accord; mais à icelle journée leur capitaine avoit fait deux embûches près de la forteresse; desquelles, après ce que ledit maréchal fut entré en icelles, lui douzième, ses gens saillirent avant sur ledit maréchal et ses gens. Si les déconfirent, si que peu en échappa. Et par ainsi ledit de Thoulongeon fut détenu prisonnier lui et ses gens dedans le châtel; et depuis certaine espace de temps fut délivré pour le comte de Ventadour, qui avoit été pris en la bataille à Crevant, dont dessus est faite mention.

En cet an, messire Jean de Luxembourg mit en son obéissance les forteresses de Cambrésis, en Thierasche, Proisy et autres, lesquels les gens du roi Charles tenoient. En l'an dessusdit, furent mises en la main du comte de Hainaut toutes les terres du comte de Penthièvre, qu'il avoit en la dessusdite comté, par le seigneur de Huerech, gouverneur de celui pays, pource qu'on avoit soupçon qu'icelui comte de Penthièvre ne voulsît mettre garnison en ses forteresses qu'il avoit audit pays : telles comme Landrecies, Avesnes et autres.

CHAPITRE XII.

Comment messire Jacques de Harcourt tint parlement avec messire Raoul le Bouteiller, pour la rendition du Crotoy.

Après ce que messire Raoul le Bouteiller eut tenu son siége par mer et par terre, jusques au mi-mois d'octobre, il eut parlement avecque messire Jacques de Harcourt. Et ordonnèrent de chacune partie leurs commis pour traiter, et donnèrent trèves les uns aux autres. Et enfin furent d'accord par la manière déclarée ci-après. Duquel traité la copie s'ensuit.

« C'est le traité fait entre Raoul le Bouteiller, chevalier, et Guillaume Miners, écuyers, commis et députés de par le très excellent prince le duc de Bedfort, régent de France, d'une part, et messire Jacques de Harcourt, chevalier, lieutenant-général en Picardie, pour le roi Charles; ledit de Harcourt, soi faisant fort du clergé, des nobles et des manants, et habitants en la ville et châtel du Crotoy, d'autre part.

» Premièrement, le premier jour de mars prochain venant, le second et le tiers soleil levé, depuis l'heure de prime, monseigneur le régent ou ses commis, seront jusques à trois heures après-midi, chacun desdits trois jours, armés dessus les champs, entre la ville de Rue et le Crotoy; et s'ils ne sont combattus par ledit messire Jacques ou par autres tenant son parti, durant les trois jours dessusdits, si puissamment que le champ lui demeure, ledit messire Jacques ou ses commis bailleront et délivreront réaument et de fait, à mondit seigneur le régent ou à celui qu'il y commettra, ladite ville et forteresse du Crotoy; et s'accompliront présentement, à trois heurs après midi, au tiers jour dudit mois de mars.

» *Item*, ledit messire Jacques, et généralement tous ceux de sa compagnie, de quelque état ou condition qu'ils soient, se pourront partir avecque tous leurs biens dudit Crotoy, au jour de la reddition, excepté les consentants de la mort de feu Jean duc de Bourgogne, qui demeureront en la volonté de mondit seigneur le régent, si aucuns en y a.

» *Item*, ledit messire Jacques sera tenu de laisser audit châtel toutes les poudres, arbalêtres et trait, sans rien gâter ni dépecer, réservé neuf venglaires, deux cacques de poudre, vingt et trois arbalêtres et neuf coffres de trait ; et toutes ses gens emporteront harnois, habillements et autres biens.

» *Item*, au cas qu'aucuns de ladite ville et châtel, de quelque état qu'ils soient, voudroient demeurer, en faisant le serment à mondit seigneur le gouverneur et régent, ou à ses commis, leurs biens, meubles et héritages leur demeureront, et de ce on leur baillera lettres suffisantes.

» *Item*, ledit messire Jacques aura du navire pour le port étant au Crotoy, c'est à savoir la grande Hulque et la Barge, Colin l'anglois, Plumeterre, Balenier, Jacques et Martinet, et il sera tenu de laisser l'autre navire : et les vaisseaux des pêcheurs demeureront à ceux à qui ils sont, moyennant qu'ils feront le serment, comme dit est.

» *Item*, messire Jacques sera tenu de rendre tous les prisonniers qu'il a de présent en ladite ville et châtel de Crotoy, et on lui rendra pareillement un de ses gens que tient messire Raoul le Bouteiller.

» *Item*, durant le temps dessusdit, tous ceux de ladite ville et châtel cesseront de faire guerre en appert et en couvert, par quelque manière que ce soit, sauf que ledit messire Jacques durant ledit jour pourra faire guerre, si bon lui semble, outre Loire et Seine.

» *Item*, ne pourront lesdits monseigneur le régent, ni nuls de ses gens, ce temps pendant, faire envahie ni entreprise sur ladite ville et châtel du Crotoy, par quelque manière que ce soit, ni pareillement ses alliés.

» *Item*, durant ledit temps jusques au premier jour de mars, pourront, ceux du Crotoy, aller en marchandise ès villes de Rue, d'Abbeville et de Saint-Valery, moyennant qu'ils en aient congé des capitaines d'icelles villes, et non autrement. Et aussi pourront aller par mer en marchandise; et aussi pourront amener vins et toutes autres denrées pour vendre, sauf qu'ils n'en mettront rien dedans ladite ville et châtel pour le ravitailler, sinon pour la quotidienne du temps qu'ils y doivent être.

» *Item*, toutes les gens de mondit seigneur le régent, et aussi ceux tenant son parti, pourront aller en la ville du Crotoy pour besogner ce qu'ils auront à faire, par le congé du capitaine.

» *Item*, s'il advenoit durant ledit temps dessusdit, qu'aucuns vaisseaux ou gens d'armes arrivassent au Crotoy, ils n'y seront reçus, et n'auront aucun aide ou secours par les vaisseaux d'icelle ville; et ne pourra ledit messire Jacques, durant ledit temps, fortifier ni démolir ladite ville et châtel.

» *Item*, mondit seigneur le régent, ou ses commis, bailleront sauf-conduit à ceux qui seront dedans la ville et châtel au temps de la reddition, où bon leur semblera, pour aller tenir leur parti, et à tous leurs biens; et auront quinze jours de vidance; et après auront sauf-conduit autres quinze jours.

» *Item*, aura ledit messire Jacques sauf-conduit pour lui, ses enfants et toutes ses gens, durant ledit temps, soit par mer ou par terre, pour aller où bon lui semblera.

» *Item*, pour accomplir toutes les choses dessusdites et entretenir, ledit messire Jacques baillera en pleige messire Pierre de Hergicourt, chevalier, Boort de Fiefiez, Jean Sarpe et Perceval Cambiet, écuyers, Jean d'Étampes, Giles-le-Roi et Jean de Gonné, bourgeois de ladite ville du Crotoy. Lesquels pleiges seront quittés après la reddition de ladite ville et châtel du Crotoy. En cas que celui qui se dit leur roi les secourroit, ou ses commis, en demeurant victorieux sur la place, seroient aussi quittes les pleiges dessusdits. »

Lequel traité fait et lesdits pleiges baillés se départit le siége. Et ledit messire Jacques fit vendre toutes ses provisions en Abbeville et ailleurs; et remanda ses enfants, qui étoient en Hainaut, au châtel de Hamêche; et quand ils furent à lui venus, il les renvoya à Montreuil-Bellay. En après, messire Jacques de Harcourt, comme dit est, vendit toutes ses provisions; et atout infinis biens se mit en mer avecque partie de ses gens, en laissant au Crotoy son lieutenant-général messire Choquart de Cambronne, et puis s'en alla nageant au mont Saint-Michel, où il fut reçu moult honorablement; et de là alla à Montreuil-Bellay, voir ses enfants, et là mit la plus grand' partie de ses biens. Et aucuns jours après ensuivant, alla devers le roi Charles, qui le reçut très bénignement, et lui donna aucuns dons comme roi; et puis se départit pour aller devers le seigneur de Parthenay, qui étoit oncle à la femme que ledit messire Jacques avoit épousée: lequel de Partenay tenoit et avoit toujours tenu le parti du duc de Bourgogne. Et après qu'icelui messire Jacques eut été reçu dudit seigneur de Parthenay libéralement et à grand honneur, icelui messire Jacques lui requit d'avoir sa forteresse en garde, et aussi qu'il voulsît laisser la querelle du duc de Bourgogne, qu'il avoit toujours maintenue, et il se faisoit fort de faire sa paix au roi Charles; et si auroit son état ainsi qu'il avoit accoutumé. De quoi ledit seigneur de Parthenay lui répondit que son intention étoit de demeurer seigneur de sa forteresse et de ses seigneuries; et que ceux à qui elles appartenoient, après sa mort les prissent, s'il leur plaisoit. Adonc, ledit messire Jacques, assez pourvu de son fait, comme il cuidoit, mit la main audit seigneur de Parthenay, et le fit prisonnier du roi Charles : et ses gens levèrent le pont du châtel. Et en ce faisant fut la noise ouïe de la ville, dont les gens, tous émus, en grand nombre vinrent au châtel et tirèrent le pont, qui n'étoit cliqué ni verrouillé. Et lors tout soudainement montèrent amont, et occirent cruellement ledit messire Jacques, Jean de Herselane, Jean de Fronsières, Philippe de Neufville, et plusieurs autres de ses gens. Ainsi trouva ledit messire Jacques sa mort âpre, cruelle et hâtive, par un petit de convoitise, jà-soit-ce qu'on le conte en plusieurs autres manières.

CHAPITRE XIII.

Cy parle de plusieurs autres matières en bref.

En ce temps, ceux de la comté de Hainaut furent en moult grand effroi et tribulation, pour doute de la guerre des ducs de Glocestre et de Brabant, dont ils voyoient l'apparence, parce que tous deux avoient épousé leur dame et héritière, et se disoit chacun d'eux être seigneur du pays, ayant la meilleure querelle; et aussi que les seigneurs du pays étoient divisés, et tenoient les uns le parti du duc de Brabant, et les autres le parti de la dame et du duc de Glocestre, nonobstant que par avant tous eussent fait serment de loyauté à icelui duc de Brabant, et l'avoient tenu long-temps pour seigneur. En ce temps, s'assemblèrent à Amiens les ducs de Bedfort et de Bourgogne, avecque leur grand conseil de chacune partie, pour traiter de la paix entre les deux ducs dessusdits de Glocestre et de Brabant; mais en conclusion au dernier ils se départirent l'un de l'autre, sans rien pouvoir concorder, et prirent jour pour être à Paris sur la besogne dessusdite. En ce temps le duc de Bedfort fit assiéger très puissamment par les Anglois, et avecque eux le seigneur de l'Ile-Adam, et le bâtard de Thien, le châtel d'Ivry.

Pour lequel siége lever, s'assemblèrent en grand nombre, le comte d'Aumale, le bâtard d'Alençon, et plusieurs autres capitaines; lesquels, chevauchant par-devers ledit siége, trouvèrent le capitaine d'Avranches, frère au comte de Suffort, qui venoit de courre, et avoit donné congé à une partie de ses gens. Lequel fut assailli desdits François et déconfit, et fut de sa personne prisonnier. Pourquoi iceux François, espérant trouver ladite ville dégarnie, se mirent à chemin pour la conquerre; et ce fait, eux venus devant y livrèrent un grand assaut; mais les habitants se défendirent vigoureusement, tellement qu'ils occirent et navrèrent plusieurs de leurs ennemis, lesquels demeurèrent en leurs fossés; et après, iceux François sachant que le duc de Bedfort venoit pour les combattre, se départirent de là en chevauchant hâtivement vers la duché de Touraine; toutefois furent-ils poursuivis de leurs gens.

Item, le troisième jour d'octobre, audit an, fut

prise la ville de Hau-sur-Somme, par les gens du roi Charle, que menoit Pothon de Sainte-Treille, par échelle, par faute de guet. Pour laquelle prise, messire Jean de Luxembourg fut fort troublé, parce que c'étoit à lui. Et pour tant, en grande diligence, assembla ce qu'il put assembler de gens d'armes, atout lesquels, au tiers jour de la prise, il chevaucha jusques à ladite ville; et en grand' hardiesse, tout soudainement fit icelle assaillir et passer ses gens d'armes parmi la rivière, avec son étendard, lequel porta ce jour très vaillamment un homme d'armes nommé Jacotin, de Cambrai. Finablement, le dessusdit Jean de Luxembourg reconquit en bref la ville sur ses ennemis, et en prit et mit à mort cruelle grand' partie; et ledit Pothon, au plus tôt qu'il put, avecque aucuns de ses gens, s'en refuit en Thierasche. Toutefois ils furent poursuivis par ledit de Luxembourg et ses gens, et y en eut en icelle poursuite grand' foison de pris. Auquel jour fut pris dedans ladite ville et navré terriblement, comme en péril de mort, un homme d'armes nommé messire Jean de Fontenelle et Valérien de Saint-Germain, auquel ledit messire Jean de Luxembourg bref ensuivant fit trancher la tête, c'est à savoir audit Valérien.

Item, en ce temps la reine, femme du roi Charles, accoucha d'un fils, lequel fut nommé sur les fonts, Louis, premier dauphin de Viennois. Pour la nativité duquel fut faite grand' liesse et grand' joie par toute son obéissance, et par espécial en sa bonne cité de Tournai; et furent faits grands feux par toute la ville. Et crioit le commun : Noël ! à haute voix, en menant grand' joie et liesse.

Item, en l'an dessusdit, les François prirent le châtel de Beaumont-sur-Oise, lequel bref ensuivant fut assiégé par le commandement du duc de Bedfort, et enfin, reconquis et tout démoli et abattu.

Item, en ce temps se remuèrent ceux de la ville de Tournai, et se mirent en armes l'un contre l'autre à bannière déployée. Et fut la cause de cette émeute, pour ce que la communauté doutoit que les seigneurs de Moy et de Conflans, qui étoient en leur ville et avoient grand' audience, ne leur baillassent garnison plus puissante d'eux. Néanmoins, soudainement ils se rapaisèrent sans coup férir; et assez tôt après se départirent les seigneurs dessusdits de ladite ville de Tournai, doutant la fureur d'icelui commun; et alla ledit seigneur de Moy demeurer en Liége.

Item, en ce temps la ville de Compiégne fut échelée, par faute de guet, des gens du roi Charles. Lesquels étoient environ trois cents combattants, desquels étoient conducteurs Yvon du Puis, Angelot de Laux et Broussart, lesquels, sans délai, prirent et emprisonnèrent tous ceux de la ville qui tenoient le parti des Anglois et des Bourguignons, avecque tous leurs biens. Et bref ensuivant vinrent devant ladite ville de Compiégne, pour icelle reconquerre, le seigneur de l'Ile-Adam,

Lyonnel de Bournonville, le seigneur de Thien, et aucuns autres, qui peu ou néant y firent; et pourtant tout le pays d'environ fut derechef, pour icelle prise, en grand souci et tribulation.

Item, en ces mêmes jours fut reprise sur les gens du roi Charles, la ville de la Charité-sur-Loire, par un aventurier tenant le parti du duc de Bourgogne, nommé Perrinet-Grasset; lequel par avant, et long-temps après, fit forte guerre au roi Charles, sur les marches de Berri, et au pays d'environ. Pour laquelle prise les François furent moult fort dolents et courroucés, pourtant qu'ils perdirent le passage de l'eau, qui leur étoit fort duisable.

Item, en ce temps Arthus, comte de Richemont, après ce qu'il eut épousé Marguerite, sœur au duc de Bourgogne, nonobstant le serment, et les alliances qu'il avoit faites par avant avec le roi Henri défunt et ses successeurs, s'en alla par devers le roi Charles, pour aucun discord qui fut entre le duc de Bedfort et lui; duquel roi Charles il fut moult fort joyeusement reçu. Et bref ensuivant, il fut fait connétable de France par ledit roi Charles. Pour le département duquel comte, moult de gens furent émerveillés, attendu l'alliance si nouvelle qu'il avoit eue avec ledit duc de Bourgogne.

Au mois de janvier en cet an, s'assemblèrent en la ville d'Amiens, les ducs de Bedfort et de Bourgogne, le comte de Conversan, l'évêque de Tournai son frère, messire Jean de Luxembourg, avecque grand nombre de notables personnes et comseillers de chacune partie, et les ambassadeurs des ducs de Glocester et de Brabant. Et toutefois, jasoit-ce que plusieurs fois sur ce propos furent en conseil, ils ne purent rien concorder; et pour tant assignèrent à iceux ambassadeurs un jour à être environ la Trinité ensuivant, et après se départirent les notables princes dessusdits.

CHAPITRE XIV.

Comment la ville de Compiégne fut remise en la main des Anglois; et comment la ville et le châtel du Crotoy furent rendus au duc de Bedfort.

En ce temps, alla le duc de Bedfort en la ville de Mont-Didier, où il fut cinq ou six jours; et là ordonna capitaines, tant Bourguignons comme Anglois, pour assiéger la ville de Compiégne; desquels fut le chef le seigneur de Saveuse; et si y furent commis le bailli de Rouen, le capitaine de Gisors, nommé Malberry, le seigneur de l'Ile-Adam, messire Lyonnel de Bournonville, le Bâtard de Thien, le seigneur de Crèvecœur, Robert de Saveuse, et plusieurs autres. Lesquels, après icelle ordonnance, mandèrent tout soudain leurs gens en grand' diligence, et s'assemblèrent au Pont-Saint-Maxence, et de là chevauchèrent en ordonnance jusques à Compiégne, c'est à savoir le seigneur de Saveuse, et les Anglois, du côté vers Mont-Didier; et se logèrent tous ensemble au bout de la prée, en une ville nommée Venuette; et de l'autre côté de l'eau, à l'abbaye de Royal-Lieu, le seigneur de l'Ile-Adam, Lyonnel de Bournonville, et aucuns autres capitaines. Lesquels, tant d'un côté que d'autre, continuèrent leur siége environ trois semaines, lequel temps durant, y eut de grands escarmouches entre les parties; mais néanmoins, en conclusion, les François, non ayant, espérance de secours, firent traité aux Anglois, par condition qu'ils s'en iroient sauf leurs corps et leurs biens, et auroient trois semaines de jour d'eux partir, en cas qu'audit jour le roi ne leur livrât bataille, et sur ce baillèrent leurs otages. Et aussi rendroient le seigneur de Soral, qui avoit été pris par iceux assiégés devant ladite ville.

Après lesquels traités, se départirent et retournèrent chacun en leurs propres lieux; et le jour venu auquel ils avoient promis de rendre ladite ville, se départirent tous ensemble, pource qu'ils n'eurent point de secours; et mirent icelle ville de Compiégne en la main des Anglois par le duc de Bedfort, qui se disoit régent; c'est à savoir en la main de monseigneur de Montferrant, lequel y commit capitaine le seigneur de l'Ile-Adam.

Environ l'issue du mois de février, alla ledit duc de Bedfort, atout moult grand nombre de gens d'armes en la ville d'Abbeville, en intention de tenir la journée qui pieça avoit été prise pour la reddition du Crotoy. Mais pource que ledit Bedfort fut averti sûrement que les François ne comparoîtroient point à puissance, il envoya quérir ladite journée à messire Raoul le Bouteiller, et demeura à Abbeville; lequel messire Raoul se tint entour le Crotoy, le premier, second et tiers jour de mars. Quand ce vint audit jour, à heure de midi ou environ, fut rendue ladite ville et forteresse du Crotoy par messire Choquart de Cambronne en la main dudit messire Raoul; lequel lui rendit ses otages, et lui bailla sauf-conduit, pour lui et pour ses gens aller devers le roi Charles, et outre l'eau de Seine, partout où bon lui sembleroit. Et après icelui messire Raoul le Bouteiller, quand il fut entré dedans le Crotoy, prit les sermens des bourgeois et habitans qui étoient demeurés en ladite ville et châtel. Et avec ce fut constitué ledit messire Raoul le Bouteiller, de par le régent, général capitaine de ladite ville. Pour la reddition de laquelle, plusieurs seigneurs du pays d'environ, et aussi le pauvre commun furent petitement réjouis, doutant qu'au temps avenir, les alliances qui étoient entre les Anglois et le duc de Bourgogne se rompissent, et que, par le moyen d'icelle forteresse, fussent en voie de totale destruction, jà-soit-ce que ceux qui y étoient de présent leur eussent fait de grands martyres. En cet an, mourut le pape Pierre de la Lune, qui se nommoit Bénédict, lequel tout son temps avoit désobéi à l'église romaine, depuis le concile tenu à Constance, et voulut mourir pape. Et encore en sa mort, aux cardinaux qui étoient avecque lui, fit faire élection entre eux; mais, assez tôt après sa mort, se mirent à l'obéissance de notre saint père le pape Martin, et par ainsi fut l'église en bonne union par toute chrétienté.

CHAPITRE XV.

Comment deux maîtres en arts furent envoyés en la cité de Tournai pour admonester et entretenir le peuple en l'amour du roi Charles; et autres matières.

En l'an dessusdit, vinrent en la ville de Tournai, deux maîtres en arts, illec envoyés par le roi Charles, pour admonester les bourgeois et le commun, qu'ils se voulsissent entretenir toujours en leur bon propos vers ledit roi, si comme ils avoient fait long-temps par avant, promettant par la bouche des dessusdits, qu'ils en seroient moult bien guerdonnés, au plaisir de Dieu, si le roi retournoit en sa seigneurie. Lesquels ambassadeurs furent très honorablement reçus des nobles et du commun; et leur furent faits beaux dons, et leurs dépenses administrées, et payées aux dépens de la ville très largement. Et après qu'ils eurent été en icelle ville et cité de Tournai certaine espace de temps, l'un retourna en Berri, et l'autre demeura encore à

Tournai, en faisant plusieurs prédications, en attrayant toujours iceux que bien ils s'entretinssent au parti du roi. Mais enfin son état fut amoindri; et se refroidirent ceux de Tournai de lui faire si grands biens qu'ils lui avoient fait de première venue. Au mois d'avril ensuivant, messire Jean de Luxembourg assembla ses gens d'armes, et avecque lui sire Thomas de Raveston, chevalier anglois, lesquels allèrent mettre le siége devant Oisy en Thierasche, et dedans brefs jours ensuivant traita le cadet, qui en étoit capitaine, avecque ledit de Luxembourg, par telle condition qu'il lui rendroit la forteresse au cinquième jour de mai ensuivant; et par ainsi se départit le siége, et lui fut rendu au jour dessusdit.

Auquel an ledit de Luxembourg assiégea l'église de Broissi, laquelle avoient fortifiée aucuns saquements (pillards) tenant le parti du roi Charles, qui moult faisoient de dommages au pays. Et pareillement assiégea la tour le Borgne, et furent pris en ces deux places bien quatre-vingts d'iceux, entre lesquels étoit un nommé le Gros Breton, un de leurs capitaines, et furent tous pendus aux arbres près de Sery-les-Mazières.

Item, en cet an furent arses de feu, de meschef six cents maisons ou environ, en la ville de Saint-Amand, avecque la porte de la basse-cour de l'abbaye; et deux chambres de deux moines dudit lieu, et ne demeura que deux pauvres maisons entre les deux portes de la ville. Dont le menu peuple de ladite ville fut tout désolé, et eut grande tristesse et troublement.

Item, en cet an se rompirent les trèves qui avoient duré l'espace de treize ans entre le soudan de Babylone et le roi de Chypre, par le rapport d'aucuns faux chrétiens, qui rapportèrent au soudan que les Chypriens occioient ses gens quand ils les pouvoient atteindre. Sur lequel rapport, sans autre défiance faire au roi de Chypre, ledit soudan envoya six gallées pleines de Sarrazins descendre en Chypre, et faire guerre par feu et par épée. Et premièrement ardirent et détruisirent du tout la ville de Lymesson, avecque grand' foison d'autre, pays. Et lors le roi de Chypre, de ce averti, afin de résister, envoya un sien chevalier, messire Philippe Prevost, atout grands gens; lequel venu aux dessusdits Sarrasins, en escarmouchant à eux, fut féru d'une flèche au visage, duquel coup il chut. Et tantôt lesdits Sarrazins lui tranchèrent incontinent le chef, et prirent ses éperons dorés avec ladite tête, et se retrahirent en leurs gallées, et puis retournèrent en Syrie.

CHAPITRE XVI.

Comment messire Jean de Luxembourg assiégea le châtel de Wiègue; et comment il fit une embûche, où Pothon de Sainte-Treille et ses compagnons furent déconfits.

En ce temps, messire Jean de Luxembourg assiégea la forteresse de Wiègue très puissamment ; lequel siége dura environ trois semaines, continuant toujours ledit de Luxembourg de faire abattre et dérompre par ses engins icelle forteresse. Et enfin lesdits assiégés, non espérant avoir secours, firent traité avec ledit de Luxembourg, par tel si, qu'ils s'en iroient sauf leurs vies, en délaissant tous leurs biens, promettant d'eux non plus armer deçà la rivière de Loire, sinon en la compagnie du roi Charles. Après lequel traité se départirent en allant à Guise, et la forteresse fut démolie et abattue. Et après, le premier ou second jour ensuivant, ledit messire Jean de Luxembourg se délogea avec aucuns de ses plus féables.

En ce temps, fut Pothon de Sainte-Treille pris, si comme vous orrez.

Je vous dis que messire Jean de Luxembourg, durant ledit siége, se mit en embûche derrière une petite église envers les marches de Guise, pour voir et pour attendre si aucuns de ses ennemis feroient aucune envahie après ses gens. Laquelle chose advint comme il l'avoit proposée ; car ledit Pothon de Sainte-Treille, l'Estendard de Mailly, le seigneur de Verduisant, et aucuns autres experts et éprouvés en armes, saillirent hors la ville de Guise, en venant vers ladite embûche. Et adoncque ledit de Luxembourg voyant sur eux son avantage, atout les siens alla vigoureusement contre eux ; et tantôt par grand' vigueur les mit en grand deroi, et y fut pris ledit Pothon, le seigneur de Verduisant, et aucuns autres en petit nombre. Mais ledit Estendard de Mailly, de pleine venue, assit sa lance dessus Lyonnel de Vendôme. Si le porta jus de son cheval, et le blessa très durement vers l'épaule, tant que ledit Lyonnel, tout son vivant, en fut affolé (estropié) de bras et de jambe. Après lequel coup, icelui, Estendard voyant que prouesse ne pouvoit rien valoir, et que ses ennemis étoient trop forts, se trahit vitement dedans la ville de Guise ; et messire Jean de Luxembourg avec ses gens chassa longuement les autres, qui s'enfuyoient en plusieurs parties ; et après retourna et assembla ses gens, en menant grand' liesse de la bonne aventure qui lui étoit advenue. Et ainsi, atout ses prisonniers, retourna en son châtel de Beau-Revoir, donnant congé à ses capitaines jusques à son rappel.

CHAPITRE XVII.

Comment, en cet an, grand' quantité d'Anglois arrivèrent à Calais; et comment messire Jean de Luxembourg assiégea la ville de Guise, et plusieurs autres matières.

Au commencement de cet an, vinrent d'Angleterre, nageant par mer, en la ville de Calais, seize cents combattants anglois, ou environ, dont la plus grand' partie allèrent à Paris devers le duc de Bedfort, et les autres devers messire Jean de Luxembourg, sur les marches de la comté de Guise. En après, messire Jean de Luxembourg traita avec Pothon de Sainte-Treille et autres, ses prisonniers, par condition qu'eux et leurs gens se départiroient de la ville de Guise, et s'en iroient outre l'eau de Loire, sans faire guerre ni dommage, promettant de non retourner, sinon en la compagnie du roi Charles. Par le moyen duquel traité et aucunes autres finances que ledit Pothon paya, fut mis en pleine délivrance lui et ses gens, et s'en alla outre la rivière de Loire, comme dit est.

En cet an s'assemblèrent sur les marches de Champagne, La Hire, Jean Raoulet, et aucuns autres capitaines tenant le parti du roi Charles, avec grand nombre d'autres gens, lesquels ils menèrent et conduisirent sur les marches d'Ardennes.

et de Rethelois, et assiégèrent en sa forteresse Olivier d'Estanevelle.

En ces propres jours, par l'ordonnance du duc de Bedfort et du duc de Bourgogne, messire Jean de Luxembourg fit grands préparations de gens et d'habillements de guerre, pour assiéger la ville de Guise en Thierasche. Après lesquelles préparations, en sa compagnie le seigneur de Péquigny, vidame d'Amiens; les seigneurs d'Anthoing, de Saveuse; messire Collard de Mailly, Ferry son frère, messire Daviod de Poix, Mauroy de Saint-Léger, messire Lyonnel de Bournonville, le Bâtard de Saint-Pol, et plusieurs autres en grand nombre, vinrent devant ladite ville de Guise; et avec lui messire Thomas de Rampston, anglois, atout (avec) certain nombre de combattants. Lesquels venus devant icelle ville, trouvèrent grand' résistance de la garnison qui étoit dedans, laquelle garnison, afin que leurs ennemis ne les pussent approcher, ardirent leurs faubourgs, où il y avoit moult belles habitations, excepté deux maisons qui ne furent point arses. Mais ce ne leur valut rien; car tantôt ledit messire Jean de Luxembourg fit loger ses gens en plusieurs lieux à l'environ de la ville, et fit dresser ses engins contre la porte et muraille, vers les faubourgs. Duquel siège ainsi mis, comme dit est, furent en bref envoyées les nouvelles au duc Régnier de Bar et comte de Guise, et aussi au duc de Lorraine, son beau-père, par Jean, seigneur de Proisy, gouverneur et capitaine d'icelle ville de Guise; lequel, par ses lettres et messages, supplioit humblement, en notifiant la nécessité où il étoit, au dessusdit duc de Bar son seigneur, qu'il lui voulsît donner secours. Lesquelles nouvelles déplurent moult à iceux ducs. Et pour tant assembla plusieurs conseils, et grand nombre de gens, pour à ce mettre pourvéance: mais, pour doute qu'ils ne missent leur pays en guerre contre le jeune roi d'Angleterre et le duc de Bourgogne, ils se déportèrent d'y procéder par voie de fait. Et par ainsi se continua ledit siége assez paisiblement par certaine espace de temps, sinon des assiégés, qui souventes fois firent plusieurs saillies en grévant à leur pouvoir leurs ennemis : lesquelles saillies chacune à part soi seroient trop longues à raconter.

En cet an, environ Saint-Jean-Baptiste, le comte de Salsebery, gouverneur de Champagne et de Brie, homme très renommé en armes, expert et subtil, assiégea, en la comté de Vertus, une bonne petite ville, nommée Sedane, laquelle en conclusion fut prise par force d'assaut par mine. Et ceux qui étoient dedans, pour la plus grand' partie, furent cruellement occis. Et en y eut de morts environ deux cents tout du moins ; et les autres furent pris prisonniers, et avecque ce tous leurs biens furent ravis et pillés, leurs femmes violées, et ladite forteresse démolie. Et si avoit ledit comte de Salsebery devant icelle le seigneur de Châtillon, qui fut fait chevalier dedans la mine, par la main dudit comte. Et étoit le capitaine d'icelle ville, un très vaillant homme d'armes, nommé Guillaume Marin, lequel fut occis avec les autres à ladite prise d'icelle.

En ce temps, le duc de Bedfort fit assiéger le châtel de Gaillon, qui étoit à l'archevêque de Rouen, moult forte place, laquelle tenoient les gens du roi Charles; et finablement fut tant battu par les engins des assiégeants, qu'en la fin les assiégés se rendirent, et se départirent, sauves leurs vies, et fut icelle forteresse démolie. Environ ledit mois de juin, ledit duc de Bedfort fit assiéger la ville du château d'Ivry: et bref après le siége, fut la ville gagnée par puissance, et le châtel, qui étoit fort et bien garni de gens d'armes, tint environ un mois; au bout duquel les assiégés firent traité avec les Anglois, promettant à livrer ladite forteresse la nuit de l'Assomption Notre-Dame, en cas qu'ils n'auroient secours du roi Charles, puissant assez pour les combattre et demeurer victorieux sur la place. Après lequel traité et les sûretés prises de chacune partie, se défit ledit siége. En ce temps les Anglois et les Bourguignons tenoient plusieurs siéges sur les marches de Normandie, et étoient pour ce temps les François fort au-dessous. Et pour lors fut mise en l'obéissance du roi Henri, Nelle-en-Tardenois; et fit Alardin de Monsay traité avec le duc de Bedfort, pour la forteresse de la Fère, par condition qu'il ne feroit point de guerre si elle demeuroit en sa main, sinon que le roi Charles retournât à puissance outre l'eau de Seine, en venant vers la Champagne

CHAPITRE XVIII.

Comment le seigneur de Longueval et plusieurs autres seigneurs tournèrent de la partie du roi Charles.

En cet an, le seigneur de Longueval, Regnault son frère, Jean Blondel, le seigneur de Saint-Simon, Jean de Mailly, le seigneur de Maucourt, et plusieurs autres chevaliers de Vermandois et d'environ, qui toujours avoient tenu le parti de Bourgogne, s'assemblèrent en la ville de Roye en Vermandois, pour avoir avis et délibération ensemble, comme ils pourroient résister aux gens d'armes qui souvent dégâtoient aucunes de leurs villes, de leurs amis et de leurs gardes, et vivoient induement sur le pays, dont moult leur déplaisoit, après qu'ils étoient retournés des courses et assemblées que par avant avoit faites messire Jean de Luxembourg, pour la conquête de la comté de Guise. Lesquels venus audit lieu de Roye, en y eut aucuns qui s'allièrent ensemble, et firent alliance pour résister contre lesdits gens d'armes. Les autres, doutant ledit de Luxembourg, s'excusèrent en conseillant qu'une autre journée fût prise; dedans laquelle fût envoyé message propice devers messire Jean de Luxembourg, à savoir son opinion, et si c'étoit de son gré que tels détroits fussent faits à ceux qui sur ce se départiroient. Néanmoins les aucuns n'entendirent point à la besogne si avant que depuis elle s'apparut; et pour tant se retrahirent tout coiment d'être à telles assemblées. Toutefois ledit seigneur de Longueval, Regnault son frère, messire Jean Blondel, le seigneur de Maucourt, Pierre de Recourt, et plusieurs autres leurs alliés, continuèrent en celle besogne. Et si conclurent ensemble de eux tourner du tout du parti du roi Charles, et mirent dedans plusieurs villes et forteresses, dont les uns étoient seigneurs et les autres capitaines, gens de par eux les plus forts. Mais bref ensuivant leur intention vint à connoissance, pourquoi assez brièvement ils furent en grand' cache, et toutes leurs villes, terres et seigneuries furent mises en la main du roi d'Angleterre; et avec ce, la plus grand' partie appelée à ban. Si se rendirent tous sujets, et tinrent tout pleinement le parti du roi Charles, menant guerre de nuit et de jour au pays du roi Henri et du duc de Bourgogne, dont moult de gens furent émerveillés, pource que ledit seigneur de Longueval et aucuns des autres dessusdits, avoient tout le temps servi le duc de Bourgogne et tenu son parti; mais ils s'excusèrent en disant que c'étoit par les déplaisirs que leur avoient faits et faisoient encore chacun jour les gens du dessusdit sire Jean de Luxembourg: puis disoient que mieux aimoient mettre en aventure de perdre tous leurs biens, que de vivre en telle sujétion; jà-soit-ce que depuis eurent moult

(1424) à souffrir. Et en y eut pour les causes dessusdites d'exécutés à mort, comme ci-après vous sera déclaré.

CHAPITRE XIX.

Comment le duc de Bedfort alla à grand' puissance tenir sa journée devant Ivry, laquelle ville et forteresse lui furent rendus.

Si dit l'histoire, qu'environ huit jours en août de cet an, le duc de Bedfort assembla plusieurs hommes d'armes, archers et capitaines anglois, c'est à savoir les comtes de Salsebery et de Suffort, le seigneur de Villeby (Willonghby), et plusieurs autres capitaines, tant de Normandie comme d'ailleurs, jusques au nombre de dix-huit cents, ou environ, hommes d'armes, et huit mille archers, lesquels il conduisit et mena jusques à Ivry pour être à la reddition d'icelle, dont par avant est faite mention. Et tant chevaucha atout son arroy, qu'il vint devant Ivry la nuit de l'Assomption Notre-Dame. Et tout ce jour se tint en bataille, attendant ses ennemis, lesquels étoient très grand nombre, et bien dix-huit mille combattants, sous la conduite du duc d'Alençon, des comtes d'Aumale, de Ventadour, de Tonnerre, de Douglas, et de Bosquen (Buchan), et de Moiry, du vicomte de Narbonne, du seigneur de la Fayette, et plusieurs autres seigneurs et princes de grand' renommée. Et étoient à trois lieues près dudit lieu d'Ivry ou environ : lesquels envoyèrent quarante des mieux courants et plus experts de leur ost, et les mieux montés pour aviser le contennement de leurs adversaires. Lesquels courants, voyant de loin le duc de Bedfort et ses gens en moult belle ordonnance, retournèrent en leur ost, et furent chassés et poursuivis des Anglois : et eux venus, dirent ce qu'ils avoient trouvé et vu. Et adoncque les seigneurs dessus nommés du parti du roi Charles, non voyant pour lors leur avantage, retournèrent trestous ensemble jusques à la ville de Verneuil au Perche, qui pour lors tenoit le parti du roi Henri, auxquels ils firent entendant qu'ils avoient déconfit tous les Anglois, et que leur régent s'étoit sauvé à petite compagnie : et sur ce propos ceux de ladite ville de Verneuil leur firent ouverture et grand' obéissance, pour et au nom du roi Charles.

Après laquelle reddition, comme le traité le contenoit, baillèrent sauf-conduits à aucuns Anglois étant léans, et les renvoyèrent atout leurs haches envers le duc de Bedfort. Gérard de la Pallière, qui étoit capitaine d'Ivry, voyant que l'heure étoit venue et passée que son secours devoit venir, alla devers le duc de Bedfort, qui étoit en bataille devant pour attendre ses ennemis, et lui présenta les clefs de la forteresse, en lui requérant sauf-conduit pour lui en aller, selon le contenu du traité, tant pour lui comme pour ses gens, lequel lui fut accordé. Et lors ledit Gérard, présent ledit duc, tira unes lettres, lesquelles il lui montra en disant : « Or vois-je qu'aujourd'hui m'ont failli dix-huit grands seigneurs du parti du roi notre sire, lesquels m'avoient promis de moi donner secours. » Auxquelles lettres étoient attachés leurs seaux; et incontinent furent sûrement au dessusdit duc quatre gentilshommes des gens dudit Gérard.

Item, après, ledit duc de Bedfort prit conclusion de poursuivre les François qui à ceux d'Ivry avoient promis de donner secours, et qui près de là étoient venus, comme dit est. Si envoya le comte de Suffort devant, atout seize cents combattants, pour les chevaucher et aviser. Lequel comte alla à Dampville et à Vasseux, et de là à Breteuil au Perche à deux lieues près de Verneuil, où étoient lesdits François atoute leur puissance; et ledit duc de Bedfort alla à Evreux atout son ost. Auquel lieu le comte de Suffort lui envoya certain message pour lui faire savoir que lesdits François étoient auprès dudit Verneuil tous ensemble. Et pour ce, icelui de Bedfort se mit à chemin pour y aller, et tant fit qu'il y parvint atout ses gens pour combattre leurs ennemis, lesquels par avant leur venue avoient eu obéissance de ladite ville de Verneuil, que souloient (avoient coutume) tenir les Anglois, parce qu'ils leur avoient donné à entendre que le dessusdit duc de Bedfort et tous les siens avoient été déconfits devant Ivry. Et fut ladite bataille par un jeudi dix-septième jour d'août en la manière comme vous orrez de présent.

CHAPITRE XX.

Comment le duc de Bedfort poursuivit les François, et comment il les combattit devant Verneuil.

On est vérité, comme je vous ai jà dit, que le duc de Bedfort, avec ses barons et chevaliers, et gens d'armes, étoit, comme dit est, devant Ivry; et là lui furent apportées les nouvelles véritables, que ses ennemis se retrayoient vers Verneuil au Perche. Et adonc, pource que le jour de la reddition d'Ivry étoit venu, fit sommer ceux de dedans qu'ils acquittassent leur promesse. Lesquels non ayant espérance de secours, firent obéissance audit de Bedfort, et lui délivrèrent ladite forteresse, en prenant de lui sauf-conduit pour eux en aller avecque tous leurs biens, sans emmener nuls des prisonniers qu'ils avoient. Et lors commit ledit duc capitaine de ladite ville, un chevalier de Galles, renommé en armes, accompagné de plusieurs soudoyers. Et après les dessusdites choses accomplies, le propre jour de l'Assomption, se partit ledit duc de Bedfort, atout sa puissance, de devant Ivry; et se mit à chemin pour poursuivre, ses ennemis; et alla loger en une grosse ville en tirant vers le Perche, nommée Dainville en Vaisseux; et le lendemain très matin se délogea en belle et très grande ordonnance, et chevaucha jusques assez près de Verneuil; auquel lieu, et à l'environ, étoient logés les François ses ennemis. Lesquels, sachant sa venue, se préparèrent bien diligemment et mirent leurs gens en bataille pour assembler à l'encontre d'icelui duc, et firent seulement une grosse bataille sans faire avant-garde. Et avecque ce ordonnèrent les Lombards et aucuns autres, à demeurer à cheval sous la conduite du Borgne Camean, du Roussin, de Pothon et de la Hire, pour rompre et envahir leurs ennemis par derrière ou au travers. Et en ce faisant la grosse bataille, des François dessusdite étoit à pied. Pareillement le dessusdit duc de Bedfort, avecque les siens, descendit à pied et fit mettre ses gens en bataille en un ost tant seulement, sans aussi faire avant-garde ni laisser homme à cheval; et furent mis les archers au front devant, ayant chacun un pieuchon devant eux aiguisé et fiché en terre. Et étoient les plus grands sols desdits archers des deux bouts de la bataille par manière d'ailes; et derrière les hommes d'armes étoient tous les pages, les chevaux, et les méchants gens non puissants de combattre.

Lesquels chevaux furent par lesdits archers liés tous ensemble par les hastereaux (cous) et par les queues en plusieurs lieux les uns aux autres; afin que leurs ennemis de pied et de cheval ne les pussent surprendre. Et pour lesdits chevaux et bagages garder, furent commis de par le duc de Bedfort deux mille archers, afin que ladite bataille ne pût par derrière être envahie. Et adonc, de chacune partie, furent faits chevaliers nouveaux en très grand nombre, et après lesquels et toutes les ordonnances dessusdites faites, en icelui jeudi sixième jour d'août, environ trois heures après none, s'assemblèrent ces puissantes batailles l'une contre l'autre. Et à l'approcher, élevèrent les Anglois tous ensemble un grand cri, comme ils ont accoutumé de faire ; duquel s'émerveillèrent moult les François. Laquelle bataille ainsi assemblée dura environ trois parts d'une heure moult terrible, cruelle et sanglante ; et n'est point mémoire qu'oncques fût vu deux parties à si grand' puissance par si grand espace sans voir lequel auroit victoire. En ce faisant, les François qui avoient été ordonnés à cheval pour férir sur les Anglois par derrière, vinrent jusques aux chevaux liés ensemble, dont dessus est faite mention, lesquels ils ne purent trespercer ni passer outre, pour la résistance que y mirent les deux mille archers dessusdits. Pour tant iceux François à cheval, atout aucunes bagues et chevaux qu'ils emmenèrent, se mirent à fuir, et laissèrent tous les autres gens combattant de pied en ce danger.

Et adonc ces deux mille archers anglois, eux voyant décombrés de leurs ennemis, se trouvèrent frais et nouveaux avecque leurs gens au front devant en la bataille, et, en élevant de rechef un grand cri. Et lors, assez bref ensuivant, se commencèrent les François à déconforter, et les Anglois en grand' hardiesse se boutèrent en eux ; si les séparèrent et ouvrirent leur bataille en plusieurs lieux. Et tant continuèrent lesdits Anglois, qu'en ce faisant, ils obtinrent la victoire, et gagnèrent la bataille, non pas sans grand' peine et effusion de sang de chacune partie ; car, comme il fut su par rois d'armes, hérauts et poursuivants, et autres gens dignes de foi, des François dessusdits y eut de morts sur la place de quatre à cinq mille combattants, desquels y eut grand' partie d'Écossois, et environ deux cents prisonniers. De la partie des Anglois furent morts environ seize cents, tant de la nation d'Angleterre comme de Normandie, desquels furent les principaux deux capitaines, l'un nommé Dodelay (Dudley), et l'autre Charleton. Et de la partie des François y furent morts des gens de nom, ceux qui s'ensuivent c'est à savoir : Jean, comte d'Aumale, le fils au comte de Harcourt, le comte de Tonnerre, le comte de Ventadour, le comte de Douglas, et messire Jacques son fils, le comte de Bousquen (Buchan), qui alors étoit connétable du roi Charles, le comte de Moiry, le seigneur de Grasville ancien, le seigneur de Montenay, messire Antoine Beausault, et Hugues de Beausault, son frère ; le seigneur de Belloy et son frère ; le seigneur de Mauny, le seigneur de Combrest, le seigneur de Fontenay, le seigneur de Bruneil, le seigneur de Tumblet, et le seigneur de Poisy ; en la Dauphiné, le seigneur de Mathe, le seigneur de Rambelle ; en Languedoc, messire Gaultier de

Lindesay, messire Gilles de Gamache, Godefroy de Malétroit, James Douglas, messire Charles de Boin, messire Jean de Bretasse, messire Gilles Martel, le fils de Harpedane, messire Brunet d'Auvergne, messire Raoul de la Treille, Guy de Fourchonivère, messire Pochart de Vienne, messire Jean de Murat, le seigneur de Vertois, messire Charles de Gérammes, Dragon de la Salle, le seigneur de Rambouillet, le bâtard de Langlan, le vicomte de Narbonne, lequel, après ce qu'il fut trouvé mort en la bataille, fut écartelé, et son corps pendu au gibet, pour ce qu'il avoit été consentant de la mort du duc de Bourgogne défunt; le seigneur de Guitry, messire François de Gangeaux, sire Robert de Laire, messire Louis de Teyr, le seigneur de Foregny, Morant de la Mothe, messire Charles d'Anebal, et Robinet son frère, Pierre de Courcelles, sire Aimery de Gresille, Andrieu de Clermont, sire Tristan Coignon, Colinet de Vicomte, Guillaume Remon, messire Louis de Champagne, Peron de Lippe, sire Louis de Braquemont, le seigneur de Thionville, le seigneur de Rochebaron, messire Philippe de la Tour, et messire Anselin de la Tour. Et y furent pris prisonniers le duc d'Alençon, le bâtard d'Alençon, le seigneur de La Fayette, le sire de Hormit, messire Pierre Hérisson, messire Louis de Waucourt, Roger Brousset, Huchet de Saint-Mare, et Yvon du Puys. Ceux furent les principaux, mais moult en y eut d'autres que je ne puis pas tous nommer.

Après que ledit duc de Bedfort eut obtenu la victoire de la bataille de Verneuil, comme dessus est dit, si rassembla ses princes autour ; et en grande humilité remercia son créateur, ses mains jointes et les yeux levés vers les cieux, de la bonne aventure qu'il lui avoit envoyée. Après, furent dénués et dévêtus grande partie des morts, et fut pris ce qu'il y avoit de bon. Ledit duc de Bedfort se logea celle nuit autour de Verneuil, et fit très bien guetter son ost, pour que ses ennemis ne fussent aucunement assemblés ; et le lendemain, ceux qui s'étoient retraits dedans la ville et châtel, c'est à savoir lesdits François, furent sommés, de par ledit duc, qu'ils rendissent la ville et forteresse. Lesquels, atteints de peur, sachant la grand' mortalité et déconfiture de leurs princes, firent traité, et rendirent ladite ville et forteresse en la main dudit duc, par condition qu'ils s'en iroient saufs leurs corps et leurs biens ; si y étoit le seigneur de Rambures. Et après que ledit duc eut regarni ladite ville et châtel de Verneuil de ses gens, il retourna atout son ost en Normandie.

Item, le propre jour de la bataille dessusdite, se départirent de la compagnie dudit duc de Bedfort certain nombre de chevaliers et écuyers de Normandie, et des marches conquises à l'environ, qui autrefois lui avoient fait serment de loyauté, et se rendirent fugitifs. Pour laquelle offense, les aucuns furent depuis grandement punis par ledit duc, tant par punition corporelle, comme de leurs terres ; et autres biens, qui furent pris et confisqués, et mis en la main du roi Henri : si y fut entre eux le seigneur de Choisy, et messire Charles de Longueval. En ce temps fut pris le seigneur de Maucour, qui étoit complice du seigneur de Longueval, et des autres dessus déclarés, par maître Robert le jeune, bailli d'Amiens; et fut par le conseil du roi Henri décapité en ladite ville d'Amiens, et son corps mis au gibet, ses biens et héritages confisqués au roi. Et pareillement autre fois fut pris Pierre de Recomp, qui étoit des complices, par un nommé Raoul de Gaucourt, lequel l'envoya à messire Jean de Luxembourg, et ledit de Luxembourg l'envoya à Paris, où il fut écartelé comme traître, et ses membres furent pendus en plusieurs lieux.

Item, bref ensuivant, furent portées les nouvelles d'icelle douloureuse journée devers le roi Charles, lequel, pour la destruction de ses princes et de sa chevalerie, eut au cœur très grand' tristesse, et telle que plus n'en pouvoit. Et fut par long-temps en très grand ennui, voyant que de toutes parts ses besognes lui venoient au contraire.

CHAPITRE XXI.

Comment ceux de la ville de Tournai se rémurent l'un contre l'autre.

A l'entrée du mois de septembre, se rebellèrent et armèrent l'un contre l'autre les bourgeois et commune de la ville de Tournai; c'est à savoir, ceux du marché et de la vieille Fermeté, contre ceux d'entre deux murs. Et fut icelle émeute faite pour une chaîne descendue par nuit envers la boucherie, par un fèvre (forgeron) qui demeuroit entre deux murs; et pour celle cause fut banni de la cité de Tournai. Après lequel bannissement, ceux d'entre deux murs se croisèrent de droites croix en très grand nombre; et les autres du marché levèrent ponts, et firent barrière contre eux, et grands bouleverts. Et après commencèrent à jeter et traire l'un contre l'autre; mais en la fin prirent trèves ensemble pour l'amour de leur procession. Et en conclusion se rapaisèrent pour cette fois, sans porter grand dommage les uns aux autres.

CHAPITRE XXII.

Comment ceux de Guise traitèrent avecque messire Jean de Luxembourg et messire Thomas de Rampston.

Aprè ce que messire Jean de Luxembourg et messire Thomas eurent, par bonne diligence et grand labeur, continué leur siége devant la ville et châtel de Guise, jusques au mi-mois de septembre ou environ, les assiégés, voyant les vivres faillir, et non ayant espérance de secours, commencèrent à traiter avec les deux seigneurs dessusdits. Et enfin furent d'accord par les conditions ci-après déclarées.

« A tous ceux qui ces présentes lettres verront ou orront, Jean de Luxembourg, seigneur de Beau-Revoir, et Thomas de Rampston, chevalier, chambellan de monseigneur le régent, capitaine commis et député en ces marches, de par le roi de France et d'Angleterre, notre souverain seigneur, par monseigneur le régent, et par monseigneur le duc de Bourgogne, savoir faisons : qu'aujourd'hui avons traité, appointé et accordé, ès noms que dit est, avec Jean de Proisy, gouverneur et capitaine des ville et châtel de Guise, les gens d'église, gentilshommes, compagnons de guerre, manants et habitants d'iceux ville et châtel, et par ces présentes, traitons, appointons et accordons sous les conditions, moyens, convenances et promesses ci-après déclarées,

» Premièrement, lesdits gouverneurs, gens d'église, gentilshommes, compagnons de guerre, bourgeois, manants et habitants de ladite ville et châtel de Guise, se sont mis, et par nous ont été reçus, à aucune composition, moyennant qu'ils ont promis, juré et enconvenancé, rendre, bailler et délivrer franchement et absolument lesdits ville et châtel à nous, ou à l'un de nous, aux députés de l'un de nous ou à autre, que le roi de France et d'Angleterre y aura commis et ordonné, au premier jour de mars prochain venant, en cas qu'à ce jour pris pour ce faire, ne soient secourus, et que les seigneurs ou princes du parti que ceux de Guise tiennent, ou aucuns autres par eux commis ou députés à ce, ne combattroient l'un de nous, ou autres commis de par le roi et toute notre puissance : c'est à savoir, entre la ville de Sains et la maison de Fouquausains, où nous avons à ceux de Guise élu et avisé ensemble plaid pour tenir ladite journée.

» *Item*, si les princes et seigneurs du parti que lesdits de Guise tiennent, ou leurs commis et députés, venoient pour combattre, ainsi que dit est, et ils étoient déconfits, ou se tournoient en fuite, lesdits de Guise seroient tenus de nous rendre et délivrer iceux ville et châtel.

» *Item*, au cas que l'un de nous ou autres commis de par le roi de France et d'Angleterre, seront déconfits en bataille, ou que comparoir n'y oserions sur ledit lieu et place, pour combattre au premier jour de mars, nous serons tenus de rendre, bailler et délivrer auxdits de Guise, sans aucune difficulté, les otages et sûretés qui pour la reddition desdits ville et châtel nous auront par eux été baillés.

» *Item*, mondit seigneur le régent, et mondit seigneur de Bourgogne, ou l'un d'eux, et les commis d'eux ou l'un d'eux, nous ou l'un de nous, seront tenus d'être et comparoir en la place en telle puissance que bon lui semblera, et tenir journée tout le premier jour de mars, c'est à savoir depuis l'heure de prime jusqu'à soleil couchant ce dit jour. Et si combattus ou vaincus n'étoient lesdits de Guise, seront tenus, incontinent après soleil couché, sans aucune difficulté, fraude ou mal engin, nous bailler et délivrer lesdits ville et châtel de Guise, en recevant de nous lesdits otages.

» *Item*, si pendant ladite composition, ou un mois après que ledit gouverneur et tous autres étant èsdits ville et châtel, gens de quelque état qu'ils soient, s'en veulent partir pour aller ensemble ou à part outre la rivière de Seine devers leurs princes, ou ailleurs en places tenant leur parti, ils pourroient faire emporter et faire emmener avecque eux tous leurs chevaux et armures, bagues et autres biens meubles. Et pour tout ce faire sûrement, leur baillerons et ferons bailler par mondit seigneur le régent, si requis en sommes, bons saufs-conduits, suffisants et valables avecque conduit, s'ils se partoient ensemble outre la somme de vingt personnes. Et si aucuns vouloient aller hors du royaume, fût en Hainaut, ou autre part, faire le pourroient à leurs périls.

» *Item*, et si après icelle composition, aucuns des dessusdits de Guise veulent demeurer sur leurs lieux et ailleurs, ès lieux et pays obéissants au roi et à mesdits seigneurs le régent et le duc de Bourgogne, ils y seront reçus, en faisant le serment de la paix finale entretenir, faite entre les royaumes de France et d'Angleterre, et jouiront franchement de tous leurs héritages et possessions non donnés; et s'ils se veulent partir, comme dit est, ils emporteront avec eux leurs biens meubles tant seulement.

» *Item*, lesdits de Guise, et chacun d'eux, en ayant bullette ou sauf-conduit des conservateurs ordonnés sur l'entretennement de ce présent traité, qui seront tenus de leur bailler, pourront aller en aucunes villes que nous leur avons ordonnées et ordonnons, et en icelles entrer par le congé des capitaines ou gardes desdites places, ou de leurs lieutenants : c'est à savoir Saint-Quentin, Riblemont, Laon, Bruyères, Crespy, Marle, Aubenthon, Vertus, et ès villages d'environ, pour recouvrer et avoir pour leur argent tous vivres raisonnablement et autres denrées qui seroient leur besoin pour leur vie et substentation, le temps durant d'icelle composition tant seulement.

» *Item*, lesdits de Guise pourront poursuivir leurs

dettes licites et raisonnables, par-devant les conservateurs, qui en auront la connoissance; et seront tenus de faire raison aux parties, icelles ouïes.

» *Item*, si pendant icelle composition, aucuns tenant le parti du roi prenoient par échelles ou autrement lesdites villes et châtel de Guise, nous ferons faire à notre loyal pouvoir de les en faire vider, et mettre iceux ville et châtel ensemble, lesdits de Guise à leur premier état et dû; lesquels aussi ne les prendront, ni feront prendre, ledit temps durant.

» *Item*, pendant icelle compositions, lesdits de Guise, pour tant qu'ils soient résidant èsdits ville et châtel, ne prendront ou feront prendre couvertement ni en appert, aucunes places de l'obéissance du roi et de ses seigneurs, et ne feront guerre à leurs sujets en nulle manière.

» *Item*, abolition générale est faite auxdits de Guise, et toutes gens, de quelque état qu'ils soient et de tous cas, excepté à ceux qui sont coupables de la mort monseigneur de Bourgogne, que Dieu absolve! ceux qui ont juré la paix finale, des coupables de la trahison commise sur la personne du duc de Bretagne, tous Anglois et Irois, si aucuns en y a esdits ville et châtel, lesquels demeureront en justice. Et pour en avoir pleinement connoissance, lesdits de Guise nous bailleront par écrit les noms et surnoms de ceux qui, de présent, sont demeurants èsdits ville et châtel, gens de guerre et autres.

» *Item*, si pendant icelle composition, aucuns de notre part, ou de la part desdits de Guise, commettent aucune chose au contraire, au préjudice de ce présent traité ou des dépendances, icelui ne sera déjà rompu, enfreint ni violé, mais pourront et seront tenus les conservateurs dudit traité, faire prendre et punir les malfaiteurs, et aussi de faire faire la restitution, là où il appartiendra.

» *Item*, lesdits de Guise, pendant icelle composition, ne feront guerre, pour tant qu'ils soient demeurants en icelle ville et châtel, ni en eux ne recevront ni soutiendront aucuns de leur parti qui veuillent faire la guerre. Et s'il advenoit que aucuns faisant guerre, fussent, par ceux du parti du roi et desdits seigneurs, poursuivis à vue d'œil, et mis en chasse jusques dedans ladite ville et châtel, iceux de Guise seront tenus les bailler et délivrer à ceux qui ainsi les auront poursuivis et chassés, pour en faire comme de leurs prisonniers.

» *Item*, pendant icelle composition lesdits de Guise ne pourront ou devront démolir iceux ville et châtel, ni fortifier autrement qu'ils sont de présent; et avecque ce, ne démoliront point les approches de dehors.

» *Item*, incontinent que nous aurons fait retraire en sûreté tous les canons, artillerie, engins, habillements de guerre et autres biens étant entre notredit ost, nous lèverons notre siége, et partirons de devant lesdits ville et châtel, pour aller où bon nous semblera.

» *Item*, ledit gouverneur et autres gentilshommes et bourgeois desdits ville et châtel, jusques au nombre de vingt-quatre personnes, jureront solennellement tenir, et faire entretenir ce présent traité, sans enfreindre en aucune manière; et ceux qui auront scel, le scelleront de leurs sceaux.

» *Item*, avecque ce, pour plus grande sûreté, lesdits de Guise nous bailleront huit personnes en otage, c'est à savoir, Jean de Regnaut de Hamel, Jean de Cadeville, Jean de Beauvoir, Jean de Saint-Germain, l'ancien Wautier, messire de Valérant-du-Mont, et Jean de Flagny de Voulbes. Et en cas que aucuns iront de vie à trépas, ou s'enfuiront pendant icelle composition, lesdits de Guise nous bailleront et fourniront toujours de huit personnes otagiers, aussi suffisants ou plus.

» *Item*, que nous et lesdits de Guise avons élu et ordonné ensemble, d'un commun accord et consentement, et par ces présentes élisons et ordonnons conservateurs de ce présent traité, c'est à savoir, de notre côté, messire Daviod de Poix, chevalier, et du côté de ceux de Guise, Collard de Proisy, écuyer, ou son commis. Auquel messire Daviod, ou à son commis, avons donné et donnons plein pouvoir et autorité de bailler auxdits de Guise, saufs-conduits ou bullettes nécessaires de connoître et déterminer de tous cas qui étoient approchés, qui, tant d'une part comme d'autre, se pourront mouvoir pendant ladite composition sur les promesses et convenances ci-dessus déclarées et chacunes d'icelles.

» *Item,* avons promis et juré, jurons et promettons loyalement sur notre bonneur, d'accomplir toutes les choses ci-dessus déclarées, au regard de celles que tenus sommes d'accomplir de tout notre royal pouvoir, et chacune d'icelles garder et entretenir par tous les sujets et obéissants au roi et à mesdits seigneurs le régent et de Bourgogne, sans enfreindre en aucune manière.

» *Item,* pour la plus grand' sûreté de ce, ferons, le plus diligemment que faire se pourra, louer, ratifier, et approuver ce présent traité, par mondit seigneur le régent en la forme et manière ci-dessus déclarée.

» En témoin de ce nous avons fait mettre nos sceaux à ces présentes.

» Donné en notre siége, devant lesdits ville et châtel de Guise, le dix-huitième jour de septembre, l'an mil quatre cent vingt-quatre. »

Après lequel traité fait et accompli, comme dessus est contenu, les otages baillés, se départit le siége de devant Guise; et retourna messire Jean de Luxembourg en son châtel de Beau-Revoir, en donnant congé à ses capitaines. Et messire Thomas de Rampston, atout ses Anglois, alla devers Paris, où étoit le duc de Bedfort, où il fut reçu moult joyeusement.

En ce temps, fut traité fait entre le seigneur de Montagu, tenant parti du duc de Bourgogne d'une part, et Étienne de Vignoles, dit La Hire, d'autre part : c'est à savoir, que ledit de Montagu dût avoir l'obéissance de Vitry en Partois, et autres forteresses en Champagne, que tenoit ledit La Hire, dedans le premier dimanche de carême ensuivant, en cas qu'il n'auroit secours du roi Charles audit jour ; lequel secours ne lui fut point envoyé. Et pour ce, ainsi que promis l'avoit, bailla audit seigneur de Montagu, l'obéissance des dessusdites villes et forteresses qu'il tenoit en Champagne. En ces jours, messire Mauroy de Saint-Léger et le bâtard de Saint-Pol assemblèrent de quatre à cinq cents combattants, lesquels ils conduisirent au pays de Barrois, et là firent maux inestimables, et accueillirent grands proies, atout lesquelles ils retournèrent hors d'icelui pays sans avoir empêchement.

En cet an, au mois d'octobre, le duc de Glocestre, et Jacqueline de Bavière, comtesse de Hainaut, de Hollande et de Zélande, laquelle ledit Glocestre avoit épousée par avant en Angleterre, comme dessus est dit, nonobstant que le duc Jean, duc de Brabant, son premier mari fût encore en vie, atout (avec) cinq mille combattants ou environ, vinrent nageant par mer du pays d'Angleterre, en intention d'aller en puissance d'armes, au pays de Hainaut, lequel, comme dit est, appartenoit à ladite Jacqueline, pour d'icelui avoir l'obéissance et gouvernement. Et étoit lors avecque eux principal gouverneur de leurs gens d'armes, le comte Maréchal, Anglois.

CHAPITRE XXIII.

Comment les ducs de Bedfort et de Bourgogne prirent peine à apaiser les ducs de Glocestre et de Brabant.

A L'ISSUE du mois d'octobre, convinrent ensemble, en la cité de Paris, les ducs de Bedfort et de Bourgogne, chacun atout son conseil, ainsi que promis l'avoient à la dernière convention par eux tenue à Amiens, pour traiter de la paix et dissidence qui étoit mue entre le duc Jean de Brabant et le duc de Glocestre. Et là, en ladite ville de Paris, pratiquèrent et débattirent la matière en grand' délibération et conseil, par plusieurs journées, selon les propositions, allégations et probations d'une partie et d'autre, jà-soit-ce qu'icelles parties eussent procès en cour de Rome, devant le pape. Et enfin traitèrent tant lesdits ducs de Bedfort et de Bourgogne, que ils firent appointement selon leur avis et de leurs conseils entre icelles parties.

Lequel traité ils envoyèrent par leurs ambassadeurs devers les ducs de Brabant et de Glocestre; et alla en cette ambassade devers ledit duc de Glocestre, à Calais, où il étoit lui et sa femme, messire

Raoul le Bouteiller et l'abbé Fouquans. Lesquels là venus, montrèrent audit duc les articles dudit appointement et de leur ambassade. Lesquels eurent dudit de Glocestre et de la dame réponse négative, disant ainsi que point ne tiendroient celle ordonnance, mais dirent qu'ils iroient en Hainaut à puissance prendre l'obéissance de leur pays. Et sur cette réponse se départirent lesdits ambassadeurs; et ceux qui furent envoyés devers ledit duc de Brabant, eurent de lui réponse, avecque son conseil, que l'appointement que avoient fait les ducs de Bourgogne et de Bedfort, il avoit bien pour agréable et en étoit content. Lesquelles réponses des deux ducs dessusdits furent portées à Paris devers les ducs de Bedfort et de Bourgogne, qui de ce furent fort troublés, pource que le duc de Glocestre n'avoit voulu tenir ledit appointement qu'ils avoient fait. Et par espécial, le duc de Bourgogne en fut très mal content, et tant qu'il dit tout pleinement à son beau-frère le duc de Bedfort, puisqu'il véoit que son frère le duc de Glocestre ne vouloit condescendre à nul traité de raison, qu'il aideroit de toute sa puissance à son cousin le duc de Brabant, à garder son honneur et sa seigneurie contre ledit duc de Glocestre. Par lesquelles tribulations, ledit duc de Bedfort fut très courroucé en cœur contre son frère, doutant que par telles divisions et dissensions, les alliances qu'ils avoient en France avecque ledit duc de Bourgogne ne fussent du tout corrompues et annichillées (anéanties).

Item, lesdits ducs de Bedfort et de Bourgogne firent la fête de la Toussaint et le jour des ames, dedans Paris solennellement, chacun en leurs hôtels. Et lors, aucuns jours ensuivant, ledit duc de Bourgogne fit en son hôtel d'Artois, à ses propres dépens, les noces de messire Jean de la Trimouille, seigneur de Jonvelles, et de la demoiselle de Rochebaron, sœur au seigneur d'Amboise, qui pour ce temps se tenoit avecque la reine de France, femme au roi Charles, défunt, en la compagnie de la dame de la Ferté. Auxquelles noces furent ladite reine, ledit duc de Bedfort, sa femme, la duchesse, sœur au duc Bourgogne; avecque eux le comte de Salsebery et la comtesse sa femme le comte de Suffort, l'évêque de Thérouenne, le seigneur d'Étable, avecque très grand nombre de notables chevaliers, écuyers, dames et damoiselles, et autres gens de grand et noble état, qui très grandement furent festoyés et reçus par ledit duc de Bourgogne et les siens.

Et furent adonc grands résolutions et ébattements, tant en boires comme en mangers riches et précieux, comme en danses, joûtes et autres ébattements. Et même joûtèrent les ducs de Bedfort et de Bourgogne et aucuns autres princes, avecque grand nombre de leurs chevaliers.

En après, ledit duc retourna de Paris en son hôtel de Bourgogne : et là prit en mariage, par dispensation apostolique, la veuve de son oncle, comte de Nevers, jadis mort à la bataille d'Azincourt. Laquelle dame étoit moult renommée de vivre saintement, et avoit du dessusdit comte de Nevers deux enfants; et si étoit sœur germaine au comte d'Eu, qui pour lors étoit prisonnier en Angleterre, et demi-sœur à Charles de Bourbon, comte de Clermont. En ce même temps rendit son esprit Jean de Bavière, jadis évêque de Liége, oncle au duc de Bourgogne et à la duchesse Jacqueline de Bavière; et pour tant qu'il n'y avoit nul enfant de la duchesse de Bourgogne, sa femme, il déclara en son derrain ledit duc de Bourgogne son hoir et successeur, et mit du tout en oubli la dessusdite Jacqueline de Bavière, sa nièce.

CHAPITRE XXIV.

Comment le duc de Glocestre et la duchesse sa femme allèrent de Calais en Hainaut, prendre l'obéissance des bonnes villes; et comment le duc de Bourgogne se prépara pour aller en l'aide du duc de Brabant, son cousin.

En la fin du mois de novembre, le duc de Glocestre, avecque son grand ost, qu'il avoit amené à Calais, comme dit est dessus, et la duchesse Jacqueline, sa femme, en sa compagnie, se mit à chemin, et par Houdain et au-dehors de Lens, en Artois, alla en Hainaut. Et en passant parmi le pays du duc de Bourgogne, ne souffrit faire nul desroy, sinon prendre vivres courtoisement. Et alla premier à Bouchain et à Mons, où il fut obéi assez libéralement. Auquel lieu vinrent devers lui plusieurs des seigneurs et gentilshommes du pays, pour à lui et à sa femme faire service et obéissance. Et bref ensuivant, firent serment audit duc de Glocestre, toutes les bonnes villes de la comté de Hainaut, appartenant à la duchesse Jacqueline, qu'il disoit être sa femme; et aussi tous les seigneurs et gentilshommes du pays, sinon seulement la ville de Halx, qui tint le parti du duc de Brabant. Et pareillement le tinrent le comte de Conversan, seigneur d'Enghien, et messire Engilbert d'Enghien, et Jean de Jumont, avecque toutes leurs villes et forteresses. Et les autres, comme dit est, tant nobles comme bonnes villes, en rompant et anihillant le serment que autrefois avoient fait au duc de Brabant, tinrent pleinement le parti d'icelui duc de Glocestre et de la duchesse Jacqueline.

Item, aucuns jours après que ledit duc de Bourgogne eut épousé sa femme, comme dit est dessus, il se partit d'icelle, et alla à Mâcon, où il tint parlement avecque le duc de Savoie et les ambassadeurs du duc de Bretagne, desquels étoit le principal Arthus, comte de Richemont; lequel parlement durant, vinrent audit lieu de Mâcon, envoyés de par le roi, Charles de Bourbon, comte de Clermont, l'archevêque de Reims, l'évêque du Puy, et aucuns autres notables ambassadeurs. Lesquels, entre autres choses, traitèrent le mariage dudit comte de

Clermont et d'Agnès, sœur germaine du duc de Bourgogne. Et là promit ledit duc de Bourbon, en parole de prince, en la main dudit archevêque, de l'épouser dedans certain temps, qui par les parties fut conclu. Et après, sans planté d'autres grandes besognes accomplir, se départirent l'un de l'autre; et retourna chacun en son propre lieu.

Item, Philippe, duc de Bourgogne, sachant la venue de Honfroy, duc de Glocestre, en Hainaut, de ce moult indigné, envoya ses mandements patents en ses pays de Flandre, d'Artois, et à l'environ, par toutes ses dominations; lesquels sans délai furent publiés ès lieux accoutumés, contenant que tous nobles et autres, de quelque état qu'ils fussent, qui se avoient accoutumé d'armer, se missent sus en armes pour aller en l'aide du duc de Brabant, contre le duc de Glocestre, en la compagnie de Messire Jean de Luxembourg, des seigneurs de Croy, de l'Ile-Adam, et autres capitaines, qui à ce seroient commis pour les conduire et mener. Après laquelle publication s'assemblèrent très grand nombre de gens d'armes, sous la conduite desdits seigneurs, qui tous ensemble se tirèrent devers Philippe, comte de saint Pol, frère au duc Jean de Brabant. Auquel, de par ledit duc, fut baillée la charge de faire guerre et résistance contre ledit duc de Glocestre. Avec lequel comte de Saint-Pol étoit principal gouverneur Pierre de Luxembourg, comte de Conversan et Braine, seigneur d'Enghien; et si y étoit messire Engilbert d'Enghien, damoiseau de Vissemale, de Rosebarre, et aucuns autres grands seigneurs bannerets du pays de Brabant, avec grand' multitude de commun du pays de Brabant et infinis habillements de guerre. Et adonc commença de toutes parts la guerre de Hainaut moult dommageuse, par feu et par épée : par quoi le pauvre peuple fut moult oppressé ; car le dessusdit duc de Glocestre mit grand' garnison de ses Anglois audit pays de Hainaut, en plusieurs villes et forteresses à lui obéissants. Et pareillement le fit le comte de Saint-Pol sur toutes les frontières de son obéissance : lesquelles garnisons souventesfois couroient sur les marches l'un de l'autre, en faisant, comme dit est, grands et innumérables dommages.

CHAPITRE XXV.

Comment le duc de Glocestre envoya unes lettres au duc de Bourgogne, et la copie d'icelles.

Après ce qu'il fut venu à la connoissance du duc de Glocestre, que le duc de Bourgogne, par ses mandements, avoit fait assembler gens d'armes par ses pays, pour aller contre lui à l'aide du duc de Brabant, il fut de ce grandement malcontent ; et pour tant écrivit unes lettres : lesquelles lettres il envoya en Bourgogne devers ledit duc. Et contenoient mot après autre ce qui s'ensuit.

« Haut et puissant prince, très cher et très aimé cousin, nouvelles me sont venues, qu'en vos terres et seigneuries par deçà, on a publié et fait cri de par vous, que toutes gens disposés aux armes soient prêts pour aller en la compagnie de messire Jean de Luxembourg et autres, au service de mon cousin de Brabant, à l'encontre de moi, mes amis, bienveillants et sujets, en donnant à entendre contre vérité plusieurs choses. Autant ou plus en ai aperçu par une copie de certaines lettres, qui se disent de votre part écrites en votre ville de Dijon le vingtième jour de décembre. Lesquelles publications et lettres, comme je crois, viennent de votre su et ordonnance, pour tant que assez savez ce que le temps passé ai fait à votre prière, contemplation et requête, et par quantesfois, sous mon beau-frère le régent et à vous, me suis soumis pour cuider apaiser le différend et discord dont en icelles lettres est faite mention, ce qui est entre mondit cousin de Brabant et moi, quantes journées en ai acceptées, et quelles offres en mon préjudice en fis faire; auxquelles, comme vous savez, ceux de la partie du duc de Brabant ne voulurent oncques condescendre, ni prendre aucun traité, supposé qu'icelles lettres soient colorées au contraire, ainsi que par la copie d'icelles, si vous la voulez visiter, apparoir vous pourra; et je sais aussi que ce que fait en ai, n'est éloigné de votre bonne mémoire : et si savez que si proximité de lignage vouloit vous mouvoir d'aucune chose faire, plutôt devriez être enclin de aider à ma partie que l'autre, vu que ma compagne et épouse est deux fois votre cousine-germaine, et que mondit cousin de Brabant de tant ne vous appartient. Et encore outre y êtes obligé par le traité de la paix par vous et moi solennellement juré, ce que oncques ne jura ledit duc de Brabant ; mais, comme vous savez, a fait alliances contraires, qui contre lui vous devroient mouvoir. Lequel traité n'a été par moi enfreint ni jà ne sera ; ains de l'avoir pensé ce me seroit moult grief ; et me sembleroit, si fait l'avois, que depuis ne me pourroit bien venir, ainsi qu'il ne feroit. Et aussi me tiens-je certain qu'en votre vie ne ferez le contraire.

» Et d'autre part, n'avez encore pu apercevoir que avant ni depuis que je suis par deçà, n'aie toujours été désirant de à vous et aux vôtres complaire, ni que j'aie fait, procuré ou porté, ni souffert procurer à vous, ni à vos sujets aucuns griefs ou dommages ; mais lesdits sujets ai traités et eus aussi pour recommandés comme les miens propres, comme de ce vosdits sujets vous peuvent donner connoissance. Avecque ce savez comment pieça vous ai écrit, ce qui vrai est que par deçà ne me suis entremis de demander autre chose : ains suis content d'avoir ce qui me appartient à cause de madite compagne votre cousine, et qu'à l'aide de Dieu garderai tant qu'elle vivra, qui bien est assez suffisant.

» Et si aucune chose me a convenu et convient

faire contre moudit cousin, comme vous savez, n'en suis en coulpe; mais par contrainte et par ses emprises, pour mon honneur garder et mon pays défendre, le m'a convenu faire, selon que savoir le pouvez. Laquelle à la vérité, comme je tiens, savez déjà; qui sont assez notifiantes choses, par lesquelles je ne puis croire que oncques lesdites publications et lettres précédentes, de votre su ou certaine connoissance aient été faites. Pour ce, haut et puissant prince, mon très cher et très aimé cousin, je vous prie très à certes que ce qui dessus est dit, vous veuillez bien considérer: c'est à savoir ce que j'ai fait à votre contemplation et requête, le refus de l'autre partie, la prochaineté de lignage, le traité de paix que n'ai fait à l'encontre d'aucune chose du vôtre, et lesdites entreprises de mes adversaires. Et je crois que, supposé ores quand ainsi seroit qu'on m'a donné à connoître, que je ne puis encore croire, si bien y pensez prendrez autre conseil et serez d'opinion contraire. Quand autrement faire le voudrez, Dieu, à qui on ne peut rien céler, gardera mon bon droit; et le serment qu'avez je y appelle. Haut et puissant prince, très cher et très aimé cousin, par ce porteur me faites savoir de votre intention; avec, s'il est aucune chose que pour vous faire puisse, je m'y emploierai de bon cœur, Notre-Seigneur le sait, qui soit garde de vous.

» Écrit en ma ville de Mons, sous mon signet, le douzième jour de janvier. Haut et puissant prince, mon très cher et très aimé cousin, je vous envoie en ces présentes lettres encloses la semblable copie d'icelles lettres, ainsi signées :   DE CROY. »

Desquelles lettres la superscription étoit :

« A haut et puissant prince, mon très cher et très aimé cousin, le duc de Bourgogne. »

Et l'infrascription :

« Votre cousin, le duc de Glocestre, comte de Hainault, de Hollande, de Zélande, de Pennebourg, et seigneur de Frise. »

Lesquelles dessus déclarées et reçues du duc de Bourgogne, les visita en grand' déclaration de conseil. Et après récrivit, par la manière ci-après déclarée, audit duc de Glocestre.

CHAPITRE XXVI.

Copie des premières lettres du duc de Bourgogne envoyées au duc de Glocestre.

« HAUT et puissant prince, Honfroy, duc de Glocestre, je, Philippe, duc de Bourgogne, comte de Flandre et d'Artois, ai reçu vos lettres, à moi adressant, écrites de Mons, en Hainaut, sous votre signe, le douzième jour de janvier dernier passé, contenant plusieurs choses ; et entre les autres, qu'avez ouï nouvelles qu'en mes terres et seigneuries par-delà, on a fait publier et crier de par moi, que toutes gens disposés aux armes fussent prêts pour aller en la compagnie de notre très cher et très aimé cousin, messire Jean de Luxembourg, et autres, pour aller au service de mon très cher et très aimé cousin le duc de Brabant, à l'encontre de vous et de vos bienveillants et sujets, en donnant à entendre plusieurs choses contre vérité, comme portent vosdites lettres, et que autant ou plus que avez aperçu par la copie qu'envoyée m'avez de certaines lettres, qui se dient de ma part écrites en ma ville de Dijon, le vingt-unième jour de décembre.

« Sur ce, haut et puissant prince, de la plus grand' partie d'icelles vos lettres, je me passe de faire récitation et réponse : car guère ou rien ne m'en est, fors de ce qui touche à mon honneur, que je ne veuille ou dois souffrir blâmer, ni charger contre droit et raison. Et pour tant vous écris et signifie que les lettres et publications d'icelles sont semblables en substance en ladite copie que m'avez envoyée, procédant de mon su, et les ai ordonnées, mandées et commandées être faites. A quoi ai été mu du refus par vous fait de obtempérer aux articles et points, dernièrement par beau-frère le régent et moi, à grand' délibération du conseil à Paris, avisées, et depuis à vous présentées, pour l'apaisement des contents et discords d'entre mon très cher et très aimé cousin le duc de Brabant, d'une part, et vous d'autre. Lesquels articles, icelui mondit cousin le duc de Brabant, pour Dieu mettre de son côté, et complaire audit beau-frère à moi, avoit octroyées et accordées; mais ce nonobstant, vous, après votredit refus, et sans vouloir attendre la fin du procès pendant en la cour de Rome sur ledit content, êtes à puissance d'armes et de guerre entré au pays de Hainaut, vous efforçant d'en débouter mondit cousin de Brabant, et de lui en ôter sa possession. Et desdites choses sont mesdites lettres causées, qui sont certaines et véritables, si, comme vous pouvez savoir, et ignorer ni nier ne le pouvez. Si n'ai en ce rien donné à entendre contre vérité, comme mensongèrement et à tort me mettez sus et voulez charger, comme il me semble, par vos lettres dessusdites, lesquelles je garde par-devers moi, pour enseigner quand temps sera. Assez vois, et trop m'est déshonneur, que fait avez et efforcez faire à mondit cousin de Brabant, sans vouloir charger mon honneur et renommée, ce que endurer ne voudrois, ni veuille de vous, ni nuls autres.

»Aussi crois-je que ceux à qui je attiens (touche), et qui me attiennent de sang, lignage et affinité, et mes loyaux, féaux, vassaux et sujets, qui si grandement et si loyaument ont servi messeigneurs mes prédécesseurs et moi, ne le voudroient pas ainsi passer ni souffrir. Pour ce, il est que je vous somme et requiers par ces lettres, que vous rappelez et dédites ce que m'avez écrit, que j'ai donné chose à entendre contre vérité, comme dit est, et selon ce que contiennent vosdites lettres ès écrits patents.

» Et si faire ne le voulez, et que veuillez maintenir la devant dite parole, qui peut charger mon honneur et renommée, je suis et serai prêt de m'en défendre de mon corps contre le vôtre, et de vous combattre à l'aide de Dieu et de Notre-Dame, en prenant jour raisonnable et compétent par-devant très haut, très excellent et très puissant prince l'empereur, mon très cher seigneur et cousin. Et afin que vous et tout le monde voie que je veuille abréger cette chose, et garder mon honneur étroitement, si mieux vous plaît, je suis content que nous prenons à juge mon très cher et aimé cousin, et aussi votre beau-frère le régent duc de Bedfort, lequel par raison ne devrez refuser; car il est tel prince que je sai, qu'à vous et à moi, et à tous autres, il voudroit être droiturier juge. Et pour l'honneur et révérence de Dieu, et pour éviter effusion de sang chrétien, et la destruction du peuple, dont en mon cœur ai compassion, il doit à vous et à moi, qui sommes chevaliers adolescents, être plus convenable, au cas que les paroles dessusdites voudriez parmaintenir, par mon corps sans plus cette querelle mener à fin, sans y aller par voie de guerre, dont il conviendroit maints gentishommes et autres, tant de votre ost comme du mien, finer leurs jours piteusement, laquelle chose me déplairoit si ainsi le falloit faire, et aussi devroit-il faire à vous, vu que la guerre des chrétiens doit déplaire à tous princes catholiques, et à moi elle déplut et déplaît si autrement se pouvoit faire. Haut et puissant prince, sur le contenu de cette, me veuillez faire réponse par vos lettres patentes, et par le porteur de cette, ou par autres, le plus bref que faire se pourra, sans proroguer cette chose par écritures ou autrement : car j'ai désir que cette besogne prenne briève conclusion pour mon honneur, et ne dois laisser ni laisserai qu'elle demeure en ce point. Et sur cette matière, après la réception de vos lettres dessusdites, vous eusse plutôt fait réponse et récrit, n'eussent été plusieurs grands occupations qui depuis me sont survenues, et m'ont retardé. Et afin qu'il vous appère que ce vient de mon su et propre mouvement, j'ai écrit mon nom en ces présentes, et à icelles fait mettre mon signet.

» Écrit le troisième jour de mars, l'an mil quatre cent et vingt-quatre. »

Lesquelles lettres furent de par ledit duc de Glocestre lues, et assez les visita tout au long avec son conseil. Et sur icelles, pour faire réponse, écrivit derechef au duc de Bourgogne en telle forme que ci-après s'ensuit.

CHAPITRE XXVII.

Copie des secondes lettres envoyées par le duc de Glocestre au duc de Bourgogne.

« Haut et puissant prince, Philippe, duc de Bourgogne, comte de Flandre, comte d'Artois et de Bourgogne, je, Honfroy, fils, frère et oncle des rois d'Angleterre, duc de Glocestre, comte de Hainaut, de Hollande et Zélande et de Pennebourg, seigneur de Frise et grand chambellan du roi d'Angleterre, ai reçu vos lettres en forme de placard, à moi adressants, écrites le troisième jour de ce mois : lesquelles, afin qu'il m'appère que le contenu vient de votre su et propre mouvement, avez signé et écrit votre nom, et à icelles fait mettre votre scel. Desquelles, pour la graigneur (plus grande) partie réciter, m'est aussi peu ou moins, qu'il est à vous des miennes à vous adressées, écrites en ma bonne ville de Mons, en ma comté de Hainaut, sous mon signet, le douzième jour de janvier dernier passé, si n'est en tant qu'elles font mention du refus que vous dites par moi être fait pour non vouloir apaiser le discord qui est entre mon cousin le duc de Brabant, d'une part, et moi, d'autre part, qui est moins que vérité ; car mon très cher et très aimé frère le régent duc de Bedfort, et tout le conseil de France, savent que j'en aie fait, et aussi faites vous. Si ignorer le voulez, ne pouvez, et que dites, que mensongèrement et à tort vous ai mis sus aucune chose par mesdites lettres, et vous semble qu'assez trop du déshonneur et outrage vous étoit, que m'imposez avoir fait à mondit cousin de Brabant, sans vouloir charger votre honneur et renommée. Pourquoi me sommez et requérez par vosdites lettres, de rappeler et dédire ce par les miennes écrit vous ai, ou sinon vous êtes prêt de défendre votre corps contre le mien, et de moi combattre, vous laisse savoir que le contenu de mesdites lettres, je dis et tiens être vrai, et d'encôté (du côté) icelui veuille demeurer; et déjà est approuvé parce que vos gens, et à votre mandement, ont fait et perpétré en madite comté; ni pour vous, ni pour autre ne sera par moi appelé : ains, à l'aide de Dieu et de Notre-Dame et de monseigneur Saint-Georges, le contenu en mesdites lettres, vous ferai, de mon corps contre le vôtre, connoître, et jahir être vérité par-devant quelque des juges qu'avez élus; car tous deux me sont indifférents.

» Et pource que désirez la chose être brève, comme je fais pareillement, par ce que mondit beau-frère est plus prêt, je suis content de parfaire la chose par-devant lui, et l'accepte pour juge. Et le jour que mîtes en mon élection, je vous assigne le jour monseigneur saint Georges prochain venant ou autre, à la discrétion de mondit frère, auquel, au plaisir de Dieu, je serai prêt, et ne faudrai. Et en cas que mondit frère ne voudra emprendre la chose, je suis content que ce soit devant très haut et puissant prince l'empereur. Et pareillement, si l'empereur ne le veut, beau-frère Oldeberth (Oldenbourg) ou autre juge indifférent. Mais pour ce que je ne sais si vous voudrez demeurer d'encontre votre signet, je vous somme et requiers que par le porteur de cette, m'envoyez autres lettres, qui soient scellées de votre scel, pareillement que du mien sont ces présentes. Et quant audit de Brabant, si vous voulez ou osez dire qu'il ait meilleur droit que moi en cette présente querelle, je suis prêt de le vous faire connoître, mon corps contre le vôtre, au jour et devant ceux que dessus est dit, que j'ai meilleur droit, et aurai, à la grâce de Dieu, Notre-Dame et saint Georges. Et afin qu'il vous appère ce que dessus est dit, et veuille entretenir, faire et accomplir, j'ai écrit mon nom en ces présentes, et à icelles fait mettre mon scel. Écrit en ma ville de Soignies, le seizième jour de mars, l'an mil quatre cent vingt et quatre. »

CHAPITRE XXVIII.

Comment le duc de Bourgogne retourna en Flandre; et comment il envoya unes secondes lettres au duc de Glocestre, et la copie d'icelles.

Entre temps qu'aucunes des lettres dessusdites s'envoyèrent par iceux princes l'un à l'autre, retourna le duc de Bourgogne en son pays de Flandre, et fit grand' partie de ses gens aller en l'aide du duc de Brabant, comme dit est dessus; et aussi récrivit au duc de Glocestre unes lettres scellées de son scel, en acceptant le jour après ledit Glocestre, desquelles la teneur s'ensuit.

« Haut et puissant prince, Honfroy, duc de Glocestre, je, Philippe, duc de Bourgogne, comte de Flandre et d'Artois, ai aujourd'hui reçu vos lettres-patentes, écrites et signées de votre main, répondant aux miennes que dernièrement vous envoyai, écrites le treizième jour de ce présent mois; lesquelles faisoient mention que vous avez refusé le traité par grand' délibération, avisée par beau-frère le régent et moi, sur le discord étant entre beau-cousin de Brabant et moi; et vous y répondez que c'est moins que vérité. Mondit beau-frère le régent, et tout le conseil de France, savent bien que fait en avez; et aussi fais-je. Je ne le veuille ignorer ; et si ignorer le voulois, si ne puis-je, si comme vosdites lettres le contiennent. Sur ce, vous fais à savoir que sur ce serai trouvé véritable, et vous, non, comme apparoir pourra par le rapport des ambassadeurs envoyés devers vous, atout la cédule de l'accord avisé par le dessusdit beau-frère, moi et ledit conseil, lequel avez refusée : et contre la teneur d'icelle de fait entré au pays de Hainaut; combien que beau-cousin de Brabant l'eût pleinement accordée.

» Et à ce qu'avois écrit, que mensongèrement et à tort m'avez mis sus aucunes choses, et qu'assez m'étoit déshonneur et outrage qu'aviez fait audit beau-cousin de Brabant et moi, sans vouloir charger mon honneur et renommée : par quoi vous sommois et révoquois de rappeler et dédire ce que par vos lettres avez écrit, que j'avois contre vérité plusieurs choses donné à entendre ; ou si ce non, j'étois prêt de m'en défendre, et le mien corps contre le vôtre, devant l'empereur ou beau-frère le régent ; me laissez savoir que le contenu en vosdites lettres tenez être vrai, et d'en-côté icelles voulez demeurer, et que déjà est approuvé, par ce que mes gens ont perpétré audit pays de Hainaut, que pour moi et autre ne rappellerez. Ainçois le contenu en icelles vos lettres me ferez de votre corps contre le mien reconnoître et rejahir être vérité par-devant quelque des deux juges devant nommés.

» Et pource que désirez la chose être brève,

pareillement comme je fais, et que ledit beau-frère le régent est plus près, vous êtes content de faire la chose devant lui, et l'acceptez à juge, en assignant la journée le jour saint Georges, ou autre, à la discrétion dudit beau-frère. Je vous réponds que du jour et du juge, je suis très bien content, et à l'aide Dieu et de Notre-Dame, me défendrai, et maintiendrai le contraire par mon corps contre le vôtre, en faisant à tous apparoir que mensongèrement et à tort m'avez mis sus les choses dessusdites, et y garderai ma loyauté et mon honneur.

» Et quant à ce que mes gens ont fait au pays de Hainaut, s'ils avoient aucune chose qui fût au bien et à l'honneur de beau-cousin de Brabant, j'en serois bien joyeux et bien lie. Et pource que vous faites doute si ledit beau-frère acceptera cette besogne, j'enverrai premièrement devers lui mes ambassadeurs notables, le prier chèrement; et si accepter ne le veut, je suis content de l'empereur, ainsi que par mesdites lettres vous ai écrit.

» Et à ce que m'écrivez, que si je veuille ni ose dire que mondit beau-cousin de Brabant ait meilleur droit que vous, vous me ferez connoître de votre corps contre le mien, au jour et devant ceux que dessus, le contraire; je vous réponds que par la sentence de notre saint père le pape, devant qui cette cause est pendante, pourra clairement apparoir qui aura droit ou tort; à la puissance et autorité duquel ne voudrois pour rien déroger ni désobéir. Aussi n'est-il point en nous deux d'ordonner ni déterminer à qui le droit en appartient. Et si ai espérance en Notre-Seigneur Jésus-Christ et en sa glorieuse Vierge mère, qu'avant que nous départons de la journée par vous ainsi entreprise, de tellement défendre ma bonne querelle, qu'il ne vous sera jà besoin d'autre nouvelleté mettre en avant. Et quant à ce que me requérez, que sous mon scel je veuille envoyer la copie de mes lettres, qu'envoyées vous ai sous mon signet, je vous les envoie, ainsi que requis le m'avez. Et ce que j'ai écrit, veuille franchement tenir et accomplir.

CHAPITRE XXIX.

Comment la ville de Braine en Hainaut fut détruite et désolée par les commis de Brabant et autres.

Durant les tribulations et haines dessus déclarées, des ducs de Bourgogne et de Glocestre, se mirent sus à très grand' puissance, Philippe, comte de Ligny et de Saint-Pol, frère au duc de Brabant; en sa compagnie le comte de Conversan, seigneur d'Enghien, les seigneurs de Croy et l'Ile-Adam, messire Andrieu de Malignes, et le bâtard de Saint-Pol, et plusieurs autres capitaines de guerre, avec autres bannières et gentilshommes, et environ de trente à quarante mille communes, comme dit est dessus. Lequel le dessusdits comte de Saint-Pol mena devant Braine-le-Comte, au pays de Hainaut, en laquelle ville étoient environ deux cents Anglois des gens du duc de Glocestre, avecque la communauté d'icelle. Si furent léans assiégés de tous côtés, et fort combattus par les engins qu'ils avoient là amenés sans nombre. Pourquoi, après que les dessusdits assiégés eurent vu la puissance de leurs ennemis, par l'espace de huit jours, commencèrent à traiter. Et enfin furent d'accord par tel si, que les Anglois, qui dedans étoient, iroient, sauves leur vie et aucunes parties de leurs biens; et la ville avec les habitants demeureroient en l'obéissance du duc de Brabant, en faisant serment à lui ou à ses commis, moyennant qu'ils paieroient certaine somme d'argent, en rachetant leur ville et leurs biens.

Après lequel traité ainsi fait, et que les dessusdits Anglois furent prêts à tenir leur sauf-conduit pour eux en aller, entrèrent les communes dessus en très grand nombre dedans icelle ville, par plusieurs lieux, et occirent grand' partie d'iceux Anglois, avec aucuns bourgeois de la ville, et prirent, ravirent, et frustrèrent tous les biens, et puis boutèrent le feu en plusieurs lieux et maisons, tant finablement que la ville fut tout arse et désolée. Ainsi, et par cette manière, rompirent et enfreindrirent lesdites communes l'édit qu'avoit fait leur capitaine. Et ne fut pour prière ni pour messages, que de ce on leur pût faire retarder, dont les dessusdits seigneurs et nobles furent très mal contents. Néanmoins, aucuns d'iceux Anglois furent sauvés et renvoyés sauve leur vie, ainsi que promis leur avoit été par le moyen des seigneurs et nobles dessusdits. Et alors étoient en la compagnie du comte de Saint-Pol, audit siége de Braine, Pothon de Sainte-Treille, Regnault de Longueval, et aucuns autres, atout leurs gens tenant le parti du roi Charles.

Après que ladite ville de Braine fut du tout désolée, comme dit est, se tint l'ost des Brabançons au lieu où ils étoient; et adonc, par le moyen des lettres envoyées par le duc de Bourgogne, l'un à l'autre, et le jour accepté, comme dit est, de combattre de leurs personnes, par devant le duc de Bedfort, étoit la guerre mise comme en suspens entre le duc de Glocestre et le duc de Brabant; et ne devoient plus ni leurs gens porter aucun dommage l'un à l'autre, ains attendoient à celui qui auroit victoire de ladite journée. Et sur ce propos, se délogèrent, ledit comte de Saint-Pol et ses gens, devant Braine, pour retourner en Brabant.

Et pourtant que ledit duc de Glocestre, avec sa femme et toute sa puissance, comme Hainuyers, étoit à Soignies, eurent les Brabançons grand doute d'être aucunement envahis d'iceux. Et pour ce, tous les nobles se mirent, avec leurs princes, en ordonnance, et chevauchèrent, par ordre, tous armés, prêts comme s'ils dussent entrer en bataille. Et aussi firent aller lesdites communes, en belle et grande ordonnance; et ainsi se départirent de devant Braine; et, quand ils eurent chevauché une partie de leur chemin, ils eurent nouvelles, par leurs arrière-coureurs qu'ils avoient laissés derrière, que les Anglois étoient sur les champs. Laquelle chose étoit véritable: car aucuns des capitaines du duc de Glocestre, atout huit cents Anglois, se mirent sus, par le congé dudit duc, pour voir iceux Brabançons déloger. Et tant s'approchèrent les parties, l'une l'autre, qu'ils se pouvoient pleinement voir; mais il y avoit bon espace et fossés entre icelles parties.

Toutefois ledit comte de Saint-Pol fit mettre ses gens en ordonnance sur une montagne; c'est à savoir ses gentilshommes et archers; et pareillement s'y mirent iceux Anglois. Et entre temps, y eut plusieurs coureurs, tant d'un côté comme d'autre, qui s'escarmouchèrent très fort les uns contre les autres; et tant, qu'en ce faisant, de chacune partie y en eut aucuns morts ou navrés, et portés jus de leurs chevaux, non mie en grand nombre. Et demeurèrent en l'état que dit est, chacune partie en bataille, par très longue espace, chacune desdites parties contendant, que ses compagnons ennemis s'en dussent partir premiers.

Et, entre temps qu'ils étoient ainsi en bataille, comme dit est, vinrent certaines nouvelles au comte de Saint-Pol, de par le duc de Bourgogne, de sa journée acceptée entre lui et le duc de Glocestre, et ainsi, que la guerre devoit cesser entre

8.

icelles parties. Après lesquelles nouvelles venues, comme dit est, et qu'il étoit déjà bien tard vers la nuit, se commencèrent à retraire les Anglois dessusdits vers leur seigneur duc de Glocestre, qui étoit à Soignies. Et, d'autre part, le comte de Saint-Pol et les siens se départirent, et allèrent loger à Halx et à l'environ, auquel lieu ils firent faire très bon guet.

Or est vérité que la plus grand' partie des communes de Brabant dessusdit, avec aucuns autres, doutant l'envahie et bataille desdits Anglois, s'étoient départis d'avec ledit comte de Saint-Pol, en fuyant, par grand desroy, en leur pays, laissant par les champs leurs armures choir sans nombre, avec leurs chars et charrettes, et autres habillements de guerre. Jà-soit-ce qu'ils fussent de trente à quarante mille hommes desdites communes, si en demeura-t-il assez peu avecque leurs chefs ; et ne tint pas à eux que ce jour ledit comte de Saint-Pol, et les autres seigneurs et capitaines qui étoient avecque, ne reçussent grand déshonneur et grand dommage.

Item, le vingt-sixième jour de février de cet an, auquel, le premier jour de mars se devoit rendre la ville et le château de Guise, avoit tant traité messire Jean de Luxembourg avecque Jean de Proisy, gouverneur d'icelle, que ladite ville et châtel lui furent rendus audit vingt-sixième jour de février, avant que ledit jour fût venu. Et pareillement lui fut baillé et délivré la forteresse d'Irechon. Et fut par ces moyens, du tout obéi par toute la comté de Guise, dont il déplut grandement à René d'Anjou, duc de Bar, qui d'icelle comté étoit seigneur et vrai héritier. Et par ainsi ceux qui s'étoient assemblés pour être à la reddition d'icelle au premier jour de mars, tant Anglois comme Picards, quand ils surent les nouvelles d'icelle reddition, retournèrent en leurs propres lieux. Et le dessusdit de Luxembourg rendit les ôtages des François qui étoient dedans, lesquels, atout bon sauf-conduit, s'en allèrent où bon leur sembla; et lors fut commis à Guise nouvel gouverneur, messire Daviod de Poix.

Item, après que Philippe, comte de Saint-Pol, avecque les nobles de Brabant, se fut retraits à Bruxelles, depuis le siége de Braine, et que les Picards se furent mis en plusieurs forts sur les marches de Hainaut, le duc de Glocestre, sa femme en sa compagnie, atout son armée, alla de Soignies à Mons, où il trouva la comtesse de Hainaut douagière, avec laquelle, et plusieurs nobles, conclut de retourner en Angleterre atout ses Anglois, afin de soi préparer de sa propre personne, pour combattre le duc de Bourgogne, comme par leurs lettres ci-dessus écrites étoit conclu et accordé par eux deux. Et lors, sur le point de son département, fut requête faite au duc de Glocestre, tant par sa belle-mère, comtesse de Hainaut, comme par les nobles et bonnes villes du pays, qu'il voulsît laisser la duchesse Jacqueline, qu'il disoit sa femme, leur dame et héritière; lequel leur accorda, moyennant qu'ils promirent et jurèrent solennellement audit duc de Glocestre, qu'ils la garderoient et défendroient contre tous ceux qui nuire ou gréver lui voudroient. Et par espécial le jurèrent et promirent, les bourgeois et habitants de la ville de Mons, dedans laquelle elle demeura. Et adonc ledit duc de Glocestre et sa femme, départant l'un de l'autre en grands gémissements, se départit atout quatre ou cinq mille combattants anglois de Saint-Gillant, et alla gésir celle première nuit à Yvins, emprès Bohain, et après par Vi en Artois, et au dehors delez alla en plusieurs jours jusques à Calais, en passant lui et ses gens paisiblement, en prenant vivres sans faire nul déroi. Et remena avec lui au pays d'Angleterre, Aliénor de Combattre (Cobham), laquelle il eut depuis épousée; et l'avoit amenée d'Angleterre avec sa femme au pays de Hainaut, c'est à savoir avec la duchesse Jacqueline de Bavière.

A l'issue de cet an, allèrent à Rome devers notre saint père, les ambassadeurs du roi Charles, desquels le principal étoit l'évêque de Léon en Bretagne. Lesquels ambassadeurs firent, de par ledit roi, toute obéissance audit pape Martin; et les reçut liement, car par avant ledit pape s'étoit absenté, et Bénédic avec les Espagnols et Arragonois étoit.

CHAPITRE XXX.

Comment le pape Martin envoya unes bulles au duc Jean de Brabant, et la teneur d'icelles.

Au commencement de cet an, furent envoyées unes lettres, et publiées de la partie du duc Jean de Brabant, par manière de *vidimus*, des lettres du pape à lui envoyées sur la bulle dont la teneur s'ensuit.

« Martin, évêque, le serviteur des serviteurs de Dieu, à cher fils, noble homme Jean, duc de Brabant, salut et bénédiction apostolique. Naguères par relation, par aucuns dignes de foi, est venu à notre connoissance, dont nous déplaît grandement, qu'aucunes cédules ont été divulguées et lues publiquement en certaines lettres sur notre nom, et bulles démontrées au peuple ès pays de Hainaut et ès évêchés d'Utrecht, de Liége et de Cambrai èsquelles, si comme on nous afirme entre les autres choses, étoit contenu, que nous avions contirmé le mariage contraict (contracté) par cher fils, noble homme, Honfroi, duc de Glocestre, avecque chère fille en Jésus-Christ, Jacqueline, noble femme duchesse de Bavière, et que le mariage ainçois (auparavant) contraict par toi avecque ladite duchesse, nous avions réprouvé et jugé de nulle valeur. Et combien que telles choses, qui n'issent point de nous aucunement, sont publiées èsdites parties en notre escandale et contre tout honneur, nous qui voulons la cause dudit mariage être terminée selon la disposition et forme du droit commun ; et à toi notifions, par ces présentes, pour les choses dessusdites, que tu ne prennes aucune rancune ou tristesse en ta pensée, mais tiens fermement que lesdites lettres, et autres choses, qui ont été dites et publiées èsdites parties par les hommes pleins d'escandale, ne viennent point de nous, mais d'autres qui n'ont point Dieu devant les yeux, et quièrent nouvelletés, mouvement et scandales, dissidences et faussetés. Si voulons que les trouveurs de telles escandales et faussetés, pour l'honneur de nous et du siége apostolique, soient dûment punis selon la grandeur du péché commis. Et pour ce écrivons à nos vénérables frères les évêques d'Utrecht, de Liége et de Cambrai, et à chacun d'eux; et mandons par écrits apostoliques, pour ôter ce scandale et fausseté, que nos lettres, et le contenu d'icelles, fassent publier en leurs églises ; et sermons publics au peuple et aient pour excommunié celui qui telles lettres fait publier ou lire en leur puissance, et le fassent tenir en notre prison, jusques à tant qu'ils auront reçu autre mandement de nous. Donné à Rome, aux saints apôtres, ès ides de février, l'an huitième de notre papalité. »

CHAPITRE XXXI.

Comment, après le département du duc de Glocestre, la guerre s'émut en Hainaut; et comment la duchesse Jacqueline de Bavière écrivit au duc de Glocestre pour avoir secours, et le contenu des lettres.

Après le département du duc de Glocestre de la comté de Hainaut, commencèrent les gens du duc Jean de Brabant et les Picards à mener forte guerre audit pays, à toutes les villes qui obéissoient au duc de Glocestre, et aussi à icelles qui, avec leurs seigneurs, avoient tenu et tenoient son parti; pour quoi le pays fut fort molesté, et mis à destruction. Et pour y résister et y avoir pourvéance, la comtesse de Hainaut, douagière, eut plusieurs parlements avec le duc Philippe de Bourgogne, son neveu, et avec les ambassadeurs du duc de Brabant, tant à Douai et Lille, comme en Audenarde. En la fin desquels étoit conclu que ledit pays de Hainaut seroit remis en l'obéissance du duc de Brabant: lequel duc feroit aux bons habitants du pays abolition générale, et la duchesse Jacqueline seroit baillée en garde au duc de Bourgogne, par tel si qu'il auroit pour tenir l'état d'elle certaine pécune, et elle demeureroit en son gouvernement jusques à ce que le procès durant, touchant cette besogne, et pendant en cour de Rome, seroit finé. Durant lequel traité, se tournèrent en l'obéissance des ducs de Bourgogne et de Brabant contre leur dame, les villes, c'est à savoir de Valenciennes, Condé, Bouchain, et aucunes autres. Et demeura à peu près la ville de Mons exilée du parti de leur dame: pourquoi de toutes parts furent approchées de leurs ennemis, et leur furent les vivres ôtés et défendus, qu'ils n'en pouvoient avoir sinon assez petit.

Et adonc, eux voyant en ce danger, furent fort troublés et émus contre leur dame, et tant qu'ils dirent pleinement que, si elle ne faisoit pas paix, ils la mettroient entre les mains du duc de Brabant; et avec ce emprisonnèrent aucuns de ses gens et firent mourir par justice les aucuns, comme ci-après sera déclaré; dont ladite duchesse fut en grand doute et désespoir, tant pour les mutations dessusdites, comme pour les nouvelles que lui rapporta sa dame sa mère; c'est à savoir qu'elle seroit mise en la main du duc de Bourgogne, et menée en Flandre, comme ci-après peut apparoir par ses lettres closes, qu'elle envoya au duc de Glocestre, lesquelles furent trouvées en chemin, et portées au duc de Bourgogne; desquelles lettres la teneur s'ensuit:

« Mon très redouté seigneur et père, tant humblement comme je puis et sais en ce monde, me recommande à votre bénigne grâce. Et vous plaise savoir, mon très redouté seigneur et père, que j'écris maintenant à votre glorieuse domination, comme la plus dolente femme, la plus perdue, la plus faussement trahie qui vive. Car, mon très redouté seigneur, le dimanche treizième jour de ce présent mois de juin, les députés de votre ville de Mons retournèrent et apportèrent un traité fait et accordé par beau cousin de Bourgogne et beau cousin de Brabant; lequel traité fut fait en l'absence de madame ma mère et sans sa connoissance, comme elle-même m'a signifié et certifié par maître Gérard le Grand, son chapelain. Pourquoi, mon très redouté seigneur, madame ma mère m'a écrit ces lettres, faisant mention dudit traité, sur lequel ne sais ni ose moi conseiller, car elle-même ne savoit que faire; mais me prioit que je voulsisse prier mes bonnes gens de cette ville, pour savoir quelle consolation et aide ils me voudroient faire. Sur laquelle chose, mon très doux seigneur et père, il vous plaise savoir que le lendemain j'allai à la maison de la ville, et leur fis remontrer comment, à leur requête et prière, vous avoit plu à moi laisser en leur protection et sauve-garde, comme à ceux qui vous avoient fait serment d'être vos vrais et loyaux sujets, et qu'ils fissent de moi bonne garde pour vous en rendre compte; lequel serment ils firent devant le sacrement de l'autel et sur les saintes évangiles.

» Sur quoi, mon très honoré seigneur et père, ils répondirent tout à plein qu'ils n'étoient point assez forts dedans la ville pour moi garder. Et en ce faisant, de fait appensé s'émurent en disant que mes gens les vouloient meurtrir; et tant, mon très redouté seigneur, qu'en mon dépit, ils prirent un de vos sujets, sergent, nommé Maquart, et présentement lui firent prestement couper la tête, et firent prendre tous ceux qui vous aiment et tiennent votre parti : comme Bardoul-de-la-Porte, Collart, son frère; Gillet-de-la-Porte, Jean du Bois, Guillaume de Lève, Sanson, votre sergent; Pierre, Baron, Sandart, Dandre, et plusieurs autres, jusques au nombre de deux cent cinquante de votre parti. Et derechef, vouloient prendre sire Baudouin, trésorier; sire Louis de Montfort, Jean Fresné et Etienne d'Estre, lesquels ils n'ont point encore pris, ni je ne sais qu'ils feront. Aussi, mon très redouté seigneur, ils me dirent tout à plein, que si je ne faisois traité, ils me livreroient ès mains de beau cousin de Brabant; et n'ai plus de dilation à demeurer en cette ville que huit jours, que ne sois contrainte d'aller en Flandre, qui m'est douloureuse chose et dure; car je doute que tant que je vivrai, plus ne vous verrai, s'il ne vous plaît moult en hâte moi aider. Hélas! mon très redouté seigneur père, toute ma vraie espérance et toute ma conclusion est en votre domination, vu, mon très redouté seigneur et ma seule et souveraine liesse, que tout ce que je souffre est pour l'amour de vous. Donc très humblement je vous supplie, tant et si très chèrement que je puis en ce monde, pour l'amour de Dieu, qu'il vous plaise avoir compassion de moi et mes besognes, et à moi, votre dolente créature, venir tout en hâte en aide, si ne me voulez perdre perdurablement. J'ai espoir qu'ainsi ferez ; car, mon très redouté seigneur et père, je ne desservis oncques par-devers vous, ni jà ne ferai tant que je vivrai, aucune chose qui vous dût déplaire ; ainçois suis toute prête à recevoir mort pour amour de vous et de votre noble personne ; car votre noble domination me plaît très grandement. Par ma foi, mon très redouté seigneur et prince, toute ma vraie consolation et espérance, il vous plaise, pour l'amour de Dieu et de monseigneur saint George, considérer tant en hâte comme faire pourrez, mon très douloureux affaire, qu'encore n'avez-vous point fait ; car il me semble qu'entièrement m'avez mis en oubli. Autre chose ne vous sais pour le présent que récrire, fors, mon très redouté seigneur et père, que j'ai moult tôt envoyé par-devers vous messire Louis de Montfort ; car il ne peut plus être avecque moi, nonobstant qu'il m'a accompagnée quand tous les autres m'ont failli, qui vous dira tout plus à plein que je ne vous saurois écrire.

» Pour ce vous supplie, mon très cher seigneur et père, qu'il vous plaise lui être bon seigneur, et à moi mander et commander vos bons plaisirs, lesquels je ferai de tout mon cœur. Ce sçait le benoît fils de Dieu, qui vous doint bonne vie et longue, et grâce que je vous voie à très grand' joie !

» Ecrit en la fausse et traître ville de Mons, de très douloureux cœur, le sixième jour de juin. »

L'infrascription étoit : « Votre dolente et très aimée fille, souffrant très grand' douleur par votre commandement.

Votre fille, de QUIENEBOURG. »

A icelles lettres dessusdites, en furent trouvées unes autres dont la teneur s'ensuit.

« Très cher et bien aimé cousin, je me recommande à vous. Et vous plaise savoir qu'à l'heure que ces présentes furent écrites, j'étois très dolente en cœur, comme faussement et déloyaument trahie. Et si vous voulez savoir aucune chose de nouvel, mon très cher et aimé cousin, sachez qu'encore pour le présent ne vous saurois que récrire ; mais veuillez demander à notre très cher et redouté seigneur, qui vous en dira plus que n'en voudrez ouïr. Autre chose ne vous en saurois que récrire, excepté que vous tenez la main à ce que vous savez, afin que mon redouté seigneur veuille venir, ou autrement ni lui ni vous jamais ne me verrez.

» Et quant à ce que vous m'avez écrit de venir deçà la mer, c'est trop tard ; mais hâtez-vous, atout si grand' puissance que vous me puissiez délivrer des mains des Flamands, où je serai dedans huit jours. Très cher et bien aimé cousin, je prie à Dieu qu'il vous doint bonne vie et longue.

» Ecrites à la fausse et traître ville de Mons, le sixième jour de juin.

Jacqueline de QUIENEBOURG. »

Par la teneur de cette, appert que moult cremoit (craignoit) ladite duchesse à aller en Flandre.

Après que les députés de la ville de Mons, en Hainaut, furent retournés devers les ducs de Bourgogne et de Brabant en leur ville, et que plusieurs choses eurent sur ce été traitées à la grand' déplaisance de leur dame la comtesse de Hainaut, douagière, et la duchesse Jacqueline, sa fille, néanmoins, le treizième jour de juin de cet an, ladite Jacqueline, non pouvant à ce contraire, se départit de la ville de Mons, en la compagnie du prince d'Orange et autres seigneurs à ce commis de par le duc de Bourgogne, qui la conduisirent et menèrent à la ville de Gand ; et se logea en l'hôtel dudit duc, où elle fut administrée honorablement, selon son état. Et le duc Jean de Brabant, son mari, eut le gouvernement, comme dit est, de tout le dessusdit pays de Hainaut. Et lors fit-on départir dudit pays toutes gens de guerre, et fut faite abolition de toutes besognes par avant passées. Ainsi, et par celle manière que dessus est déclaré, livrèrent et contraignirent ceux de la ville de Mons, en Hainaut, leur dame et vraie héritière, outre son gré, en la main du duc de Bourgogne, nonobstant que par avant avoient juré et promis au duc de Glocestre de la garder et défendre contre tous ceux qui nuire ou grever la voudroient.

CHAPITRE XXXII.

Comment le duc de Bedfort et le duc de Bourgogne se trouvèrent ensemble en la ville de Dourlans, et autres matières suivants.

La vigile de Saint-Pierre et de Saint-Paul, arriva le duc de Bedfort, régent, avecque sa femme, en la ville de Corbie, acccompagné de huit cents chevaucheurs ou environ. Et étoient avecque lui l'évêque de Thérouenne, chancelier de France, pour le roi Henri, le président en parlement, et moult d'autres nobles hommes, comme gens de conseil, qui tous étoient ensemble avecque ledit duc de Bedfort, qui se disoit régent. Et de là vinrent à Dourlans, le second jour ensuivant, auquel lieu alla pour voir icelui régent et sa sœur, le duc de Bourgogne. Et firent iceux princes grand' révérence et joyeuse chère l'un à l'autre; et par espécial, ledit duc de Bourgogne à sa sœur la duchesse. Et bref après, s'en alla ledit duc de Bourgogne loger à Luchan, où étoit le comte de Saint-Pol, son cousin-germain. Et lendemain, environ, quatre heures après midi, retourna avecque lui ledit comte de Saint-Pol en la ville de Dourlans, et mena ladite duchesse sa sœur, et tous leurs gens loger en son châtel à Hesdin. Auquel lieu ils furent de par ledit duc reçus et festoyés moult noblement ; et là demeurèrent par l'espace de six jours faisant grand' joie et grand' liesse les uns avecque les autres, en boires, en mangers, chasseries, danses, et autres ébattemens de plusieurs et diverses manières.

Après lesquels six jours, se départit ledit régent, sa femme la duchesse, et toutes leurs gens; et allèrent dudit lieu de Hesdin à Abbeville, où ils séjournèrent aucune espace ; et de là par le Crotoy, où étoit lors le duc d'Alençon, prisonnier, lequel fut dudit régent araisonné, en lui exhortant qu'il voulsît faire serment et fidélité au roi Henri de Lancastre; et par ainsi il seroit mis hors de prison et de servage; et lui seroient rendues toutes ses terres et seigneuries ; disant ledit régent en outre, que si ce ne vouloit faire, il demeureroit en très grand danger tous les jours de sa vie. A quoi ledit duc d'Alençon fit réponse qu'il étoit ferme en son propos, de non, en toute sa vie, faire serment contre son souverain et droiturier seigneur Charles, roi de France. Laquelle réponse ouïe par ledit duc de Bedfort, le fit tantôt après ôter de devant lui, et remener en prison; et après, par le pays de Caux, s'en alla à Paris. Et audit lieu de Hesdin étoient Jean, bâtard de Saint-Pol, et Andrieu de Humières, lesquels portoient chacun sur son bras dextre une rondelle d'argent où il y avoit peint une raye de soleil; et l'avoient entrepris pource qu'ils vouloient soutenir contre tous Anglois, et autres leurs alliés que le duc Jean de Brabant avoit meilleure querelle de demander et avoir les pays et seigneuries de la duchesse Jacqueline de Bavière, sa femme, que n'avoit le duc de Glocestre. Lesquelles rondelles, le duc de Bedfort leur voulut faire ôter par aucuns de ses gens, pour ce qu'on lui avoit donné à entendre qu'ils les portoient sur autre querelle, pour vouloir combattre contre sesdits Anglois; mais à la fin fut assez content d'eux; et ne fut sur ce procédé plus avant.

Item, après que le duc de Glocestre fut retourné du pays de Hainaut en Angleterre, un jour, en la ville de Londres, en la présence du jeune roi Henri et de son conseil, lui fut remontré par ledit conseil l'impédition qu'il avoit faite en la comté de Hainaut, en manière qu'il avoit tenu le content (débat) contre le duc de Bourgogne, le plus puissant prince du sang royal de France, en le blâmant de ce très fort, et disant que, par telle manière tenir, pourroient refroidir et annuler les alliances qu'avoit fait ledit duc avecque eux; et par conséquent, se pourroit perdre la conquête que sur ce avoient en France. Et mêmement fut dit audit duc de Glocestre, que pour cette besogne n'auroit point aide de gens ni d'argent du roi son neveu; dont il fut grandement mal content; mais, pour le présent, il n'en put avoir autre chose.

CHAPITRE XXXIII.

Comment le Soudan et les Sarrazins délibérèrent d'aller conquerre tout le royaume de Chypre.

Après que les Sarrazins, dont dessus est faite mention, furent retournés du royaume de Chypre en Syrie, ils allèrent devers le Soudan; et, en signe de victoire, portèrent la tête et les éperons du chevalier qu'ils avoient occis, sur une lance. Et crioient en haut, par toute la ville du Caire, que c'étoit la tête du frère du roi de Chypre, nommé Henri, prince de Galilée; dont ils mentoient. Néanmoins, pour cette victoire, tous les complices du Soudan, et lui, montèrent en tel orgueil, qu'ils se délibérèrent du tout de faire si grand' armée, qu'ils détruiroient tout le royaume de Chypre.

Or, est vérité qu'en la ville de Damas étoit un Sarrazin grand, riche et puissant[1], lequel, par toute la Syrie, étoit tenu et réputé être saint homme; et l'avoit le Soudan en révérence; et d'autre part, étoit bon et cordial ami du roi de Chypre. Et quand il vint à sa connoissance de la destruction qu'avoient fait en Chypre les six gallées dessusdites, il alla au Caire devant le Soudan, et

---

1. Il s'appeloit Schit, et étoit visir du sultan Teucidès. (Voyez Jauna, tom. 2, pag. 931.)

le reprit et blâma de ce qu'il avoit commencé la guerre; et tant fit que le Soudan fut moult repentant de ce qu'il avoit fait, et accorda qu'un bon accord y fût traité. Pour lequel faire et attraire, se chargea ce saint homme Sarrazin, d'envoyer son fils devers le roi de Chypre, pour traiter ladite paix; et de fait lui envoya. Mais, quand il fut venu au pays, le roi de Chypre n'eut point conseil de parler à lui de sa personne; ains, pour ouïr ce qu'il demandoit, y envoya ses ambassadeurs; auxquels, en conclusion, l'ambassadeur dessusdit ne vouloit dire nulle chose de son ambassade, et fit réponse absolue, que s'il pouvoit parler au roi, la paix se feroit à l'honneur de lui et de son royaume. Les commis de par le roi de Chypre lui remontrèrent comment le Soudan avoit fait une folle entreprise de commencer la guerre, pource qu'il auroit à faire à toute chrétienté. Et adonc répondit icelui ambassadeur, que le Soudan étoit bien informé du gouvernement des chrétiens, et que le roi de France, qui, pour le temps passé, avoit toujours été le plus mortel ennemi, dormoit pour le présent, et que pour néant les doutoit le Soudan. Après lesquelles paroles, s'en retourna ledit ambassadeur à Damas, devers son père, et lui récita la manière comment le roi de Chypre ne l'avoit voulu ouïr. Pourquoi ledit saint homme fut très mal content, et demeura ennemi mortel du roi de Chypre; et depuis ce jour, continuellement, conforta le Soudan, en lui exhortant de faire cruelle et forte guerre au roi de Chypre, disant en outre qu'il n'eût nulle doute, et qu'il demeureroit victorieux contre tous ses ennemis.

CHAPITRE XXXIV.

Comment le duc de Bourgogne fit grands préparations pour combattre le duc de Glocestre, et autres matières.

En ce même temps, le duc de Bourgogne fit grands préparations, tant en armures pour son corps comme en parements et harnois de chevaux, pour bien être fourni à la journée prise par lui contre ledit duc de Glocestre. Et fit forger la plus grand' partie desdites armures au châtel de Hesdin; et avec ce, s'exercita en toute diligence de sa personne, tant en abstinence de sa bouche, comme en prenant peine pour lui mettre en haleine. Et pour vrai, il étoit moult désirant que le jour vînt qu'il pût venir contre son ennemi et fournir ledit champ, jà-soit-ce que son beau-frère le duc de Bedfort et son conseil fussent moult désirants que bon traité s'y trouvât; et pareillement se prépara en Angleterre ledit duc de Glocestre.

En ce temps, par le commandement du duc de Bedfort, assiégea le comte de Salsebery, le châtel de Rambouillet, que tenoient les gens du roi Charles, lesquelles couroient souvent jusques bien près de

Paris, en faisant moult de travail au peuple. Toutefois, en conclusion, ils rendirent à icelui comte de Salsebery ladite forteresse, en emportant tous leurs biens. Environ la saint Jean-Baptiste se rémurent l'un contre l'autre ceux de Tournai, et levèrent les communes gens plusieurs bannières en leurs franchises; et si rendirent la ville, pour régner et gouverner avec eux, comme autrefois avoient fait, à un nommé Passe-Carte, et à un autre nommé Blarie, avec aucunes gens de petit état, qui pour leurs démérites étoient bannis de ladite ville, et furent remis dedans à bannière déployée et en armes, en très grand nombre, outre le gré et consentement des gros bourgeois et gouverneurs d'icelle cité; et mêmement par lesdites communes en furent aucuns emprisonnés, et en très grand danger de leurs vies; mais néanmoins après ils se rapaisèrent.

En cet an, requit le Soudan de Babylone aide au roi de Thunis, en Barbarie, pour mener guerre au roi de Chypre, lequel lui fut accordé; et lors manda par toutes ses seigneuries, tous les navires et vaisseaux d'armes qui y étoient; lesquels il assembla en très grand nombre, et les fit très bien garnir de vivres et de gens. Et après, sous la conduite de ses amiraux et autres capitaines, les envoya descendre au royaume de Chypre par-devers Famagoste. Et lors commencèrent à entrer au pays, et tenir les champs à grand' puissance, en faisant maux irréparables. Et pour ce temps, le roi de Chypre étoit très durement aggravé de maladie;

pourquoi il ordonna son frère, qui étoit prince de Galilée, chef et capitaine général de son armée. Lequel prince assembla toute la puissance d'icelui royaume de Chypre, et se retrahit par-devers le lieu où étoient iceux Sarrazins pour les combattre et rebouter. Lesquels, sachant sa venue, se retrahirent devers leurs navires; mais il les poursuivit. Et quand il fut approché d'eux pour les combattre, trouva que les deux parts de ses navires l'avoient laissé; et par ainsi fut contraint de retourner à Nicosie. Et lesdits Sarrasins rentrèrent audit pays, en persévérant de mal en pis, et trestout le désolèrent. Et après qu'ils furent pleins et rassasiés de tous biens, atout grands rapines et grand foison de prisonniers chrétiens, s'en retournèrent en Syrie, et emmenèrent avecque eux en leurs pays de Sarrazinerie un moult notable et grand gentilhomme, et de grand renom, nommé Ragonnet de Pieul, lequel avoit été pris en la grosse tour de Lymeson; et le présentèrent au Soudan, pource qu'il étoit vaillant homme, et s'étoit moult vigoureusement défendu. Lequel Soudan l'admonesta grandement de renier la loi de Jésus-Christ, et lui promit de le faire grand seigneur; mais oncques il n'y voulut entendre; ainçois, à la présence d'icelui Soudan, blâmoit moult fort la loi des Sarrazins, pourquoi ledit Soudan, de ce moult indigné, le fit scier par le milieu du corps et mettre à mort cruelle. Et depuis fut certifié par plusieurs personnes dignes de foi, que sur le lieu où il avoit été enterré, avoit-on vu une couronne de feu descendant du ciel en terre, et reposer sur le lieu dessusdit.

Item, après que le comte de Salsebery eut conquis la forteresse de Rambouillet, comme dit est dessus, il alla mettre le siége autour la ville du Mans Saint-Julien, où il fut certaine espace de temps combattant ceux qui dedans étoient, de toute part, à force de ses engins; et tant, que les habitants d'icelle ville et cité, non espérant avoir secours, commencèrent à traiter avec ledit comte de Salsebery. Et mêmement, pour ledit traité avoir, allèrent pardevers lui l'évêque de la ville, et avec lui aucunes gens d'église; et en grande humilité supplièrent audit comte qu'il les voulsît prendre à merci, pour eschever (éviter) l'effusion du sang chrétien. Et lors icelui comte s'inclina à leurs prières et requêtes, et conclut avec eux par tel si, qu'au bout de huit jours ensuivant, ils rendroient leur ville en son obéissance avec tous les habillements de guerre que dedans avoient, au cas qu'à ce jour n'avoient secours du roi Charles ou de ses commis. Et ceux qui voudroient faire serment et demeurer en l'obéissance du roi Henri, auroient franchement tous leurs biens. Et sur ce baillèrent bons ôtages d'entretenir ledit traité. Mais, pour tant qu'au jour dessus dit ne furent secourus, rendirent ladite ville en la main du comte de Salsebery, lequel la garnit très fort de ses gens, et puis retourna à Rouen par-devers le duc de Bedfort.

CHAPITRE XXXV.

Comment la duchesse Jacqueline de Bavière se partit et embla de la ville de Gand, et s'en alla au pays de Hollande.

Après que la duchesse Jacqueline de Bavière, étant en la ville de Gand, comme dit est, eut été certaine espace de temps, non contente de ce que ainsi étoit détenue outre sa volonté, un jour regarda et avisa, environ l'entrée du mois de septembre, comment elle se pourroit de là partir. Et en la fin, tandis que ses gens soupoient, elle, vêtue en habit de homme, et une femme pareillement habillée, et deux hommes avec elles, se départit de ladite ville de Gand à cheval, et chevaucha bien en hâte jusqu'à Anvers, où elle reprit habit de femme, et sur un char s'en alla à Breda, et depuis à la Garide, où elle fut obéie et reçue honorablement comme dame. Et adonc ordonna le seigneur de Montfort son principal gouverneur; et manda plusieurs nobles barons du pays de Hollande pour avoir conseil avec eux sur ses affaires. Et lors, assez bref ensuivant, ce vint à la connoissance du duc de Bourgogne; dont il fut grandement troublé; et pourtant, hâtivement manda gens de toute part, et assembla et fit assembler navires pour icelle poursuivre en Hollande; et mêmement y alla en personne. Et lui venu audit pays, fut reçu de plusieurs bonnes villes d'icelui pays, comme Herlan, Dourdrech, Rotredame, et aucunes autres. Et adonc commença la guerre entre ledit duc de Bourgogne d'une part, et la duchesse Jacqueline de Bavière, sa cousine-germaine, d'autre.

CHAPITRE XXXVI.

Comment le duc de Bedfort mit jus le champ des ducs de Bourgogne et de Glocestre, et autres matières.

En ce même temps, le duc de Bedfort, qui se disoit régent de France, fit assembler en la ville de Paris plusieurs nobles hommes dudit royaume de France, avec aucuns sages des trois états, et les ambassadeurs d'Angleterre, pour ensemble avoir secours et délibération sur la journée et champ de bataille entrepris entre les ducs de Bourgogne et de Glocestre. Toutefois, après ce que la querelle eut par plusieurs journées été visitée et débattue en conseil, fut conclu, toutes choses vues et considérées, qu'il n'y avoit point de juste cause entre eux d'appeler l'un l'autre en champ. Et pourtant fut ordonné que celle journée seroit mise de tout à néant, et qu'ils ne feroient d'amendise l'un à l'autre. Et étoient lors à Paris, au conseil dessusdit, de par le duc de Bourgogne, l'évêque de Tournai, et de par le duc de Glocestre, l'évêque de Londres, et avec eux, de chacune partie, aucuns de leur conseil. Le dix-septième jour du mois de septembre en cet an, furent en la cité d'Autun faites les noces solennellement de Charles de Bourbon, comte de Clermont, fils et héritier du duc de Bourbon, prisonnier en Angleterre, et d'Agnès, sœur au duc de Bourgogne. Auxquelles noces fut la duchesse de Bourgogne, sœur au duc de Bourbon. Après laquelle fête passée, et que icelle duchesse de Bourgogne fut retournée en Dijon, trépassa de ce siècle et fut enterrée en l'église des Chartreux, au dehors de ladite ville de Dijon, en grand' tristesse et gémissements des Bourguignons, qui moult l'aimoient; car elle étoit dame prudente, tant envers Dieu comme envers le monde. En l'an dessusdit, furent envoyés de Paris à Rome, devers notre saint père le pape, de la partie des deux royaumes de France et d'Angleterre, certains ambassadeurs, c'est à savoir, pour le royaume de France, l'abbé d'Orcamp, docteur en théologie, et deux chevaliers, et pour le royaume d'Angleterre, l'abbé de Beau-Lieu avecque deux chevaliers, pour sommer audit pape, comme on avoit sommé au dernier concile général fait à Constance, afin qu'il convoquât et assemblât concile pour parfaire et accomplir les choses qui n'avoient été parfaites audit dernier concile, en lui notifiant qu'il étoit trop prolongé, et que c'étoit contre l'utilité de la sainte église universelle.

En cet an y eut grand discord en Angleterre entre le duc de Glocestre d'une part, et le cardinal de Vincestre, son oncle, d'autre part. Et fut la cause du discord, pource que icelui duc de Glocestre vouloit avoir le gouvernement du jeune roi Henri son neveu, lequel avoit été baillé en garde par Henri roi d'Angleterre son père audit cardinal. Néanmoins, par la force et puissance dudit duc de Glocestre, convint que ledit cardinal, son oncle, se retrahît dedans la grosse tour de Londres; et y fut par six jours qu'il n'osoit issir, et si furent occis huit ou dix de ses gens. Mais en la fin la paix se fit, et furent les trois états du pays assemblés pour sur ce avoir pourvéance. En la présence desquels fut par plusieurs fois porté le jeune roi Henri; et sit en siége royal. Et entre les autres choses, fit un duc du comte Maréchal; et dura cestui parlement par très longue espace de temps. Auquel furent délibérées plusieurs grands besognes sur les affaires dudit jeune roi et des royaumes, c'est à savoir de France et d'Angleterre. Environ le mois de décembre, se départit le duc de Bedfort et la duchesse sa femme avec lui, atout cinq cents combattants ou environ, de Paris, et vint à Amiens, où il fut par aucuns jours. Durant lesquels étoient sur les champs aucuns saquements (pillards) jusqu'à mille chevaux, desquels étoit chef et conducteur un nommé Sauvage de Fermanville, lequel n'étoit point aimé du dessusdit duc. Et pour tant ledit Sauvage, qui étoit logé à Éclusiers vers Péronne, sachant le département d'icelui duc, allant d'Amiens à Dourlans, petitement accompagné, espérant icelui soudainement envahir et ruer jus, se départit, atout ses gens, de ladite ville d'Éclusiers, et de là, bien en hâte, chevaucha à Beauquesne, et là se logea. Mais ledit duc par avant étoit passé et logé à Dourlans, et de là à Saint-Pol, et par Therouenne s'en alla à Calais, et de là en Angleterre, pour blâmer et corriger son frère Honfroy, duc de Glocestre, des entreprises qu'il avoit faites contre le duc de Bourgogne. Pour laquelle poursuite et envahie dessusdite, ledit Sauvage de Fermanville fut en très grand' indignation dudit duc de Bedfort, quand il vint à sa connoissance ce qu'il avoit fait contre lui; et tant qu'enfin, tant pour ce comme pour autres démérites, il en fut vaillamment puni, comme ci-après orrez plus pleinement déclarer.

CHAPITRE XXXVII.

Comment le seigneur de Silvatier (Fitzwalter) vint au pays de Hollande en l'aide de la duchesse Jacqueline de Bavière.

En ces jours, le duc de Bourgogne étant au pays de Hollande, menant forte guerre à la duchesse Jacqueline de Bavière, sa cousine, et à ceux tenant son parti, arrivèrent assez près de Zurixée, au pays de Zélande, environ cinq cents Anglois, gens d'élite.

desquels étoit capitaine le seigneur de Silvatier (Fitz-walter), soi-disant lieutenant du duc de Glocestre, ès pays de Hollande et de Zélande : lesquels Anglois allèrent devers la duchesse Jacqueline, pour lui aider à maintenir sa guerre. Et lors le duc de Bourgogne, qui étoit à Leyde en Hollande, oyant les nouvelles d'iceux Anglois, se partit de là atout quatre mille combattants, qu'il avoit de plusieurs de son pays, et alla à Rotredame, où il se mit en l'eau en intention de trouver iceux Anglois pour les combattre. En iceux attendant y eut aucuns des gens du duc de Bourgogne, qui rencontrèrent partie des dessusdits Anglois ; si les déconfirent, prirent et occirent.

Après, ledit duc de Bourgogne, sachant que ses ennemis Hollandois, Zélandois et Anglois, étoient de deux à trois mille combattants armés au port de Branvers en une advène (Brouvershaven), où étoient lesdits ennemis, s'en vint illec. Si furent tôt et victorieusement, par ledit duc de Bourgogne et les siens, assaillis, combattus, et en bref déconfits. Et demeurèrent morts sur la place, tant Hollandois, Zélandois comme Anglois, environ de sept à huit cents combattants; et les autres se mirent à fuir en grand desroi, et furent chassés jusques à la mer, où il s'en sauva grand' partie dedans leurs vaisseaux. Entre lesquels se sauvèrent ledit seigneur de Silvatier, capitaine desdits Anglois, et le seigneur de Hantredée. Et de la partie du duc de Bourgogne, furent morts sur la place, des gens de nom, messire

Andrieu de Valines tant seulement; et Robert de Brimeu, qui fut rapporté de la place blessé, et enfin mourut de ladite blessure. Après laquelle victoire, ledit duc de Bourgogne rassembla ses gens et regracia humblement son créateur de sa bonne aventure. Et bref ensuivant laissa en plusieurs villes au pays, lesquelles étoient à lui obéissants, garnison de ses gens; et puis s'en retourna à son pays de Flandre pour derechef faire assemblée de gens, pour mener guerre audit pays de Hollande, c'est à savoir à ceux tenant le parti de la duchesse Jacqueline.

Item, après que ledit duc de Bourgogne fut retourné des pays de Hollande et de Zélande, et qu'il eut laissé ses garnisons audit pays, ladite duchesse Jacqueline de Bavière assembla très grand nombre de gens d'armes, et les mena devant Herlan, laquelle ville elle assiégea très puissamment tout à l'environ; et étoit dedans, de par le duc de Bourgogne, le damoiseau Ysambergue et messire Rolland de Hutequerke, chevalier, avec certain nombre de combattants. Durant lequel siége, Messire Jean de Hutequerke, fils dudit messire Rolland, assembla de sept à huit cents combattants, tant nobles comme communauté du pays de Flandre, lesquels il emmena hâtivement au pays de Hollande, en intention de secourir son père. Mais sa venue fut sue par la dessusdite duchesse, laquelle envoya de ses gens au-devant d'eux; et les trouvèrent en desroi (désordre) vers la mer; si les combattirent et déconfirent, ou la plus grand' partie, sinon aucuns qui se sauvèrent avecque ledit messire Jean de Hutequerke; de laquelle besogne fut moult joyeuse la duchesse Jacqueline, et fit mettre à mort cruelle ceux qui avoient été pris prisonniers.

En après, pour doute de la venue du duc de Bourgogne, qui faisoit une grand' assemblée de gens en ses pays de Flandre et d'Artois, leva son siége devant Herlan. En cet an, le comte de Salsebery assiégea la forteresse de Moyennes, en Champagne, laquelle étoit forte outre mesure, et si bien garnie de gens et habillements de guerre, que c'étoit merveille. Lequel siége durant, y eut plusieurs grandes et fortes escarmouches entre les parties, tant d'un côté comme d'autre. Entre lesquelles en y eut une où fut mis à mort Valérien de Bournonville, frère de messire Lyonnel de Bournonville, d'une lance qui lui traversa outre le corps. Toutefois, nonobstant la grande résistance que firent les assiégés, par longue continuation, furent contraints d'eux rendre; et enfin se départirent atout leurs biens, et ladite forteresse fut démolie et abattue.

Item, le duc de Bourgogne, étant en son pays de Flandre, eut plusieurs parlements avecque le duc de Brabant, son cousin, et ceux de son conseil, sur les affaires de Hollande.

Et entre temps, assembla gens de plusieurs lieux, et vint devers lui grande chevalerie de Bourgogne, desquels étoit chef le prince d'Orange, atout lesquels, et foison de Picards et Flamands, vers la mi-carême, retourna en Hollande, et commença derechef à mener forte guerre à la duchesse Jacqueline de Bavière et ses bienveillants. Et brièvement se rendirent à lui plusieurs bonnes villes d'icelui pays de Hollande. En ce même temps s'assemblèrent les gens de la duchesse Jacqueline, de trois à quatre mille combattants; et allèrent devant la ville de Hornes sur les marches de Frise, pour icelle envahir et prendre, dedans laquelle étoit en garnison le seigneur de l'Ile-Adam, le bâtard de Saint-Pol atout cinq cents combattants ou environ, qui en moult grand' hardiesse issirent contre leurs adversaires et ennemis, et se férirent en eux de moult fort et grand courage; et en fin et conclusion les vainquirent et mirent en fuite. Et en demeura sur la place de morts environ quatre cents, sans les navrés, dont il y en eut grand nombre. Et de la partie du duc de Bourgogne furent morts le bâtard de Viefville, et environ dix archers. Pour laquelle déconfiture grand' partie du pays de Hollande se rendit au duc de Bourgogne. Durant toutes ces tribulations, au pays de Hollande y eut plusieurs rencontres et grandes escarmouches par plusieurs fois entre les parties, qui trop longues seroient à raconter chacune à part soi. Néanmoins la plus grande partie d'iceux rencontres étoient à la confusion des gens de ladite duchesse Jacqueline de Bavière. Et étoit la cause, pource que les gens du duc de Bourgogne étoient tous exercités et excités en armes et faits de guerre, et avec ce avoient grand foison de trait, duquel les Hollandois n'étoient point accoutumés.

CHAPITRE XXXVIII.

Comment le duc de Bourgogne retourna en Hollande et assiégea la ville de Zenenberghe, laquelle se rendit à lui ; et autres matières.

Au commencement de cet an, le duc de Bourgogne assembla très grand nombre de gens d'armes de ses pays de Flandre, d'Artois et de Bourgogne, lesquels, après qu'il eut préparé son armée, il mena en Hollande, devant une forte ville nommée Zenenberghe, qui, avec le seigneur d'icelle, tenoit la partie de la duchesse Jacqueline de Bavière, et faisoit forte guerre par terre et par mer à tous ceux qui avoient fait obéissance audit duc de Bourgogne ; mais en bref, ladite ville fut très fort environnée, assiégée et combattue par icelui duc de Bourgogne et ses gens. Et d'autre part, les assiégés, qui, avec ledit seigneur, étoient en très grand nombre, se tinrent et défendirent très vaillamment. Mais, après que ledit duc de Bourgogne eut par long-temps continué son siége, ledit seigneur de Zenenberghe fit traité avec lui, par tel si qu'il lui délivreroit la ville et forteresse, avec la seigneurie et sujets d'icelle. Et avec ce, rendit sa personne et tous les gentilshommes qui étoient avec lui, en la volonté dudit duc, sauves leurs vies, promettant de tenir prison honnête partout où il leur seroit ordonné. *Item*, furent délivrés ès mains dudit duc de Bourgogne, tous les habillements de guerre étant dedans lesdites ville et château, avec toutes les navires; et quant aux soudoyés étrangers qui étoient dedans, eurent congé, en faisant serment que jamais ne feroient guerre en nuls des pays du duc de Bourgogne. *Item*, furent délivrés franchement tous les prisonniers qui étoient du parti du duc, entre lesquels étoient le seigneur de Moyencourt, le damoisel d'Ercle, et autres. *Item*, tous les bourgeois et habitants de la ville firent serment audit duc, ou ses commis; et par ainsi demeurèrent paisibles, en payant certaine somme de deniers. Et fut ledit seigneur de Zenenberghe dévêtu de sa ville et de ses biens, et avec ce, fut amené à Lille en Flandre, et ledit duc garnit lesdites ville et forteresse de ses gens. Et après ce, leva son siége et retourna avec les siens en Flandre et en Artois; mais en faisant lesdits voyages, moururent d'épidémie le seigneur de Humbercourt et messire Mauroy de Saint-Léger, avec aucuns autres.

En icelui an, après que le duc de Bedfort eut séjourné en Angleterre par l'espace de sept à huit mois, avec sa femme et trois mille combattants s'en alla à Calais, et de là à Paris, où il fut certaine espace de temps pour ordonner des affaires de France. Et après alla à Lille. Auquel lieu vint devers lui le duc de Bourgogne, qu'il reçut joyeusement, lui et sa femme. Et là eurent plusieurs conseils ensemble pour apaiser le discord qui étoit entre le duc de Glocestre et ledit duc de Bourgogne; mais pour néant y besognèrent. Et pourtant ledit duc de Bedfort s'en retourna à Paris. En ce temps, le duc de Glocestre fit grand mandement en Angleterre après le département du duc de Bedfort, son frère, en intention de venir en Hollande, pour soutenir la duchesse Jacqueline, qu'il disoit sa femme; et s'étoit allié avec le duc de Glocestre contre le duc de Bourgogne, le comte de Salsebery, et plusieurs autres seigneurs d'Angleterre. Ledit duc de Bedfort, sachant cette entreprise, envoya hâtivement ses ambassadeurs en Angleterre devers son frère le duc de Glocestre; lesquels ambassadeurs traitèrent tant avec lui, qu'il se déporta de sadite entreprise, en impétrant trèves entre les parties jusques à certaine espace de temps, espérant de les mettre d'accord; et firent cette ambassade l'abbé d'Orcamp et maître Jean le Duc.

CHAPITRE XXXIX.

Comment les Sarrazins retournèrent en Chypre, et eurent bataille aux Chypriens, en laquelle bataille le roi fut pris, et mené au soudan.

En ce temps, arrivèrent devers le roi de Chypre plusieurs chevaliers et écuyers de divers pays, lesquels par avant avoit mandés pour résister à l'armée des Sarrazins, que chacun jour il attendoit. Et avec ce, il assembla de son royaume ce qu'il put avoir de gens, lesquels il pourvut de vivres, logis et argent, au mieux qu'il put, chacun selon son état et faculté. Et entre temps qu'il attendoit, comme dit est, la venue des Sarrazins, ses gens, qui étoient de diverses nations, s'émurent, par telle manière que le roi avoit assez à faire de mettre paix entre eux, et ne savoit comment il pût donner capitaine qui à eux fût agréable. Durant lesquelles dissensions et divisions, les Sarrazins arrivèrent audit royaume de Chypre, en très grand' multitude, et prirent port à Lymeson; et assiégèrent la tour, qui étoit très bien réparée et garnie de gens d'armes; mais nonobstant elle fut prise par force, et le capitaine, nommé Étienne de Buysense, mort avec tous ses gens.

Et adonc le roi de Chypre, sachant les nouvelles de ses ennemis, assembla ceux de son conseil, et leur demanda qu'il en avoit à faire; et la plus grand' partie de ceux de son pays lui firent réponse qu'il se tînt en sa ville de Nicosie, disant que mieux valoit pays gâté que perdu. Mais tous les étrangers furent de contraire opinion, et lui conseillèrent qu'il se mît aux champs, et qu'il combattît très bien et hardiment ses ennemis, lesquels détruisoient ainsi son pays, et mettoient à mort cruelle son pauvre peuple. Le roi, ce voyant, délibéra soi mettre aux champs, le second jour ensuivant; et quand le jour vint, et qu'il monta à cheval, le premier pas que son dextrier fit, il s'agenouilla jusques à terre; et le prince de Galilée, son frère, en montant à cheval, laissa choir son épée hors de son fourreau à terre, dont plusieurs eurent petite espérance qu'ils dussent avoir victoire. Et alla celui jour le roi loger à trois lieues près de la cité, en une place moult délectable, nommée Beaulieu; et le samedi ensuivant, dont c'étoit le jeudi, chevaucha en belle ordonnance jusques à une ville nommée Chirochitie; et le dimanche ensuivant, sixième jour de juillet, après que le roi eut ouï ses messes, il se assit à table. Et à celle heure que lui et tous ceux de son ost dînoient, fut vu en plusieurs lieux grand' fumée des feux que les Sarrazins boutoient, et lors furent au roi apportées certaines nouvelles qu'ils venoient contre lui. Et adonc le grand commandeur de Chypre, avecque plusieurs frères de Rhodes de sa religion, et aussi le seigneur de Veramboulais Allemand, et aucuns autres gentilshommes de la nation de

France, demandèrent congé d'aller découvrir et voir leurs ennemis, lequel il leur accorda moult enuis (avec peine). Si allèrent si avant, qu'ils trouvèrent les Sarrazins, auxquels ils escarmouchèrent, et en occirent aucuns; mais enfin, pour la très grande abondance d'iceux, ils ne purent porter la charge; et en y eut de morts trente ou environ, et les autres se retrahirent envers le roi au mieux que faire le purent, lequel roi chevauchoit grand erre (hâte) pour trouver ses ennemis. Et aussi, sans faire grand' ordonnance, chevaucha grand espace, et tant qu'il trouva les Sarrazins assez près d'une ville qui s'appelle Domy. Et étoit au plus près de lui, son frère, prince de Galilée, le connétable de Jérusalem, deux comtes d'Allemagne, et toute la fleur de sa chevalerie. Et adonc le dessusdit roi de Chypre assaillit moult chevaleureusement et soudainement les Sarrazins ses adversaires, et tant que de pleine venue, leur fit grand dommage. Mais, ainsi que fortune le voulut adverser, le coursier du roi chut des quatre pieds à terre; et se déclavèrent les sangles de la selle; et après qu'il fut remonté, et qu'il voulut faire faits d'armes, la selle retourna, et le roi chut par terre, et le cheval s'enfuit; et fut de nécessité qu'il montât sur un petit cheval d'un sien écuyer, nommé Antoine Kaire: car tous les petits s'en étoient fuis de frayeur atout les grands coursiers. Pour laquelle aventure grand' partie des Chypriens cuidèrent certainement que leur roi fût mort, et demeurèrent tous ébahis. Et pour ce, les Sarrazins, qui jà tournoient en Syrie, reprirent courage. Si vint leur grosse bataille, qui chargea sur la gent chrétienne si puissamment, qu'il fut de nécessité au roi qu'il se retrahît en la Chirochitie, dont il étoit parti. Et quand il vint assez près dudit lieu, icelui lieu étoit jà environné des Sarrazins, tellement qu'il n'y put entrer.

Et adonc se mirent les chrétiens en desroy, et commencèrent à fuir chacun où ils purent, pour le mieux. Le roi se retrahit sur une montagne assez avantageuse; et toujours étoit au plus près de lui son frère, prince de Galilée, lequel lui dit ainsi: « Monseigneur, vous voyez clairement que toutes » vos gens vous abandonnent, et que vous ne pouvez » résister contre vos ennemis, veuillez sauver votre » personne, et ayez compassion de votre royaume. » Si vous êtes pris, nous sommes tous perdus : pre- » nez aucuns de vos plus féables serviteurs, si vous » retrayez en aucune sûre place, et je demeurerai ci » avecque les bannières, jusques à ce que je sentirai » que vous serez en lieu sûr; et puis ferai pour le » salut de ma personne ce que Dieu plaira à moi ad- » ministrer. » Le roi oyant ce, le regard amoult doucement, et lui répondit : « Beau frère, jà Dieu ne » plaise que je me parte; allez reconforter et rassem- » bler mes gens, en eux admonestant qu'à ce besoin » se veuillent acquitter au service de leur souverain » et naturel seigneur. » Le prince de Galilée y alla à telle heure qu'il fut si très durement rencontré de la gent sarrazine, que après qu'il eut fait tant de faits d'armes que vaillant prince pouvoit faire, il fut occis, et là demeura en la place.

D'autre part, le roi fut si très fort pressé de ses ennemis, qu'il se partit tout abandonné de ses gens; et descendit de la montagne où il étoit, en une petite vallée; et là fut tellement assailli, qu'il fut enferré en quatre lieux, si qu'il fut abattu de son cheval à terre. Et la gent sarrazine, non connoissant que ce fût le roi, de toute part commencèrent à férir sur lui pour le mettre à mort, quand un chevalier de Catalogne, du parti d'icelui roi, nommé messire Gasserant Savary, se coucha sur le roi, en criant à haute voix, en langage de Syrien: « C'est le roi! c'est le roi! » Adonc un capitaine sarrazin fit un signe de sa main, auquel tous les autres laissèrent choir leurs épées à terre, et ledit capitaine rebouta la sienne au fourrel; et prestement s'en alla devers le roi. Si le prit par la main, en lui disant en langage grec, qu'il avoit plu à Dieu le délivrer en la main et puissance du soudan, et lui dit « Vous viendrez par-devers lui, réconfortez-
» vous; car pour certain, j'ai bonne espérance qu'il
» vous fera bonne compagnie. »

Le dessusdit chevalier catalan fut pris avecque le roi; et lui respitèrent (épargnèrent) la vie, pource qu'il s'étoit si vaillamment maintenu. Ainsi, et par cette manière, fut le roi de Chypre[1] pris de la gent

---

1. Il s'appelait Janus.

sarrazine, qui lui mirent une chaine au col. Et tantôt
après arrivèrent les gens de pied, qui à toutes fins
vouloient occire le roi : mais Dieu par sa douce mise-
ricorde l'en délivra; car il étoit homme charitable et
de bonne vie envers Dieu. Et bref ensuivant, tous
ceux de la partie du roi de Chypre furent mis à déconfiture, et se sauvèrent ceux qui sauver se purent;
et la plus grand' partie s'enfuirent par les montagnes, où ils purent le mieux ; et n'en demeura de
morts en la place que environ de seize à dix-sept
cents. Et assez bref ensuivant, la gent sarrazine
mena le roi de Chypre à Salines, où étoit leur
navire ; et là le mirent en bonne garde. Si furent
en celle bataille devant dite deux comtes d'Allemagne, c'est à savoir le comte de Hugbersche et le
comte de Noorch, avoué de Cologne, atout certain nombre de gens ; et si étoient de Savoie le seigneur de Varembon et messire Jean de Cham-
paings, seigneurs de Grussy. Lesquels dessusdits
ne furent ni morts ni pris.

Item, après qu'il fut venu à la connoissance par
le pays de Chypre et à Nicosie, de la déconfiture de
leurs gens et de la prise du roi, messire Gilles de
Lusignan, frère du roi, élu archevêque de Nicosie, avecque messire Jacques de Caffran, maréchal de Chypre, demeurés pour la garde de ses enfants, furent moult troublés et déconfortés pour
ces piteuses nouvelles. Et pour tant icelui dimanche, à heure de minuit, se départirent de la cité,
et emmenèrent avecque eux la sœur du roi et ses

enfants. Si les conduisirent en la forteresse de Chermes, qui est située sur la mer, à cinq lieues près de Nicosie, et là demeurèrent jusques au retour du roi. Et le lendemain, qui fut le lundi, la communauté de la ville courut au palais pour savoir aucunes nouvelles du roi : et quand ils ne trouvèrent à qui parler, ils s'en retournèrent en leurs maisons, et prirent leurs femmes et leurs enfants, et aucuns de leurs biens, et se départirent de la ville laissant icelle du tout abandonnée, sinon de pauvres gens impotents et aveugles ; et s'enfuirent les aucuns devers Famagoste, et les autres à Chermes et en autres villes, et par les montagnes, tant que c'étoit très piteuse chose à les voir. Et le second jour ensuivant, le capitaine des Sarrazins alla atout sa gent devers la cité de Nicosie ; laquelle, comme dit est, il trouva du tout abandonnée. Si se logea au palais royal ; et puis fit crier prestement par la cité, que tout homme retournât en son propre lieu, c'est à savoir de ceux de la ville, et on les tiendroit paisibles. Pour lequel cri retournèrent dedans ladite cité, environ de dix à douze mille personnes.

Or est vérité que le roi de Chypre et le grandmaître de Rhodes avoient une très grosse armée sur la mer, dedans laquelle étoit le bâtard de Bourgogne frère au du duc Philippe, le seigneur de Roubaix, et moult d'autres seigneurs de diverses marches, lesquels étoient moult désirant de combattre les Sarrazins ; mais oncque ne purent avoir vent propice pour eux montrer contre lesdits Sarrazins. Et étoit ledit bâtard de Bourgogne arrivé à Vaffe, espérant d'être à ladite journée; et entre temps le roi fut pris, comme dit est : et pour tant icelui bâtard et les siens retournèrent sur la mer pour derechef aller contre iceux Sarrazins. Et adoncque le vent leva que les chrétiens désiroient et tant qu'en peu d'espace arrivèrent vers l'armée des Sarrazins, et tellement que les parties se virent l'une l'autre. Et adonc le capitaine des Sarrazins, qui aussi étoient en mer, voyant les chrétiens en grand nombre, envoya hâtivement ses messagers à l'autre capitaine sarrazin, qui étoit à Nicosie; si lui manda détroitement, sur peine d'être réputé traître, qu'il retournât atout son ost et ses gens en son navire, laquelle chose ledit capitaine accomplit. Et après qu'il eût robé toute la cité de Nicosie, et réduit le peuple en chetiveté, il fit bouter le feu au palais royal, et en plusieurs autres lieux, et s'en alla atout les siens à Salines, où étoit leur navire. Et durant le chemin prirent plusieurs enfants allaitant leurs mères, et les jetoient sur les épines et sur les haies, en les lapidant très horriblement; et d'autre part le capitaine sarrazin, qui tenoit le roi de Chypre prisonnier, lui fit écrire unes lettres à son capitaine-général qui étoit sur la mer, contenant, ou en substance, qu'il ne portât nul dommage aux Sarrazins, si cher qu'il avoit la vie du roi. Et les porta sur une petite galiotte messire Galleran Savary. Auxquelles lettres le capitaine des chrétiens obéit, ce que faire ne devoit, selon l'opinion de plusieurs ; mais par avant avoient les deux parties fort approché l'un l'autre, et y avoit grand besogne. A laquelle besogne, qui fut par mer, y eut très dure escarmouche, par espécial de trait, duquel furent tant d'un parti comme d'autre, plusieurs hommes morts et navrés.

Et à celle besogne furent faits chevaliers, Guy, bâtard de Bourgogne, frère du duc Philippe, Simon de Lan, Robert, seigneur de Rebecque, et aucuns autres de diverses marches, sans conquerre navire l'un sur l'autre, sinon la nef des pélerins dont ci-après est faite mention. Durant lequel temps se avança une nave chargée de pélerins, voulant acquerre honneur ; et espérant pour certain que l'armée des chrétiens, qui étoit sur mer, dût combattre les Sarsins, allèrent si avant qu'ils ne purent retourner ; et nonobstant secours furent pris, et en la présence du roi de Chypre coupés en pièces comme on coupe la chair au marché, sinon aucuns en très petit nombre, qui furent retenus prisonniers. En après aucuns jours se mirent à voie, et retournèrent atout le roi de Chypre en Syrie.

Item, quand lesdits Sarrasins furent arrivés en Syrie atout leurs prisonniers, ils menèrent ledit roi de Chypre au Kaire, devers le soudan de Babylone ; et les autres chrétiens étoient deux à deux liés comme bêtes. Et traînoient les Sarrazins après eux la bannière de Notre-Dame, le chef en terre. Et puis après, le roi de Chypre chevauchoit sur un petit mulet sans selle, lié et enchaîné de chaînes de fer. Et en icelui état fut mené en la présence du soudan, et, contraint à ce faire, s'agenouilla par neuf fois, en s'inclinant le chef tout bas, baisant la terre à chacune fois. Et quand il fut parvenu par devant le soudan, qui étoit assis pompeusement en une haute galerie, le fit être une grosse heure en bas ou environ en sa présence; et depuis le fit mener en une tour où il tint prison tant qu'il fut en la ville du Kaire, où il le fit servir très abondamment, comme roi, de tous vivres fors de vin; mais les marchands chrétiens lui en faisoient délivrer secrètement à grand' planté (quantité); et les autres prisonniers chrétiens furent menés en divers lieux.

Item, entre temps que le roi de Chypre étoit ainsi en prison au Kaire, par-devers le soudan de Babylone, l'archevêque de Nicosie[1], qui étoit frère au roi, manda messire Pierre de Lusignan, connétable de Jérusalem, et lui bailla le gouvernement du royaume de Chypre, lequel fit faire de grands justices, en punissant ceux qui s'étoient voulu rebeller depuis les tribulations dessusdites. Et peu de temps après retourna ledit élu en la cité de Nicosie, laquelle peu après se repeupla. Et bref ensuivant, un marchand génevois (génois), nommé Benedic Pervessin, mu de pitié, requit au conseil du roi qu'il l'envoyât au Kaire, disant qu'il avoit espérance d'être occasion de la rédemption du roi.

---

1. Hugues de Lusignan.

Lequel y fut envoyé, et tant exploita, que le soudan mit le roi de Chypre à finance de deux cent mille ducats, par telle condition, que perpétuellement il paieroit par chacun an tribut de son royaume, de la somme de cinq mille ducats. Et par ainsi fut la paix faite du soudan avec le roi de Chypre; et fut mis hors des fers le jour de l'Assomption Notre-Dame. Et depuis ce, le demandoit souvent le soudan pour deviser avecque lui, et lui faisoit de merveilleuses questions, en le tentant de abandonner la foi chrétienne. Auxquelles questions le roi répondit à toutes fois si sagement, que le soudan, non sachant plus que dire, le faisoit prandre (dîner) avec plusieurs réfections de boire et de manger, et puis le renvoyoit en prison. Et dedans brefs jours ensuivant qu'il fut mis à finance, le fit ledit soudan mettre hors de prison, et loger en la ville; et le faisoit souvent aller en état en ébattement sur beaux chevaux, noblement accompagné de la gent sarrazine. Et depuis fut payée grand' partie de la finance, et baillée sûreté du surplus; et après le jour de Pâques flories fut mis en pleine délivrance, et fut mis en une gallée au port d'Alexandrie sur la mer verte. Atout laquelle compagnie de l'amiral de Rhodes, il alla descendre à Chermes; et là trouva ses enfants et sa sœur, et tous les seigneurs et dames de son royaume, avec toute la baronie et toute la noblesse de son pays, qui tous ensemble le reçurent moult révéremment, en regraciant Notre Seigneur Jésus-Christ très humblement de sa revenue. Et aucuns jours ensuivant se partit de Chermes, et retourna accompagné, comme dit est, en la cité de Nicosie, où il fut de tout son peuple reçu joyeusement, et se logea en l'hôtel du connétable de Jérusalem. Auquel hôtel il demeura sa vie durant, pource que son palais, comme dit est dessus, avoit été détruit de la gent sarrazine. Et depuis le trépas de la reine Charlotte, ne fut remarié, ni eut compagnie à nulle femme, comme ses propres serviteurs le tenoient véritablement; et depuis vécut grand' espace de temps.

CHAPITRE LX.

Comment la forteresse de Moyennes, en Champagne fut prise des François; et comment sentence fut rendue pour le duc Jean de Brabant; et de la forteresse d'Oripecte en Provence.

En ce temps fut reprise la forteresse de Moyennes, en Champagne, par les gens du roi Charles, par trahison d'un Anglois qui étoit dedans, et depuis fut rassiégée des Anglois; c'est à savoir du comte de Salsebery, et avec lui plusieurs Picards, qui audit siége continuèrent, tant que les assiégés furent contraints d'eux rendre. Et se départirent les aucuns étrangers sauvement; et ceux qui autrefois avoient tenu le parti des Anglois et Bourguignons furent exécutés et mis à mort. Esquels entre les autres fut l'un d'iceux un gentilhomme nommé Gilles de Clary. Et fut à la reddition messire Jean de Luxembourg, lequel, après qu'icelle forteresse fut du tout désolée, retourna en son châtel de Beau-Revoir.

En cet an, fut envoyée par notre saint père le pape, la sentence définitive touchant le procès du duc Jean de Brabant, par laquelle fut ordonné et déclaré le mariage qui étoit fait du duc de Glocestre et de la duchesse Jacqueline de Bavière de nulle valeur; et que s'il advenoit que le duc de Brabant mourût, si ne pourroient avoir lesdits duc de Glocestre et la duchesse Jacqueline l'un l'autre par mariage. Et pour tant ledit duc de Glocestre, sachant cette partie faite par notre saint père le pape, épousa et prit en mariage une femme de bas état au regard de lui, nommée Aliénor de Combattre (Cobham), dont dessus est faite mention, laquelle ledit duc par avant avoit tenue en sa compagnie certain temps, comme sa dame par amour; et, avec ce, avoit été diffamée de aucuns autres hommes que d'icelui duc. Laquelle chose fit moult émerveiller plusieurs personnes de France et d'Angleterre, considérant que ledit duc ensuivoit mal en icelui cas la seigneurie dont il étoit extrait.

En ces jours, messire Jean Blondel, accompagné de Jean Blondel, son cousin-germain, et huit autres compagnons de guerre, par le moyen d'un chapelain, qui étoit à maître Jean Cadart, prirent la forteresse d'Oripecte, en Provence, et ledit maître Jean dedans, qui en étoit gardien; et le firent prendre prisonnier, tendant avoir de lui grand' finance. Laquelle chose vint en bref à la connoissance de ceux du pays, qui sans délai les assiégèrent, et enfin les contraignirent si fort, que bel leur fut d'eux départir de ladite forteresse sans rien emporter, ayant sauf-conduit pour eux en aller sûrement. Nonobstant lequel, à l'issir hors de ladite forteresse, fut ledit Jean Blondel occis des paysans; et le chapelain qui avoit fait la trahison fut décapité.

CHAPITRE XLI.

Comment le duc de Bedfort fit assiéger Montargis, et comment le siége fut levé par les François, et autres matières.

En cet an, le duc de Bedfort, qui se nommoit régent de France de par le roi Henri, fit assiéger la ville et forteresse de Montargis par les comtes de Warwick et Suffort, avec lesquels étoit le seigneur de la Pole, frère dudit comte de Suffort, messire Henry Bisset, et autres capitaines, qui pouvoient avoir avecque eux trois mille combattants: lesquels venus audit lieu de Montargis, l'environnèrent. Ladite ville fut en assez beau lieu, pource qu'il lui convenoit faire trois siéges, lesquels assez dangereusement pouvoient bailler secours l'un à l'autre; néanmoins ils se logèrent tout entour et fortifièrent leurdit logis en aucuns lieux.

Et étoit ledit comte de Warwick logé en une abbaye de nonnains à un des côtés de la ville. Et bref après leur venue firent aucuns ponts et passages sur la rivière, pour par iceux secourir les uns aux autres, si besoin leur étoit : et ce fait, commencèrent vigoureusement à approcher icelle ville de Montargis et la forteresse, et très fort combattre et adommager de plusieurs engins. Mais nonobstant ce, les assiégés se défendirent très puissamment; et continuèrent les assiégeants en cette besogne l'espace de deux mois ou environ. Lequel temps durant, les nouvelles furent portées au roi Charles de France; et lui firent savoir lesdits assiégés, que s'il ne leur envoyoit secours assez bref, il les conviendroit rendre ès mains de leurs adversaires.

Ces nouvelles venues à la connoissance du roi Charles, comme dit est, ledit roi assembla son conseil, auquel fut conclu et délibéré d'y envoyer secours, ou au moins eux rafraîchir de vivres et de gens; lequel fut mis sus. Et fut faite pour cette cause aucune assemblée, qui point ne porta d'effet et se dérompit; mais depuis fut ordonné de par le roi Charles, de faire une autre assemblée à Orléans pour cette même cause, de laquelle fut baillée charge, de par le roi, au comte de Dunois, bâtard d'Orléans. Avec lequel se mirent messire Guillaume d'Albret, seigneur d'Orval, le seigneur de Graville, de Villars et de Gaucourt, Etienne Vignoles, qu'on dit La Hire, messire Gilles de

Saint-Simon, Gaultier de Broussart, et plusieurs autres capitaines, qui pouvoient bien avoir seize cents combattants, droits gens de guerre et d'élite, lesquels se mirent à chemin atout grand foison de vivres, en intention de ravitailler icelle ville de Montargis et de non lever le siége. Et quand ils furent venus à une demi-lieue près, le plus secrètement qu'ils purent, ils prirent conseil ensemble et conclurent de férir sur aucuns des logis des Anglois par deux côtés; et avoient avec eux gens de la garnison dudit lieu de Montargis, qui les menoient, entre lesquels étoit un nommé le petit Breton. Si fut La Hire ordonné à conduire l'une des compagnies; et comme ils avoient conclu le firent. Si férirent vaillamment et de grand' volenté sur les logis des Anglois, qui de ce ne se donnoient garde, criant Montjoye Saint Denis! et commencèrent à bouter les feux âprement en maint logis, et à tuer, prendre et mettre à meschef plusieurs Anglois. Et tellement et si vaillamment s'y portèrent, que le logis du seigneur de la Pole fut en assez briève espace du tout tourné à déconfiture; mais ledit seigneur de la Pole se sauva en un petit batel (bateau), environ lui huitième. Et adonc avoient ceux de la ville tenu les eaux si grandes et grosses, que les ponts que lesdits Anglois avoient faits étoient couverts d'eaux, par quoi, quand ils se cuidoient sauver, ils chéoient à côté des ponts et se noyoient.

Et en tant que ce se faisoit, le bâtard d'Orléans

se combattoit vigoureusement de l'autre côté, sur les logis de messire Henri Besset; et là étoit descendu à pied. Et y avoit fort à faire, quand les autres, qui avoient rué jus, et déconfit le premier logis, lui allèrent puissamment bailler secours. Et avoit été blessé le seigneur de Graville. Et lors lesdits Anglois, apercevant que la force n'étoit point à eux, se commencèrent à retraire, pour aller au logis du comte de Warwick. Et passoient par un pont, à si grand' hâte et en si grand' presse, que, du grand faix, le pont rompit sous eux; et là furent morts et déconfits laidement et en très grand nombre; car, avec ce, ceux de la ville de Montargis saillirent fièrement, en l'aide de leurs gens; et, sans épargner, en occirent et prirent plusieurs.

Et, entre temps, le comte de Warwick assembla ses gens, le plus hâtivememment qu'il put. Mais, quand il sut la grand' perte et dommageable destruction de son ost, dont il avoit jà perdu de mille à quinze cents hommes, qui furent que morts que pris, se mit en bataille, en soi retournant sur une petite montagne ès vignes, au-dessous de son ost. Et lors les François, qui furent fort travaillés de cette besogne, entrèrent dedans Montargis; et, entre temps, la nuit vint; et se départirent et mirent à chemin lesdits Anglois, atout le remanant (reste) de leurs gens, desquels la plus grand' partie étoient de pied, eux retrayant au château Landon, en Nemours, et ès autres lieux de leur obéissance. Et les dessusdits François demeurèrent à Montargis, faisant bonne et joyeuse chère de ce qu'ainsi, par l'aide de Dieu, avoient achevé ce pourquoi ils étoient là venus. Et après s'en retournèrent devers le roi Charles de France, qui les reçut très amiablement.

En cet an, le duc Jean de Brabant, qui étoit malade de moult griève maladie, trépassa en son châtel de Genappe, en disant moult dévotement: *Miserere mei, Deus*, etc. Et fut enterré en la chapelle de sondit châtel de Genappe, emprès son père. Après le trépas duquel, releva toutes ses seigneuries Philippe, comte de Ligny et de Saint-Pol, son frère. Et, par ainsi, la duchesse Jacqueline demeura abseulée (veuve) de ses deux maris: car, comme dit est dessus, le duc de Glocestre avoit pris autre femme, et ledit duc de Brabant étoit trépassé, comme dit est. Et, durant la vie dudit duc de Brabant, y eut un nommé Jean Chevalier qui voulut mettre à icelui duc un carquant au cou, à la requête, comme on disoit, de la comtesse douagière de Hainaut: lequel chevalier, pour cette cause, fut pris à Bruxelles et décapité.

En ce même temps, la forteresse d'Escandeuvre, emprès Cambrai, fut mise en la main de monseigneur Jean de Luxembourg, par le consentement du duc de Bourgogne; et fut la cause, pour ce que messire Louis, frère bâtard de la duchesse Jacqueline de Bavière, à qui étoit icelle forteresse, fit guerre et tribulation au pays d'environ, comme celui qui tenoit le parti de ladite duchesse Jacqueline, sa sœur; et ainsi perdit-il son héritage. En ces jours, eut une terrible et grand' rencontre, auprès du mont Saint-Michel, entre les Anglois, qui tenoient le mont de Hellen, d'une part, et les François et les Bretons, d'autre part : mais, en conclusion, lesdits Anglois y furent morts et déconfits. Si obtinrent victoire les François; et, par conséquent, gagnèrent la dessusdite forteresse.

CHAPITRE XLII.

Comment la forteresse de la Malle-Maison, qui étoit à l'évêque de Cambrai, fut prise par messire Jean Blondel, et autres matières.

Au commencement de cet an, fut prise la forteresse de la Malle-Maison, séante à deux lieues près du Châtel-en-Cambrésis, laquelle étoit à Jean de Lens, seigneur de Liekaerque, et évêque de Cambrai, à cause de son évêché. Et la prit messire Jean Blondel, tenant le parti du roi Charles, accompagné de ses gens, qui étoient en petit nombre. Dedans icelle étoit, comme capitaine par ledit évêque, un bel écuyer, nommé Watier de Baillon, lequel fut trouvé en son lit. Et, entre temps, les dessusdits, en traversant les fossés parmi l'eau, et montant par échelle, dedans la basse-cour, audit lieu, prirent le guet;

et, après, ils s'embûchèrent devant le pont du donjon; et, au matin, quand le portier avala ledit pont, ils saillirent sus, les épées traites, et occirent et tuèrent ledit portier; puis entrèrent tout paisiblement dedans, sans y trouver quelque défense, ni empêchement, jà-soit-ce que ce fût la plus forte place, et mieux gardable qui fût en toutes les marches ès pays d'environ. Pour laquelle prise, tout le pays, ce sachant, fut mis en grand effroi; et, mêmement, ceux du Châtel-en-Cambrésis, et ledit évêque, qui léans étoit à celle heure, furent moult grandement émerveillés que ce pouvoit être; car, pour lors, n'étoit audit pays nouvelle de nulle guerre. Toutefois l'évêque de Cambrai envoya aucuns de ses gens, avec grand' partie de la communauté dudit châtel, jusques audit lieu de la Malle-Maison, pour savoir et connoître qui c'étoit. Et eux là venus et arrivés, parlèrent à aucuns de ceux qui l'avoient prise : lesquels, par malice, firent leur cri de Bourgogne et de Luxembourg: et pour tant les dessusdits envoyés s'en retournèrent en ladite ville du Châtel-en-Cambrésis.

Et bref en suivant, ledit messire Jean Blondel se pourvut de vivres et de gens, en grand' abondance; et après, commencèrent à courir et à fouler le pays de Cambrésis, et plusieurs autres, en faisant maux inestimables. Avec lesquels s'assemblèrent, par plusieurs fois, à faire lesdites courses, aucuns des gens du duc de Bourgogne et de messire Jean de Luxembourg. Et, entre temps, icelui évêque envoya par-devers le duc de Bourgogne, savoir si c'étoit de son consentement que sa forteresse avoit été prise. Auquel fut répondu que non, ains seroit conforté et aidé par ledit duc, tant qu'il r'auroit sa forteresse.

Item. Après la mort et trépas du duc Jean de Brabant, fut faite une grand' assemblée de seigneurs, en la ville de Valenciennes; à laquelle furent le duc de Bourgogne, les comtes de Namur, de Penthièvre et de Conversan, le prince d'Orange, messire Jean de Luxembourg, les évêques de Tournai et d'Arras, et plusieurs autres nobles gens d'église; et fut pour la cause de savoir qui auroit le gouvernement du pays de Hainaut. A quoi, par mûre délibération de conseil, fut ordonné et établi que ledit pays demeureroit en la main et gouvernement du duc de Bourgogne; lequel, sur ce, y pourvut de gouverneurs et officiers. En cet an, le comte de Warwick, et plusieurs autres Anglois, tinrent siége devant la ville de Pont-Orson; et tant contraignirent les assiégés, qu'ils se mirent en composition, et promirent de, à certain jour, rendre le fort en la main dudit comte de Warwick, en cas qu'ils n'auroient secours des François et Bretons, si fort et puissant que pour combattre icelui comte. Lequel secours ne fut point envoyé; et pour tant, comme promis l'avoient, rendirent la place aux Anglois.

CHAPITRE XLIII.

Comment messire Jean Blondel rendit la forteresse de la Malle-Maison, qu'il avoit prise, laquelle appartenoit à l'évêque de Cambrai.

En après, le duc de Bourgogne alla à Mons, en Hainaut, avec lui grand nombre de ceux de son conseil; et là, comme dit est, constitua plusieurs officiers, natifs du pays, pour gouverner la seigneurie d'icelui; auquel lieu, par sauf-conduit, alla ledit messire Jean Blondel, qui, par ledit duc, fut plusieurs fois sommé et requis de rendre et restituer à l'évêque de Cambrai, sa forteresse. Auxquelles requêtes il ne voulut en rien obéir; mais, en dissimulant, s'excusoit aucunement. Toutefois, ledit duc de Bourgogne et son conseil, conclurent et délibérèrent de bailler gens et aide audit évêque pour assiéger et reconquêter sadite forteresse. Et pour ce faire, ledit évêque manda ses amis, et se mit en armes atout ce qu'il put avoir de gens. Pour lequel aider et réconforter, y furent commis et établis, de par le duc de Bourgogne, messire Guillaume de Lalain, bailli de Hainaut, le Bègue de Launoy, chevalier, gouverneur de Lille, et aucuns autres nobles hommes, et certain nombre de gens d'armes. Durant lequel temps, messire Jean Blondel, oyant ces nouvelles, et sachant que ledit duc de Bourgogne avoit son fait mal agréable, condescendit à traiter, et conclut et délibéra de rendre la forteresse, moyennant que sa paix seroit faite devers le duc de Bedfort et le duc de Bourgogne, et si lui seroient rendues ses forteresses et seigneuries, lesquels étoient en la main du roi Henri de Lancastre, comme confisqués, et, avec ce, emporteroient lui et ses gens tous leurs biens, et si auroit pour les dépens quatre mille écus; lesquelles choses, en conclusion, lui furent accordées et promises, et de ce baillée sûreté. Et par ainsi, délivra la Malle-Maison en la main de Balthazar, bâtard du Quesnoy, qui, par le duc de Bourgogne, y fut commis, et institué à le garder à certaine espace de temps. Et pour payer ladite somme et autres frais, fut mise sus une grande taille, par tout le pays de Cambrésis, tant sur gens d'église comme autres; lesquels à ce payer, furent contraints très rigoureusement. Après lesquelles besognes, par le consentement dudit évêque et d'aucuns autres du pays, fut ladite forteresse de la Malle-Maison abattue, et du tout démolie, dont ce fut moult grand dommage: car c'étoit la non pareille et la mieux édifiée qui fût en tous les pays à l'environ, et au plus fort lieu. Ainsi messire Jean Blondel, par force de mal faire, vint à son intention; et fut, comme dit est, restitué et remis en la possession de tous ses héritages et édifices.

CHAPITRE XLIV.

Comment le duc de Bourgogne retourna au pays de Hollande, où il fit assaillir la ville de Hermontfort; et autres matières.

Après que le duc de Bourgogne eut, comme dit est, ordonné de ses besognes en Hainaut, il retourna, à tout grand' puissance de gens d'armes, en Hollande, pour corriger aucuns qui autrefois lui avoient fait serment, lesquels faisoient rébellion audit pays. Et en ce voyage, fit assaillir une ville fermée de fortes haies et fossés pleins d'eau, nommée Hermontfort. Lequel assaut dura assez longuement, et fut moult âpre, cruel et terrible. Et mêmement ledit duc, de sa personne, passa l'eau desdits fossés, et alla combattre ses ennemis et adversaires très vaillamment. Et pour vrai, il se mit adonc en très grand péril et danger : car les défendants, en grand' hardiesse, s'abandonnoient sans eux épargner pour eux défendre et sauver leurs vies. Durant lequel assaut, fut mis à mort un très vaillant et puissant chevalier, c'est à savoir le seigneur de Vozdanquin. Et avecque lui étoient aucuns autres experts hommes de guerre; et si y fut navré Le Bon, seigneur de Saveuse, tant qu'il le convint porter hors des fossés, comme en péril et danger de mort, et plusieurs autres. Et adonc ledit duc et ceux de son parti, voyant et considérant la perte et dommage de leurs gens, eurent conseil de faire sonner la retraite arrière, comme ils firent; et se logèrent assez près de ladite ville, où ils furent cette nuit assez pauvrement pourvus de ce que métier et besoin leur étoit. Et le lendemain, ledit duc prit autre marche. Et lors s'étoient alliés avec la duchesse Jacqueline, ceux de la ville de Utrecht; et aussi les ducs de Gueldres et de Clèves y étoient de la partie dudit duc, par quoi la guerre et tribulation croissoit et multiplioit audit pays de jour en jour.

En ce temps, s'assemblèrent ès marches de Picardie, environ cinq cents combattants, tant hommes d'armes comme archers de plusieurs terres; lesquels, sous la conduite de messire Charles de Moyencourt, Mathieu de Humières, Jean de Longueval, et aucuns autres gentilshommes, furent menés par l'ordonnance et commandement du duc de Bourgogne, à la requête d'un chevalier nommé messire Philibert Andrinet, à l'aide et secours d'Amé, duc de Savoie, bel oncle d'icelui duc de Bourgogne, qui avoit lors guerre et dissension au duc de Milan. Lesquels cinq cents combattants dessusdits chevauchèrent par plusieurs journées, tant qu'ils vinrent audit pays de Savoie, où ils furent joyeusement reçus dudit duc; et de là furent envoyés sur les marches en tirant vers Lombardie, où ils firent maux inestimables; et tant que par la renommée d'iceux et par la cremeur (crainte) que les deux princes dessusdits eurent pour le pauvre peuple, ayant d'iceux compassion, se concordèrent et firent bonne paix; et ladite paix conclue le duc Amé de Savoie, donna congé à iceux Picards, en eux grandement remerciant de leur travail, et donnant à aucuns des plus notables draps de Damas et autres joyaux; et par ainsi les dessusdits Picards retournèrent en leurs propres lieux. La cause de la guerre si étoit pource que le duc de Milan avoit pris Novare et la cité de Verceil, sur le duc de Savoie, lesquelles lui furent rendues.

Après que le duc de Bourgogne eut, par plusieurs journées, visité le pays de Hollande, et mis ses garnisons sur les frontières de la Gaude, où lors se tenoit la duchesse Jacqueline, délaissant aucuns de ses capitaines pour la garde et sûreté d'icelui, tels comme le seigneur de l'Ile-Adam, messire Lyonnel de Bournonville, et aucuns autres hommes d'armes experts et renommés de guerre, s'en retourna en son pays de Flandre.

En l'an dessusdit, furent ès pays d'Espagne de Catalogne, et en Languedoc, grands mouvements de terre, dont, en aucuns divers lieux, plusieurs villes et notables édifices churent; dont le peuple d'iceux pays fut par long-temps moult troublé, et en très grand effroi.

CHAPITRE XLV.

Comment en ce temps le Soudan de Babylone écrivit lettres aux princes chrétiens, et la teneur d'icelles.

En ce temps, le soudan de Babylone envoya lettres à tous rois et princes chrétiens, desquelles la teneur s'ensuit.

« Baldadoch, fils d'Aire, connétable de Jéricho, prévôt de Paradis terrestre, neveu des dieux, roi des rois, prince des princes, soudan de Babylone, de Perse, de Jérusalem, de Chaldée, de Barbarie ; prince d'Afrique et d'Hircanie, seigneur de Siche, des Ainces, des païens et des Maritans ; maître Anchipotel, avoué d'Amazone, gardien des îles, doyen des abbayes, commandeur des temples, froisseur des heaumes, fendeur des écus, perceur des hauberts, rompeur de harnois et de places, lanceur de glaives, effondreur de destriers, tresperceur de presses, détruiseur de châteaux, fleur de chevalerie, sanglier de hardiesse, aigle de largesse, cremeur (terreur) des ennemis, espérance d'amis, recouvreur des déconfits, étendard de Mahomet, seigneur de tout le monde, aux rois d'Allemagne, de France et d'Angleterre, et à tous autres rois, ducs et comtes, et généralement à tous ceux èsquels notre débonnaireté est à avenir, salut et dilection en notre grâce. Comme ainsi soit qu'il est bien loisible de relenquir (laisser) erreur par sagesse qui veut, vous mande que vous ne laissez nullement, ni tardez à venir par-devers moi, et relevez vos fiefs et terres de ma seigneurie, en reniant votre Dieu et la foi chrétienne, délaissant vos erreurs, èsquels vous et vos devanciers avez été enveloppés trop longuement; ou autrement mon indignation et la puissance de ma forte épée tournera sur vous assez brièvement; dont j'aurai vos têtes en rançons, sans rien épargner.

» Ces lettres furent données la vigile des ambassadiens, l'an dixième de notre conronnement, la seconde année après notre noble victoire et destruction du malheureux pays de Chypre.[1] »

CHAPITRE LXVI.

Comment les Anglois vinrent en la duché de Bretagne, où ils firent moult de maux et de grands dommages; et autres matières.

En cet an, le comte de Suffolk et messire Thomas de Rameston, à cause de certaine guerre qu'ils avoient au duc de Bretagne, environ douze cents combattants, allèrent courre au pays de Bretagne, jusques auprès de la ville de Rennes, où étoit le duc; et y firent de très grands dommages, et levèrent

---

1. Il est aisé de reconnaître la fausseté de cette lettre.

de très grands proies, tant prisonniers comme autres biens, atout lesquels retournèrent en un gros village du pays, nommé Tinteniac; et le lendemain se mirent à chemin, et rentrèrent ès marches de la Basse-Normandie, atout ce qu'ils avoient gagné, sans avoir quelque empêchement ni destourbier. Et tantôt après, ledit messire Thomas se logea en une petite ville nommée Saint-James-de-Buveron, laquelle autrefois avoit été désolée; et la fit réparer et fortifier pour y demeurer et tenir garnison, afin de faire aux Bretons guerre, car elle étoit à demi-lieue du pays. Et là demeura icelui messire Thomas, lieutenant dudit comte de Suffolk, lequel comte étoit capitaine de la Basse-Normandie. Et commencèrent les Anglois à mener forte guerre et faire plusieurs courses et tournoiements au pays de Bretagne. Pour auxquelles obvier et résister, le duc fit moult grand' assemblée des nobles hommes de son pays; lesquels il bailla en charge à son frère le comte de Richemont, qui nouvellement avoit été fait connétable de France; lequel, avecque autres gens qu'il avoit, les mena dedans ladite ville de Saint-James-de-Buveron; et de fait l'assiégea très puissamment, et y eut de la première moult grand' escarmouche. Néanmoins ledit connétable se logea; et fit icelle environner tout autour: si commença à faire jeter et traire plusieurs de ses engins contre la muraille, qui moult fort l'endommagèrent; et une fois entre les autres eut conseil de la faire assaillir, ce qu'il fit;

et dura l'assaut par longue espace, très dur et merveilleux.

Si étoient les Bretons bretonnants jà en un côté bas, où il y avoit un petit vivier, et convenoit qu'ils passassent par une étroite voie pour aller jusques au mur à grand danger. Si y avoit à ce côté un petit boulevert, dont un chevalier anglois, nommé messire Nicole Bourdet, avoit la charge, atout soixante ou quatre-vingts combattants; et d'autre part y avoit une porte assez bien fournie d'Anglois. Et lors iceux Bretons, qui dévaloient ès fossés en très grand nombre pour aller assaillir, ouïrent de deux côtés lesdits Anglois jeter un très grand cri, criant Salsebery et Suffolk! Pour lequel cri les Bretons se commencèrent à retraire en très grand desroy. Et adonc, ledit messire Nicole l'assaillit après eux moult vigoureusement; et, sans y trouver guères grand' défense, en furent mis à mort et noyés audit étang, de sept à huit cents; et de ce en demeurèrent prisonniers environ cinquante: et si furent gagnés par les dessusdits Anglois dix-huit étendards et une bannière. Et tôt après furent portées les nouvelles audit connétable de la perte de ses gens, lequel faisoit fort assaillir de l'autre côté. Si fut de ces nouvelles moult grandement émerveillé, et fit sonner la retraite: car tout le siége devers ledit étang étoit jà levé. Après ces choses se mirent les Bretons ensemble, et prirent hâtif conseil sur ce qu'ils avoient à faire. Auquel conseil fut délibéré, qu'attendu la grand' perte qu'icelui connétable avoit eue de ses gens, il étoit bon qu'il se départît, et ainsi le fit-il : mais il attendit jusques environ minuit, et s'en retourna en la ville de Fougères en très petite ordonnance, délaissant audit siége grand' foison de bombardes, vivres et autres artilleries. Et ledit messire Thomas, atout six cents combattants qu'il avoit, dont la plus grand' partie étoient blessés, demeura en icelle ville, bien joyeux de sa bonne fortune ; et fit bouter dedans tous les biens qui étoient demeurés de ses adversaires.

Depuis les choses dessusdites, le second jour ensuivant, vint là le comte de Suffolk, atout quinze cents combattants ; lequel mena le lendemain messire Thomas, avecque aucuns de ses gens, devant un fort moûtier, qui tantôt se rendit à lui. Et de là se tira plus avant au pays, devers la cité de Dol, et avoit intention de séjourner là. Mais entretemps, le duc de Bretagne envoya devers le comte de Suffolk un sien poursuivant atout ses lettres, par lesquelles lui prioit d'avoir trèves, sur une forme que ledit comte lui accorda. Et sur ce remanda ledit messire Thomas et ses gens, lequel retourna audit Saint-James-de-Buveron, atout grands proies. Si fut tant parlementé entre lesdites parties que les trèves furent données, qui durèrent trois mois ou environ, moyennant que pour les accords le comte de Suffolk eut quatre mille et cinq cents francs. Si s'entretinrent très bien icelles trèves jusques en la fin de juin qu'elles devoient faillir. Durant lequel temps ne se purent lesdites parties accorder; et pour tant derechef retournèrent à la guerre, et furent faites plusieurs choses dommageables par feu et par épée, par les Anglois, audit pays de Bretagne. Pour auxquelles obvier, le duc et le connétable son frère firent réparer la ville de Pont-Orson, qui départ Normandie et Bretagne, à deux lieues du mont Saint-Michel; et y fut mise grosse garnison pour faire frontière contre lesdits Anglois. Et certain jour ensuivant, ledit comte de Suffolk fut déporté du gouvernement de la Basse-Normandie, et y fut commis et institué le comte de Warwick; lequel assembla moult grand' quantité de gens, et assiégea ladite ville de Pont-Orson. Et pource que durant le siége, les Anglois assiégeants avoient vivres à grand danger, tant pour la garnison du mont Saint-Michel comme pour autre, fut envoyé le seigneur de Scalles, atout cinq cents combattants, en la Basse-Normandie, pour conduire et mener les vivres dessusdits. Et ainsi qu'il s'en retournoit atout iceux, les Bretons, qui savoient son retour, s'étoient mis en embûche bien quinze cents combattants, auprès du mont Saint-Michel.

Et lors, quand ils virent leur point, ils saillirent sur les Anglois, lesquels ils trouvèrent en bonne ordonnance. Si se défendirent très vaillamment, et tant que finablement les Bretons furent mis et tournés à déconfiture; et y en eut de morts en la place bien huit cents. Entre lesquels y fut mort et occis le seigneur de Château-Giron, le seigneur de Cresquan, le seigneur de Chambourg, le baron de Chambouches, le seigneur du Humandrie, messire Pierre le Porc, le capitaine des Écossois, et plusieurs autres nobles hommes; et si fut pris le vicomte de Rohen et plusieurs autres grands seigneurs. Après laquelle besogne, les assiégés du Pont-Orson, non ayant espérance de secours ni d'aide, se rendirent, sauf leur vie, au comte de Warwick, et s'en allèrent le bâton blanc au poing, et délaissant tous leurs biens : et y fut commis capitaine ledit seigneur de Scalles. Après cette besogne, lesdits Anglois firent emmener le baron de Soulenges, messire Pierre le Porc et un autre, tous morts à leur siége; et livrèrent les corps à ceux de dedans pour mettre en terre, afin qu'ils fussent plus certains de ladite détrousse et déconfiture, et qu'ils se rendissent plus hâtivement, comme ils firent.

Environ la fin de cet an, convoqua messire Jean de Luxembourg, ès pays de Picardie et à l'environ, environ mille combattants, hommes d'armes comme archers, en intention d'aller assiéger et mettre en son obéissance la ville de Beaumont, en Argonne, que lors tenoit Guillaume de Flavy, tenant le parti du roi Charles : lequel Flavy et ceux à lui obéissants, continuellement faisoient moult d'oppressions et griefs dommages au pays à l'environ. En ces jours, le duc Philippe de Bourgogne, comme il avoit plusieurs fois, assembla très grand nombre de gens d'armes en ses pays de Flandre et d'Artois et à l'environ, pour derechef aller en Hollande, et assiéger la duchesse Jacqueline dedans la ville de Gand. Et pour cette fois écrivoit aux nobles de ses pays, que son intention étoit d'achever à cette fois la guerre dudit pays de Hollande, devant son retour, pour laquelle ils avoient été déjà fort travaillés et lassés, et par plusieurs fois. Lesquelles assemblées, comme dit est, il mena à l'Écluse, et là montèrent en mer pour passer au dessusdit pays de Hollande. Durant toutes ces tribulations, menoient les Anglois très forte guerre sur les marches de Bretagne : et eurent lors iceux Anglois et les Bretons que conduisoit le comte de Richemont, une très grand' rencontre, à laquelle moururent grand' quantité de combattants, tant d'un côté comme de l'autre ; mais enfin lesdits Anglais obtinrent la journée ; et les conduisoit le comte de Warwick.

CHAPITRE LXVII.

Comment messire Jean de Luxembourg assiégea Beaumont en Argonne.

Au commencement de cet an fut le siége mis à l'environ de Beaumont, en Argonne, par messire Jean de Luxembourg, accompagné de plusieurs hommes nobles des marches de Picardie. Auquel siége mettre y eut plusieurs escarmouches entre les assiégeants et les assiégés. Esquelles, entre les autres, fut pris et mené dedans la ville un nommé Enguerrand de Brigonval, vigoureux et subtil homme d'armes. Pour la prise duquel ledit de Luxembourg fut moult fort troublé, doutant que le dessusdit ne fût navré ou mort; car, par grand' malice, Guillaume de Flavy fit mettre un linceuil en terre, veuillant par ce fait donner à entendre que ce fût ledit Enguerrand qui étoit trépassé. Et lui fit faire un service solennel, tendant, comme on pourroit supposer, à icelui fortraire secrètement hors de la ville, et mener en un lieu secret et sûr, pource qu'il savoit ledit prisonnier être riche homme, pour payer bonne finance. Toutefois, nonobstant qu'iceux assiégés se missent très vigoureusement à défense, si furent-ils en bref de toutes parts environnés, et tellement approchés que bonnement ne pouvoient saillir hors de leurdite ville, sinon en grand péril de leur vie.

Et pour tant le dessusdit Guillaume de Flavy, voyant qu'au long aller le conviendroit être mis en subjection, non espérant avoir secours, fit traité avec ledit messire Jean de Luxembourg, environ l'issue du mois de mai, par tel si, que lui et les siens s'en iroient sauvement en emportant tous leurs biens. Et par ainsi, ledit messire Jean de Luxembourg eut l'obéissance dudit Beaumont; dedans laquelle il mit garnison de ses gens; et y constitua capitaine, Valérien de Bournonville, et avec lui rendit sain et sauf en vie ledit Enguerrand de Brigonval. Durant lequel temps furent trèves données, tant d'un côté comme d'autre, entre messire Jean de Luxembourg et ceux de la ville de Monson, jusques au jour de la Saint-Rémi en suivant. Dedans lequel jour dessusdit, ceux de ladite ville devoient aller devers le roi Charles, savoir si de lui auroient secours, ou s'ils se rendroient audit messire Jean de Luxembourg. Après lesquels traités achevés par ledit messire Jean, donna congé à ses gens, et s'en retourna en son châtel de Beau-Revoir. Et Guillaume de Flavy pareillement donna congé à ceux qui l'avoient servi, et s'en alla à privée mesgnie (suite) sous bon sauf-conduit à Lyencourt, en l'hôtel de monseigneur son père; car entre-temps qu'il étoit assiégé à Beaumont, le duc de Bar fit démolir et abattre une forteresse, nommé Neuville-sur-Meuse, laquelle tenoient les gens dudit Guillaume de Flavy ; et là avoit sa chevance de sa retraite.

CHAPITRE LXVIII.

Comment le traité se fit entre le duc de Bourgogne et la duchesse Jacqueline de Bavière, pour la guerre de Hollande; et le contenu d'icelui.

Après que le duc de Bourgogne fut retourné, comme dit est dessus, au pays de Hollande, et qu'il eut fait de grandes préparations, tant de gens comme d'habillements de guerre, pour combattre et subjuguer la ville de la Gaude, où étoit la duchesse Jacqueline et ses aidants, ladite duchesse et ceux de son pays, considérant la puissance dudit duc de Bourgogne, et que déjà la plus grand' partie des nobles et communautés de son pays s'étoient tournés contre elle avecque sa partie adverse, doutant non pouvoir résister audit duc, prit conseil avecque ses plus privés et féaux serviteurs, et se conclut de traiter paix avecque son beau cousin et adversaire le duc Philippe de Bourgogne; lequel traité, par le moyen d'aucuns ambassadeurs envoyés entre les deux parties, fut tel qu'il s'ensuit.

C'est à savoir que ladite duchesse connoîtra et tiendra son beau cousin le duc de Bourgogne, être son droit hoir et héritier de tous ses pays; et dès lors le fit gouverneur et mainbourg des dessusdits pays, promettant icelle mettre en ses mains toutes les villes et forteresses qu'elle tenoit, dedans lesquelles icelui duc mettroit capitaines tels qu'il lui plairoit; promit aussi icelle dame de non soi jamais marier, sinon du consentement dudit duc; et avec ce demeuroit à icelui duc la ville et forteresse de Zenenberghe.

Et par ainsi, ledit traité de paix conclu et finé entre les deux parties, convinrent ensemble, certaines journées ensuivants, en la ville de Delft; auquel lieu, après qu'ils eurent conjouy l'un l'autre révéremment, prirent d'un consentement, eux deux ensemble ou leurs commis, les serments de plusieurs villes. Et par ainsi, ledit pays de Hollande, qui par longue espace avoit été travaillé d'icelle guerre, demeura en paix; et retourna ledit duc de Bourgogne, donnant congé à ses Picards, en son pays de Flandre et d'Artois.

CHAPITRE XLIX.

Comment le comte de Salsebery vint en France atout grand gent en l'aide du duc de Bedfort; et comment le duc de Bourgogne ramena la duchesse Jacqueline de Bavière en Hainaut.

Au mois de mai ensuivant, le comte de Salsebery, homme expert et très renommé en armes, par l'ordonnance du roi Henri et de son grand conseil en Angleterre, convoqua jusques à six mille combattants, ou environ, gens d'élite et éprouvés en armes, par l'ordonnance du roi Henri, pour la plus grand' partie amener en France, en l'aide du duc de Bedfort, qui se disoit régent. Desquels il envoya premièrement trois mille à Calais; et de là allèrent à Paris, pour toujours maintenir guerre contre les François. Et environ la Saint-Jean ensuivant, ledit comte de Salsebery, atout le surplus de ses gens, passa la mer, et vint à Calais; et, par Saint-Pol, Dourlens et Amiens, s'en alla à Paris, où il fut joyeusement reçu dudit comte de Bedfort, et de tout le conseil de France là étant, tenant le parti du roi Henri.

Après la venue duquel comte, furent par plusieurs jours de grands conseils tenus pour le fait de la guerre; entre lesquels fut conclu qu'icelui comte, après qu'il auroit mis en l'obéissance du roi

Henri aucunes méchantes places que tenoient ses adversaires, il iroit mettre le siège devant la ville d'Orléans, laquelle, comme ils disoient, leur étoit moult nuisable. Lequel conseil finé, furent de toutes parts évoqués et mandés les Normands et autres tenant leur parti, et fut lors faite si grand' diligence, que ledit de Salsebery eut bref en suivant jusques à dix mille combattants, entre lesquels étoient le comte de Suffort, le seigneur d'Escalles, le seigneur de Caloboch (Talbot), le seigneur de l'Ile, Anglois, Classedach, et plusieurs autres vaillants et très experts hommes d'armes, qui tous ensemble, après qu'ils eurent été, comme dit est, grandement festoyés et honorés audit lieu de Paris, se départirent de là, et des marches environ, avec le comte desssusdit; et allèrent mettre le siége à Nogent-le-roi, que tenoient les François; laquelle fut assez tôt conquise. Et en y eut grand' partie d'eux qui la tenoient, exécutés à mort; les autres échappèrent en payant bonnes finances; et de là, ledit comte s'en alla vers Jargeau.

En ce temps, le duc de Bourgogne retourna en Hollande, accompagné de ses plus féables hommes, pour derechef convenir avecque la duchesse Jacqueline sa cousine, et prendre les sermens de fidélité d'aucuns nobles du pays et de bonnes villes, qui point encore ne l'avoient fait. Après lesquels reçus, grand espace de temps vinrent ledit duc et la duchesse Jacqueline au pays de Hainaut, où ils allèrent par les bonnes villes, recevoir les serments, pareillement comme ils avoient fait en Hollande et Zélande, tant des nobles, du clergé, comme des bourgeois et communautés, desquels, en plusieurs lieux, furent révéremment et honorablement reçus, jà-soit-ce qu'aucuns des dessus-dits pays fussent de ce petitement contents : toutefois ils ne voyoient mie qu'à ce ils pussent bonnement remédier.

CHAPITRE L.

Comment ceux de Tournai s'émurent derechef l'un contre l'autre.

Au mois de juillet de cet an, ceux de Tournai se rémurent les uns contre les autres ; et furent en armes par plusieurs fois, ainsi qu'ils avoient autrefois été. La cause si fut pour ce que les gouverneurs d'icelle cité avoient mis aucun subside sur les cervoises (bières), pour aider à payer la composition qu'ils devoient au duc de Bourgogne. Néanmoins, par la diligence d'aucuns des plus sages, ils se rapaisèrent ; et bref ensuivant fut pris un de leurs capitaines, nommé Jean Isaac, orfévre, pour plusieurs crimes par lui commis ; et avoit été icelui par qui Arnoul le Musi et Loctart de Villeries avoient été décapités. Lequel Jean Isaac fut pendu publiquement au gibet de Tournai. En ce temps, René, le duc de Bar, fit assiéger le château de Passavant, dedans lequel étoit un nommé de Warnencourt, qui par long temps avoit très inhumainement et sans miséricorde travaillé le pays d'environ.

CHAPITRE LI.

Comment le comte de Salsebery conquit Jargeaux et plusieurs villes devers Orléans ; et comment le duc de Bedfort voulut avoir les rentes des églises.

Le comte de Salsebery allant, comme dit est, devant Jargeau atout sa puissance, le fit de toutes parts environner, et très fort combattre et approcher de ses gens et habillements de guerre. Et pour tant ceux qui dedans étoient, de par le roi Charles, doutant la puissance d'icelui comte, firent avecque lui traité, en lui rendant la place, par tel si qu'ils s'en pourroient sauvement partir. Lequel comte, après qu'il eut icelle garnie de ses gens, s'en alla devant Joinville, et la fit assiéger de toutes parts très puissamment. Et les François étant dedans, atout leur puissance, commencèrent à eux défendre ; mais en aucuns peu de jours après, trouvèrent manière d'avoir parlement avec icelui comte, lequel ne se put à eux concorder ; et pour ce, après que les François se furent retraits dans leur ville, s'émut une escarmouche entre les assiégeants et les assiégés. Pour laquelle, la plus grand' partie des Anglois s'armèrent tout soudainement, et sans le commandement dudit comte leur souverain, allèrent en grand' hardiesse assaillir la ville; et tant continuèrent en icelui assaut, qu'assez bref ensuivant ils prirent et conquirent ladite ville, dedans laquelle plusieurs François furent pris et morts; et y furent faits d'autres maux inestimables, lesquels seroient trop longs à déclarer.

Durant le temps dessusdit, le duc de Bedfort, régent, et ceux du conseil du roi Henri étant à Paris, requirent très instamment à avoir pour le profit dudit roi, toutes les rentes et héritages qui avoient été donnés depuis quarante ans par avant aux églises. Et pour ce mettre à exécution, furent en ladite ville de Paris tenus plusieurs parlements en grands conseils, entre ledit duc de Bedfort et le conseil du roi, d'une part, et ceux de l'université de l'église, d'autre part. Toutefois icelle requête fut très fort débattue, et tant qu'enfin la besogne fut mise au net, et demeurèrent ceux de l'église, paisibles quant à ce.

Auquel an aussi le roi de Portugal mit sus une grosse armée, et avec lui le duc de Cambrai (Coïmbre) qui faisoit son avant-garde, et pouvoit avoir sur tout dix mille combattants, atous lesquels il alla en une île, sur les mécréants, où étoit le roi d'Albâtre[1], atout bien vingt mille Sarrazins, furent Turquois, Tartares et Barbarins, desquels la plus grand' partie morts sur la place, et le des-

---

1. Je ne puis trouver ce nom.

susdit roi d'Albâtre fut détenu prisonnier. Après laquelle victoire icelui, roi de Portugal, à peu de perte, retourna en son pays.

CHAPITRE LII.

Comment le comte de Salsebery assiégea la cité d'Orléans, où il fut occis.

Après ce que le comte de Salsebery eut conquis et mis en obéissance du roi Henri de Lancastre, Joinville, Meung, et plusieurs autres villes et forteresses, au pays d'environ, il se disposa très diligemment pour aller assiéger la cité d'Orléans. Et de fait, environ le mois d'octobre, atout sa puissance, arriva devant ladite cité, en laquelle ceux de dedans, long-temps par avant, attendant sa venue, avoient préparé leurs besognes, tant de fortifications, habillements de guerre, comme de vivres et gens élus et exercités en armes, pour résister contre ledit comte et sa puissance, et eux défendre. Et mêmement, afin qu'il ne se pût loger autour d'icelle, lui ni ses gens, à leur aise, ni eux fortifier, iceux d'Orléans avoient fait abattre et démolir de tous côtés, en leurs faubourgs, plusieurs bons et notables édifices ; entre lesquels furent détruits et abattus jusques à douze églises et au-dessus, èsquelles étoient les quatre ordres des mendiants, et avec moult d'autres belles et solennelles maisons de plaisance qu'y avoient les bourgeois d'icelle ville; et tant en icelle œuvre continuèrent, qu'èsdits faubourgs et tout à l'environ on pouvoit pleinement voir et jeter de canons et autres instruments de guerre, tout à plein.

Toutefois ne demeura mie que ledit comte de Salsebery atout ses Anglois, ne se logeât assez près de ladite ville, jà-soit-ce que ceux de dedans, de tout leur pouvoir, se mirent vigoureusement en défense en faisant plusieurs saillies, en tirant de canons, coulevrines et autres artilleries, occisant et mettant à meschef plusieurs Anglois. Néanmoins, lesdits Anglois très vaillamment et rudement les boutèrent et approchèrent plusieurs fois, tant qu'iceux défendants avoient merveilles de leurs hardies et courageuses entreprises. Durant lesquelles ledit comte de Salsebery fit assaillir la tour du bout du pont qui passe par-dessus l'eau de Loire; laquelle, en assez bref temps, fut prise des Anglois et conquise, avec un petit boulevert, qui étoit assez près, nonobstant la défense des François; et fit icelui comte, dedans la vieille tour, loger plusieurs de ses gens, afin que ceux de la ville ne pussent par là saillir sur son ost. Et d'autre part se logea, lui et ses capitaines et les siens, assez près de la ville, en aucunes vieilles masures là étant, ès quelles, comme ont accoutumé iceux Anglois, firent plusieurs logis de terre, taudis et habillements de guerre, pour eschever (éviter) le trait de ceux de la ville, dont ils étoient très largement servis. Ledit comte de Salsebery, le troisième jour qu'il étoit venu devant icelle cité, entra en la dessusdite tour du pont, où étoient logés ses gens; et là, dedans icelle monta haut au second étage, et se mit en une fenêtre vers la ville, regardant tout ententivement les marches d'entour icelle, pour voir et imaginer comment et par quelle manière il pourroit prendre et subjuguer icelle cité. Et lors, lui étant à ladite fenêtre, vint soudainement de la cité avolant la pierre d'un veuglaire, qui férit à la fenêtre où étoit ledit comte, lequel déjà, pour le bruit du coup, se retiroit dedans. Néanmoins il fut aconsuivi (atteint) très grièvement et mortellement de ladite fenêtre, et eut grand' partie du visage emporté tout jus; et un gentilhomme qui étoit derrière lui, fut d'icelui coup tué tout mort. Pour laquelle blessure dudit comte tous ses gens généralement eurent au cœur grand' tristesse, car d'eux il étoit moult cremu et aimé; et le tenoient pour le plus subtil et expert et heureux en armes de tous les autres princes et capitaines du royaume d'Angleterre : toutefois, ainsi blessé, il véquit l'espace de huit jours. Et après ce qu'il eut mandé tous ses capitaines, et iceux admonestés, de par le roi d'Angleterre, qu'ils continuassent à mettre en l'obéissance icelle ville d'Orléans, sans quelque dissimulation, il se fit porter à Meung, et là mourut au bout de huit jours de sadite blessure. Au lieu duquel demeura général capitaine des Anglois assiégeants, le comte de

Suffort, et au-dessous de lui, le seigneur de Scalles, et de Talbot, messire Lancelot de l'Isle, Clacedas, et aucuns autres; lesquels, nonobstant la perte qu'ils avoient faite au dessusdit comte de Salsebery, qui, comme dit est, étoit leur chef et souverain connétable, répandirent en eux vigueur; et d'un commun accord, en toute diligence, se disposèrent par toutes voies et manières à eux possibles, de continuer leur siége, et ce qu'ils avoient commencé; et de fait firent en plusieurs lieux bastilles et fortifications, dedans lesquelles ils se logèrent, afin que de leurs ennemis ne pussent être surpris ni envahis. Le roi Charles de France, sachant que les Anglois, ses anciens ennemis et adversaires, vouloient subjuguer et mettre en leur obéissance la très noble cité d'Orléans, s'étoit conclu avecque ceux de son conseil, par avant la venue d'iceux, que de tout son pouvoir il défendroit icelle ville, croyant que si elle étoit mise entre les mains de ses ennemis, ce seroit la destruction totale de ses marches et pays, et de lui aussi. Et pour tant il envoya grand' partie de ses meilleurs et plus féables capitaines, c'est à savoir, Boussac, et le seigneur d'Eu, et avec eux le bâtard d'Orléans, chevalier, le seigneur de Gaucourt et de Graville, le seigneur de Vilan, Pothon de Sainte-Treille, La Hire, messire Theolde de Walergne, messire Louis de Waucourt, et plusieurs autres très vaillants hommes, renommés en armes et de grande autorité, avecque lesquels étoient journellement de douze à quatorze cents combattants, gens d'élite bien éprouvés en armes. Si advenoit souvent qu'il en avoit l'une fois plus et l'autre moins, car le siége ne fut oncque ferme : parquoi iceux assiégés se pouvoient rafraîchir de gens et de vivres, et aller en leurs besognes, quand bon leur sembloit, et ils avoient volonté de ce faire.

Durant lequel siége furent faites plusieurs escarmouches et saillies d'iceux assiégés sur les assiégeants, desquelles raconter, chacun, à par lui, qui y fit perte ou gain, seroient trop longues et ennuyables à écrire ; mais, pour les rapports qui m'en ont été faits d'aucuns notables des deux parties, n'ai point su lesdits assiégés en toutes icelles saillies, fissent à leurs ennemis grand dommage, sinon que par les canons et autres engins jetant de leur ville, desquels engins, à une d'icelles escarmouches, il fut occis un très vaillant chevalier anglois et renommé en armes, nommé messire Lancelot de l'Isle.

CHAPITRE LIII.

Comment un prêcheur, nommé frère Thomas, convertit plusieurs personnes, et abattit les bobans et atours de femmes en plusieurs parties.

En cet an, ès parties de Flandre, Tournésis, Artois, Cambrésis, Ternois, Amiénois, Ponthieu, et ès marches environ, régna un prêcheur de l'ordre des Carmes, natif de Bretagne, nommé frère Thomas Conecte; auquel, par toutes les bonnes villes et autres lieux où il vouloit faire ses prédications, les nobles, bourgeois, et autres notables personnages des bonnes villes où il étoit, lui faisoient faire ès plus beaux lieux et plantureux d'icelles, pour faire assemblée, un grand échafaud bien planchonné, tendu et orné des plus riches draps de tapisseries, et autres qu'on pouvoit finer. Sur lequel échafaud étoit préparé un autel où il disoit sa messe, accompagné d'aucuns de son ordre, et plusieurs autres ses disciples, dont la plus grand' partie le suivoient de pied partout où il alloit; et il chevauchoit un petit mulet; et là, sur celui échafaud, après qu'il avoit dit sa messe, faisoit ses prédications moult longues, en blâmant les vices et péchés d'un chacun, et par espécial le clergé, c'est à savoir ceux qui publiquement tenoient femmes en leur compagnie, en enfreignant le vœu de chasteté. Et pareillement blâmoit et diffamoit très excellentement les femmes de noble lignée, et autres, de quelque état qu'elles fussent, portant sur leur tête hauts atours, et autres habillements de parage, ainsi qu'ont accoutumé de porter les nobles femmes ès marches et pays dessusdits. Desquelles nobles femmes, nulle, de quelque état qu'elle fût, atout iceux atours ne s'osoit trouver en sa présence ; car il avoit accoutumé, quand il en véoit aucune, d'émouvoir après icelle tous les petits enfants ; et les admonestoit en donnant certains jours de pardon à ceux qui ce faisoient, desquels donner, comme il disoit, avoit la puissance ; et les faisoit crier haut : *Au hennin! au hennin!*

Et mêmement, quand les dessusdites femmes de noble lignée se départoient de devant lui, iceux enfants, en continuant leur cri, couroient après, et de fait vouloient tirer jus lesdits hennins, tant qu'il convenoit qu'icelles femmes se sauvassent, et missent à sauveté en aucun lieu. Pour lesquels cris et poursuite s'émurent en plusieurs lieux, où il se faisoit de grands rumeurs et maltalents entre lesdits criants au hennin et les serviteurs d'icelles dames et damoiselles. Néanmoins ledit frère Thomas continua tant et fit continuer les cris et blasphèmes dessusdits, que toutes les dames et damoiselles, et autres femmes portant hauts atours, n'alloient plus à ses prédications, sinon en simple état et déconu, ainsi et pareillement que les portent femmes de labeur de petit et pauvre état. Et pour lors la plus grand' partie d'icelles nobles femmes retournées en leurs propres lieux, ayant grand vergogne des honteuses et injurieuses paroles qu'elles avoient ouïes audit prêchement, se disposèrent a mettre jus leurs atours, et prirent autres tels ou semblables que portoient femmes de béguinage; et leur dura ce petit état aucune petite espace de temps. Mais, à l'exemple du limaçon, lequel, quand on passe près de lui, retrait ses cornes par dedans, et quand il n'oyt plus rien, les reboute, ainsi firent icelles; et en assez bref, après que ledit prêcheur se fut départi du pays, elles recommencèrent comme devant, et oublièrent sa doctrine, et reprirent petit à petit leur vieil état, tel ou plus grand qu'elles n'avoient accoutumé de porter.

Pour lesquels états ainsi mis jus, à l'instance et exhortation d'icelui frère Thomas, et aussi pour ledit blasphème, qu'il disoit communément, en spécial contre tous les gens d'église, il acquit grand' amour et renommée de tout le peuple par tous les pays où il alloit; et étoit d'iceux moult honoré et exaucé. Et aussi d'autre part, par tous les lieux où il alloit, tant des bonnes villes comme d'ailleurs, les nobles, le clergé, les bourgeois, et généralement toutes gens, lui faisoient honneur et révérence, comme on eût pu faire à un des apôtres de Notre-Seigneur Jésus-Christ, s'il fût du ciel descendu sur terre. Icelui, ainsi accompagné de grand' multitude de peuple, allant loin aux pleins champs au-devant de lui, et de la part des plus notables, tant chevaliers comme autres, s'ils y étoient menés, eux étant à pied et tenant la bride de son mulet jusques à son hôtel, qui étoit communément sur le plus riche bourgeois de la ville, et ses disciples, dont il en avoit plusieurs, se logeoient en plusieurs lieux des plus honnêtes maisons des villes. Si se tenoient pour bien heureux, ceux qui lui ou les siens pouvoient avoir à hôtes. Et quand ledit frère Thomas étoit, comme dit est, à son logis, il se tenoit en une chambre moult solitairement, sans vouloir souffrir que nulle personne eût repaire avecque lui, sinon assez peu, fors tant seulement de sa famille. Et après qu'il avoit fait ses prédications, vers la fin, il admonestoit moult instamment, tant sur damnation d'ame comme sur peine de excommuniement, que toutes gens, qui avoient en leurs maisons tabliers, échiquiers, cartes, quilles, dés, et autres instruments dont on pouvoit jouer à quelque jeu de plaisance, les apportassent à lui. Et pareillement contraignoit lesdites femmes qu'elles y apportassent leurs hennins : et là, devant son échaffaud, il faisoit allumer grands feux et bouter tout dedans les choses dessusdites.

Si régna en icelui pays par l'espace de cinq ou six mois; et fut en plusieurs notables cités, comme Cambrai, Tournai, Arras, Amiens et Thérouenne, où il fit, comme dit est, plusieurs prédications, à la louange du menu peuple, auxquelles s'assembloient aucunes fois seize ou vingt mille personnes. Et faisoit mettre les hommes d'un côté et les femmes de l'autre, et tendre une corde entre deux, pource qu'il disoit avoir vu entre eux aucune fausseté, en faisant lesdites prédications. Pour lesquelles faire, il ne prenoit point d'argent, et ne souffroit qu'on le pourchassât ainsi que on souloit faire aucuns autres prêcheurs; mais il étoit assez content qu'on lui donnât aucuns riches ornements d'église, et qu'on revêtît ses disciples et payât ses dépens; de laquelle chose faire on étoit tout joyeux. Et pour parfaite perfection et espérance, que plusieurs notables personnes pensoient en lui, cuidant qu'il fût homme prudent et de sainte vie, se mirent à le servir partout où il alloit; et en laissèrent plusieurs, pour ce faire, père et mère, femmes, enfants et tous leurs prochains amis. Entre lesquels le poursuivit et accompagna par longue espace le seigneur d'Antony et aucuns autres nobles.

Après lequel temps, sans avoir été en nul d'iceux pays redargué ni corrigé par aucuns clercs, se départit à la grand' louange du peuple, et au contraire à l'indignation de plusieurs gens d'église, et s'en alla monter sur mer au port Saint-Valery pour s'en aller en Bretagne dont il étoit né.

CHAPITRE LIV.

Comment grands tournoiements se firent en la ville de Bruxelles.

En ces mêmes jours, le duc de Bourgogne alla, très grandement accompagné des seigneurs de ses pays, en la ville de Bruxelles, pour être à un tournoiement, qui là devoit être fait le jour des Caresmeaux; duquel tournoiement étoit le chef le fils du damoisel de Gazebèque, c'est à savoir de donner le prix. Auquel lieu le duc de Bourgogne fut honorablement reçu et festoyé du duc Philippe de Brabant, son cousin-germain, et des autres seigneurs du pays, et aussi de ceux de la ville de Bruxelles. Et quand ce vint au jour que le tournoiement se devoit faire, les deux ducs dessusdits furent partis l'un contre l'autre, et pareillement grand' partie de leurs gens, par l'avis et délibération d'aucuns sages de leurs conseils et de leurs officiers d'armes, afin d'eschever (éviter) toutes rigueurs qui en pourroient advenir. Et furent ce jour, tant d'un côté comme d'autre, de sept à huit vingts heaumes sur la place, c'est à savoir sur le marché de Bruxelles; et étoit grand' noblesse de les voir, car ils étoient tous moult richement habillés et parés de leurs armes.

Et quand ce vint que lesdits officiers d'armes

eurent fait les cris en ces cas accoutumés, ils se férirent de grand' volenté l'un parmi l'autre; et y eut maint riche coup féru entre icelles parties; et enfin fut le prix donné à un gentilhomme de Brabant, nommé Jean Linquart.

Et le lendemain et second jour, furent faites grands joûtes, entre lesquels, pour le premier jour, emporta le prix le duc de Brabant, et pour le second le seigneur de Mamines. Et quant aux danses et banquets, il en y eut fait en très grand' abondance. Et y avoit largement dames et damoiselles moult richement parées selon l'état du pays. Et au regard des mommeries tant d'hommes comme de femmes, il en y avoit largement. Durant laquelle fête fut baillée l'épée au seigneur de Croy, chevalier du duc de Bourgogne; lequel, par le conseil, fit derechef crier un autre tournoiement à un certain jour ensuivant, pour être assemblé et fourni en la ville de Mons en Hainaut; lequel, pour certaines occupations qui survinrent dedans ledit jour, ne se fit point. Et après que le dessusdit duc de Bourgogne eut séjourné dedans icelle ville de Bruxelles quatre ou cinq jours, il s'en retourna en son pays de Flandre, nonobstant que durant le temps dessusdit, il faisoit très divers temps, tant de neiges comme gelées; et les autres seigneurs se retrahirent ès lieux dont ils étoient venus.

CHAPITRE LV.

Comment le comte de Namur trépassa, et fut le duc de Bourgogne son héritier.

En l'an dessusdit rendit son esprit à Dieu le comte de Namur, qui avoit grand âge, lequel, dès avant sa mort, avoit vendu au duc de Bourgogne, sa comté de Namur et ses appartenances. Après la mort duquel ledit duc se trahit en icelui pays, pour avoir la possession des bonnes villes et forteresses d'icelle comté, lesquelles sans contredit, lui firent pleine délivration. Et furent lors, par ledit duc, partout commis gouverneurs et capitaines, tels que bon lui sembla. Pour lequel voisinage, les Liégeois marchissants à icelle seigneurie de Namur, n'en furent guères joyeux; ains leur vint à déplaisir, doutant la puissance d'icelui duc, duquel long-temps par avant, de lui ni de ses devanciers, n'aimoient point la seigneurie, pource que le duc Jean son père, et le duc Guillaume son oncle, les avoient autrefois vaincus et subjugués, comme en autre lieu par avant plus à plein dessus est déclaré. Si tenoient lors en leurs mains iceux Liégeois, une forte tour située assez près de Bouvine, laquelle, comme on disoit, étoit de la seigneurie de Namur; et la désiroit ledit duc de Bourgogne à l'avoir en ses mains; mais lesdits Liégeois étoient à ce opposants et contraires. Pourquoi dès lors se commencèrent entre icelles parties aucunes rumeurs et haines; dont, à l'occasion d'icelles, ledit duc de Bourgogne retourna en son pays, et fit secrètement assembler certain nombre de gens d'armes, lesquels il envoya sous la conduite de messire Jean Blondel, et Gerard, bâtard de Brimeu, vers le dessusdit pays de Liége, pour prendre d'emblée ladite tour de Mont-Orgueil. Et eux venus assez près d'icelle, en eux préparant pour dresser leurs échelles, furent aperçus et déconfits de ceux qui étoient dedans; pourquoi, sans autre chose faire, s'en retournèrent en leurs pays, et lesdits Liégois firent leurs gardes plus que par avant n'avoient fait, et conçurent de plus en plus grand' haine contre ledit duc de Bourgogne.

Durant le temps que les Anglois tenoient leur siége devant la noble cité d'Orléans, comme dit est, étoit le roi Charles très fort au-dessous, et l'avoient au peu près laissé comme abandonné la plus grand' partie de ses princes, et autres des plus nobles seigneurs, voyant que de toutes parts ses besognes lui venoient au contraire. Néanmoins il avoit toujours bonne affection et espérance en Dieu, désirant de tout son cœur à avoir traité de paix avecque le duc de Bourgogne, lequel, par ses ambassadeurs, il avoit requis par plusieurs fois, mais encore ne s'y étoit pu moyen trouver, qui fût au gré des parties.

CHAPITRE LVI.

Comment les Anglois, allant au secours du siége d'Orléans, rencontrèrent les François qui les assaillirent.

En ces jours, le duc de Bedfort, régent, étant à Paris, fit assembler, tant des marches de Normandie comme l'Ile-de-France et à l'environ, de quatre à cinq cents que chars et charrettes, lesquelles avec la diligence de plusieurs marchands, furent chargées de vivres, artilleries et autres marchandises, pour mener devers les dessusdits Anglois, qui étoient au siége d'Orléans. Et après que ledit charroi et autres besognes furent prêtes, tout fut baillé à conduire à messire Jean Fascot (Fastolfe), grand maître d'hôtel dudit duc de Bedfort; avec lequel furent commis le prévôt de Paris, nommé Simon Mathieu, le bâtard de Thien, chevalier, bailli de Senlis, le prévôt de Melun, et plusieurs autres officiers des marches de l'Ile-de-France, et d'environ, accompagnés de seize cents combattants et bien mille communs, atout lesquels se départit ledit Fascot, de Paris, le jour des Cendres; et conduisit par plusieurs journées ledit charroi et ses gens en bonne ordonnance, jusques environ à un village nommé Rouvroy, en Beausse, séant entre Joinville et Orléans.

Auquel lieu étoient assemblés pour les combattre

plusieurs capitaines françois, qui long-temps par avant savoient assez bien leur venue, c'est à savoir Charles duc de Bourbon, les deux maréchaux de France, le connétable d'Écosse et son fils, le seigneur de la Tour, le seigneur de Chauvigny, le seigneur de Graville, messire Guillaume d'Albreth, le vicomte de Thouars, le bâtard d'Orléans, messire Jacques de Chabannes, le seigneur de la Fayette, Pothon de Sainte-Treille, Étienne de Vignolles, autrement appellé La Hire, messire Theolde de Valeperghe, et plusieurs autres nobles hommes, qui tous ensemble avoient de trois à quatre mille combattants; desquels lesdits Anglois savoient bien l'assemblée par aucuns de leurs gens des garnisons, qu'ils avoient audit pays. Et pour tant en bien grande diligence, firent de leur charroi un grand parc en plein champ, auquel ils laissèrent deux issues ouvertes, et se mirent tous ensemble dedans icelui; c'est à savoir, les archers gardant icelles entrées, et les hommes d'armes assez près ès lieux nécessaires. Et à l'un des côtés, au plus fort lez, étoient les marchands, charretons, pages et autres gens de petite défense, avec tous les chevaux. Lesquels Anglois, en cet état, attendirent bien deux heures leurs ennemis, lesquels en grand bruit, se vinrent mettre en bataille devant ledit parc, hors du trait. Et leur sembloit, attendu le moleste et le grand nombre qu'ils étoient, et qu'ils n'avoient à faire qu'à des gens de plusieurs terres, et n'y avoit que de cinq à six cents anglois de la nation d'Angleterre, qui ne pouvoient échapper de leurs mains et seroient tantôt vaincus. Néanmoins, les aucuns faisoient grand doute que le contraire ne leur advînt, pource que les capitaines d'iceux François ne se concordoient point bien ensemble; car les uns et par espécial les Écossois, vouloient combattre et batailler à pied, et les autres vouloient demeurer à cheval.

Et adonc Charles de Bourbon fut fait chevalier du seigneur de la Fayette, et aucuns autres; et entre temps ledit connétable d'Ecosse et son fils se mirent à pied, et avecque eux tous leurs gens. Si allèrent en assez bref terme, les uns à pied, les autres à cheval, envahir et combattre leurs adversais et ennemis, desquels ils furent reçus très courageusement. Et commencèrent les archers anglois, qui étoient très bien targés (abrités) de leur dit charroi, à tirer très roidement; duquel trait, de pleine venue et rencontre, firent rebouter arrière d'eux ceux de cheval, avec les hommes d'armes. Et lors, à l'une de leurs entrées, se combattirent ledit connétable d'Ecosse et ses gens, qui, en bref comprendre, furent déconfits et morts en la place. Et fut mort messire Jean Estouart (Stewart); avecque lequel furent morts son fils, messire Guillaume d'Albreth, seigneur d'Orval, le seigneur de Château Brun, le seigneur de Mont-Pipel, messire Jean Larigot, le seigneur de Verduisant, le seigneur Divray, le seigneur de la Grève, messire Antoine de Puilly, et bien six vingt gentilshommes et autres, jusqu'au nombre de cinq ou six cents combattants, desquels la plus grand' partie étoient Ecossois; et les autres capitaines dessusdits atout leurs gens se départirent, et s'en rallèrent ès parties dont ils étoient venus. Et les dessusdits Anglois, qui pour lors étoient adversaires et ennemis des François, comme ils avoient accoutumé, se rafraîchirent et se retrahirent cette nuit le plus tôt et le plus diligemment comme faire le purent en leurdite ville de Rouvray. Et le lendemain ensuivant s'en partirent; et s'en retournèrent les dessusdits Anglois en moult bonne ordonnance, atout leur charroi et leur artillerie, comme brigandines, heaumes, arbalêtres, bâtons à feu, et plusieurs autres armures qu'il faut à gens de guerre, par aucuns peu de jours, devant ladite ville et noble cité d'Orléans moult joyeusement, tant pour la bonne fortune qu'ils avoient eue comme pour les vivres qu'ils leur menoient.

Si fut la journée dessusdite, depuis ce jour en avant, en langage commun, appelée la bataille des Harengs. Et la cause de ce nom, si fut pource que grand' partie du charroi desdits Anglois étoient chargés de harengs et autres vivres de carême. Pour laquelle male aventure ainsi avenue, Charles eut au cœur grand' tristesse, voyant de toutes parts ses besognes venir au contraire et persévérer de mal en pis. La dessusdite bataille de Rouvray fut faite la nuit des brandons, environ trois heures après minuit; et n'y eut mort, de la partie des Anglois, de gens de nom, qu'un seul homme nommé Bresanteau, neveu de messire Simon Morbier, prévôt de Paris. Et y furent faits chevaliers, de la partie des Anglois, Gallois d'Aunay, seigneur d'Orville, le grand Raoulin et Louis de Lexu, savoyen. Et pouvoient être les dessusdits Anglois, environ dix-sept cents combattants, de bonne étoffe, sans les communes. Et, comme dit est dessus, les François étoient bien de trois à quatre mille. Et furent faits chevaliers, avecque ledit Charles de Bourbon, le seigneur de Château-Brun, et plusieurs autres; et n'y eut pour ce jour pris qu'un prisonnier qui étoit Écossois.

CHAPITRE LVII.

Comment une Pucelle, nommée Jeanne, vint devers le roi Charles, à Chinon, où il se tenoit; et comment ledit roi Charles la retint avecque lui.

En l'an dessusdit, vint devers le roi Charles de France, à Chinon où il se tenoit, une pucelle, jeune fille âgée de vingt ans ou environ, nommée Jeanne, laquelle étoit vêtue et habillée en guise d'homme; et étoit née des parties entre Bourgogne et Lorraine, d'une ville nommée Droimy (Donremy), assez près de Vaucouleurs [1]; laquelle pucelle Jeanne

---

1. Jeanne naquit à Greux, village de Donremy.

fut grande espace de temps chambrière en une hôtellerie, et étoit hardie de chevaucher chevaux, et les mener boire, et aussi de faire appertises et autres habiletés, que jeunes filles n'ont point accoutumé de faire. Et fut mise à voie et envoyée devers le roi par un chevalier nommé messire Robert de Baudricourt, capitaine, de par le roi, de Vaucoulour, lequel lui bailla chevaux et quatre ou six compagnons. Si se disoit être pucelle inspirée de la grâce divine, et qu'elle étoit envoyée devers icelui roi pour le remettre en la possession de son royaume, dont il étoit enchassé et débouté à tort et si étoit en assez pauvre état. Si fut environ deux mois en l'hôtel du roi dessusdit, lequel, par plusieurs fois, elle admonestoit par ses paroles qu'il lui baillât gens et aide, et elle rebouteroit ses ennemis, et exauceroit sa seigneurie.

Durant lequel temps, le roi et son conseil n'ajoutoient point grande foi à elle, ni à chose qu'elle sût dire, et la tenoit-on comme une folle dévoyée de sa santé ; car, à si grands princes, et autres nobles hommes, telles ou pareilles paroles sont moult doutables et périlleuses à croire, tant pour l'ire de Notre-Seigneur principalement comme pour le blasphème qu'on pourroit avoir des parlers du monde. Néanmoins, après qu'elle eut été en l'état que dit est ; un espace, elle fut aidée et lui furent baillés gens et habillements de guerre ; et éleva un étendard où elle fit peindre la représentation de notre créateur. Si étoient toutes ses paroles du nom de Dieu. Pourquoi grand' partie de ceux qui la véoient et oyoient parler, avoient grand' crédence et variation qu'elle fût inspirée de Dieu, comme elle se disoit être. Et fut, par plusieurs fois, examinée de notables clercs et autres sages hommes de grand' autorité, afin de savoir plus à plein son intention : mais toujours elle se tenoit en son propos, disant que si le roi la vouloit croire, elle le remettroit en sa seigneurie. Et depuis ce temps, fit aucunes besognes dont elle acquit grand' renommée, desquelles sera ci-après déclaré. Et lors qu'elle vint devers le roi, y étoit le duc d'Alençon, le maréchal du roi ; et autres plusieurs capitaines : car le roi avoit tenu grand conseil pour le fait du siége d'Orléans, et de là alla à Poitiers, et icelle pucelle avecque lui.

Et bref ensuivant, fut ordonné que ledit maréchal mèneroit vivres et autres besognes nécessaires audit lieu d'Orléans, à puissance. Si voulut Jeanne la Pucelle aller avec, et fit requête qu'on lui baillât harnois, pour soi armer et habiller, lequel lui fut baillé. Et tôt après, leva son étendard et alla à Blois où l'assemblée se faisoit, et de là à Orléans avec les autres. Si étoit toujours armée de plein harnois ; et, en ce même voyage, se mirent plusieurs gens de guerre sous elle. Et quand elle fut venue en icelle cité d'Orléans, on lui fit très grand' chère, et furent moult de gens réjouis de sa venue, si comme vous orrez plus à plein bien brièvement.

CHAPITRE LVIII.

Comment, de par le roi Charles et ceux de la ville d'Orléans, vinrent ambassadeurs en la cité de Paris, pour faire traité au duc de Bedfort, afin que ladite ville d'Orléans demeurât paisible.

Au commencement de cet an, le duc de Bourgogne, accompagné de six cents chevaucheurs ou environ, alla à Paris devers le duc de Bedfort, duquel il fut assez joyeusement reçu, et aussi de sa sœur femme dudit duc. Auquel lieu, en assez bref temps, vinrent Pothon de Sainte-Treille, Pierre d'Orgin, et aucuns autres nobles ambassadeurs envoyés de par Charles, roi de France, et ceux de la ville et cité d'Orléans, qui moult fort étoient molestés et contraints par le siége que les Anglois leurs adversaires et ennemis y tenoient, duquel est faite mention, afin de traiter avec le duc de Bedfort et le conseil du roi Henri d'Angleterre, que icelle ville d'Orléans, ainsi oppressée, demeurât paisible, et qu'elle fût mise et baillée ès mains du duc de Bourgogne pour y mettre gouverneur à son plaisir, et la tenir comme neutre Considéré aussi que le duc d'Orléans, et son frère le comte d'Angoulême, qui étoient droituriers seigneurs de long-temps par avant, étoient prisonniers en Angleterre, si n'étoient point de ladite guerre. Sur laquelle requête le dessusdit duc de Bedfort assembla par plusieurs fois son conseil, pour sur ce avoir avis et délibération. Lequel conseil, quant à ce, ne put concorder; et fut la cause pource que plusieurs remontrèrent audit duc de Bedfort les grands frais et dépens que le roi Henri avoit soutenus à l'occasion dudit siége, et avecque ce avoit perdu de ses meilleurs hommes de guerre, disant, en outre qu'elle ne pouvoit longuement durer sans être subjuguée, et qu'ils étoient moult et en grand danger; et que c'étoit une des villes du royaume qui leur étoit plus profitable à avoir pour plusieurs raisons qu'ils y mettoient.

D'autre part, les autres n'étoient point contents que elle fût mise ès mains du duc de Bourgogne; et disoient qu'il n'étoit point raison que le roi Henri et ses vassaux en eussent eu les peines et soutenu les mises, et icelui duc de Bourgogne en auroit les honneurs et les profits sans coup férir. Et mêmement fut dit d'un nommé maître Raoul le Sage, qu'il ne seroit jà en lieu où on le mâchât audit duc de Bourgogne, et il l'avaleroit. Et finablement, après que ladite besogne eut été de plusieurs débattue et examinée, il fut conclu que iceux Orléanois ne seroient pas reçus, s'ils ne traitoient et rendoient leur ville aux Anglois. Et pour tant les dessusdits ambassadeurs, cette présente réponse ouïe, dirent que de ce ils n'étoient point chargés; et savoient bien que lesdits Orléanois souffriroient moult de griefs, avant qu'ils se missent en l'obéissance et subjection desdits Anglois. Après lesquelles conclusions, les dessusdits ambassadeurs se départirent et retournèrent dedans ladite cité et noble ville d'Orléans ; auquel lieu ils rendirent la réponse de leurdite ambassade. Toutefois le duc de Bourgogne se tint assez content d'eux ; touchant l'état de ses besognes dessusdites ; et étoit bien content, au cas qu'il plût au roi Henri et à son conseil, de prendre le gouvernement de la dessusdite cité et ville d'Orléans, tant de pour l'amour de son beau cousin ledit duc d'Orléans comme pour escheriver (éviter) les aventures qui en pourroient advenir ; mais alors iceux Anglois, en grande prospérité, n'avoient point considération que la roue de fortune eût en puissance de tourner contre eux. Et jà-soit-ce qu'en icelui voyage ledit duc de Bourgogne fît à son beau-frère le duc de Bedfort plusieurs requêtes, tant pour lui comme pour ses gens, néanmoins lui en furent assez peu accordées. Et après qu'il eut séjourné en la noble et royale ville de Paris environ trois semaines, il s'en retourna en son pays de Flandre où il fut moult oppressé de maladie ; mais, par la diligence de bons médecins, il recouvra santé.

CHAPITRE LIX.

Comment la Pucelle Jeanne et plusieurs nobles capitaines de France et de grand renom, rafraîchirent la noble ville et cité d'Orléans de vivres et de gens d'armes, et depuis levèrent le siége.

Après que les capitaines des Anglois dessusdits avec leurs gens, eurent, par l'espace de sept mois ou environ, continué leur siége entour ladite ville et noble cité d'Orléans, et icelle moult oppressée et travaillée, tant par leurs engins comme par les fortifications, bastilles et forteresses qu'ils y avoient faites en plusieurs lieux, jusques au nombre de soixante, les assiégés, voyant que par icelle continuation étoient en péril et danger d'être mis en servitude et obéissance de leurs ennemis, si conclurent et disposèrent tous ensemble à résister de tout leur pouvoir, et aussi de y remédier par toutes les voies et manières que faire se pourroit. Si envoyèrent devers le roi Charles, afin d'avoir aide de gens et de vivres. Si leur fut envoyé de quatre à cinq cents combattants ou environ; et depuis en vinrent bien environ sept mille avecque aucuns vivres, qui étoient en vaisseaux conduits par iceux gens d'armes parmi l'eau de la rivière de Loire; et avecque eux vint Jeanne la Pucelle, dont dessus est faite mention, et jusques à ce jour avoit fait encore peu de chose, dont il fût grand' renommée.

Et lors ceux de l'ost s'efforcèrent de conquerre les dessusdits vivres, mais ils furent bien défendus par ladite Pucelle et ceux qui étoient avecque elle, et furent mis à sauveté ; dont ceux de ladite ville firent bonne chère, et furent moult fort joyeux, tant pour la venue d'icelle Pucelle comme pour les vivres dessusdits. Et le lendemain, qui fut le jeudi, Jeanne la Pucelle se leva assez matin, et en parlant à plusieurs capitaines de la ville et autres gens de guerre, les induit et admonesta moult fort par ses paroles, qu'ils s'armassent et la suivissent, car elle vouloit aller, ce disoit-elle, sur les ennemis, disant en outre, que bien savoit sans faute qu'ils seroient vaincus.

Lesquels capitaines et autres gens de guerre étoient tous émerveillés de ses paroles ; dont la plus grand' partie se mit en armes, et s'en allèrent avecque elle assaillir la bastille de Saint-Loup, qui étoit moult forte, et avoit dedans de trois à quatre cents Anglois ou environ. Lesquels assez tôt furent conquis et morts et pris, et mis à grand meschef ; et ladite fortification fut toute démolie et mise en feu et en flambe. Si s'en retourna ladite Pucelle Jeanne, atout ses gens d'armes et nobles chevaliers, que elle avoit menés avecque elle dedans la noble ville et cité d'Orléans, où elle fut moult grandement et de toutes gens honorée et festoyée. Et le lendemain ensuivant, qui fut le vendredi, issit ladite Pucelle Jeanne derechef hors de la ville, atout certain nombre de combattants, et alla assaillir la seconde bastille pleine d'Anglois, laquelle pareillement, comme la première, fut gagnée et vaincue, et ceux de dedans morts et mis à l'épée. Et après ce que la dessusdite Pucelle Jeanne eut fait ardoir et embraser icelle seconde bastille, elle s'en retourna dedans ladite ville d'Orléans, où elle fut plus que devant exaucée et honorée de tous les habitants d'icelle. Et le samedi ensuivant, assaillirent par grand' vaillance et de grand' volonté la très forte bastille et forteresse du bout du pont, qui étoit très forte merveilleusement et puissamment édifiée, et si étoit dedans la fleur des meilleurs gens de guerre d'Angleterre, et droites gens d'armes, lesquels, moult longuement et prudemment, se défendirent; mais ce ne leur valut guères; car, par vive force et prouesse de combattre, furent pris et conquis, et la graigneur (majeure) partie mis à l'épée Desquels y fut occis un très renommé et vaillant capitaine anglois, appelé Casendas, et avecque lui le seigneur de Moulies, le bailli d'Évreux, et plusieurs autres nobles hommes de guerre de grand et de moult riche état.

Après laquelle conquête retournèrent dedans ladite ville, Jeanne la Pucelle et les nobles et renommés François, à petite perte de leurs gens. Et nonobstant qu'à ces trois assauts la dessusdite Pucelle Jeanne la commune renommée dit en avoir été la conducteresse, néanmoins si y étoient tous les nobles chevaliers et capitaines, ou au moins la plus grand' partie, qui, durant ledit siége, avoient été dedans ladite ville et cité d'Orléans, desquels par-dessus est faite mention aux devant-dits assauts. Et s'y gouvernèrent chacun endroit soi si vaillamment, comme gens de guerre devoient faire en tel cas, tellement qu'en ces trois bastilles furent, que morts que pris, de six à huit mille combattants, et les François ne perdirent qu'environ cent hommes de tous états.

Le dimanche ensuivant, les capitaines des Anglois, c'est à savoir le comte de Suffort, Talbot, le seigneur d'Escalles, et aucuns autres, voyant la prise de leurs bastilles, et aussi la destruction et déconfiture de leurs gens, prirent ensemble conclusion, et délibérèrent qu'ils s'assembleroient et mettroient tous en une bataille seule, en délaissant leur logis et fortification ; et, en cas qu'ils les voudroient combattre et batailler, ils les attendroient, ou sinon ils se départiroient et s'en retourneroient en bonne ordonnance ès bonnes villes et forteresses de leur parti.

Laquelle conclusion, ainsi qu'ils avoient avisée, ils entretinrent. Car ce dimanche, dès le matin, ils abandonnèrent toutes leurs autres bastilles. Et, en boutant le feu en aucuns pays, se remirent en bataille, comme dit est. Ils se tinrent assez bonne espace, attendant que les François les allassent combattre et assaillir, lesquels François n'eurent talent de ce faire par l'exhortation de ladite Pucelle Jeanne. Et adoncque les Anglois, qui voyoient leur puissance malement affoiblie et trop diminuée, et aussi qu'il étoit impossible de là plus demeurer, si pis n'y vouloient faire, si se mirent à chemin, et s'en retournèrent en ordonnance ès villes, places et forteresses tenant leur parti. Si firent lors par toute la noble ville d'Orléans grand' joie, et moult grands ébaudissements, quand ils se virent et connurent ainsi être délivrés de leurs faux adversaires et ennemis; et le remanant (reste) en alla à leur confusion, lesquels, par longue espace de temps, les avoient longuement tenus en danger. Si furent envoyés plusieurs nobles gens de guerre dedans icelles bastilles et forteresses, où ils trouvèrent aucuns vivres et très largement d'autres biens, qui tantôt par eux furent portés à sauveté. Si en firent bonne chère, car ils ne leur avoient rien coûté. Et lesdites bastilles et forteresses furent prestement arses et démolies jusques en terre, afin que nulles gens de guerre, de quelconque pays qu'ils fussent ne s'y pussent plus loger.

CHAPITRE LX.

Comment le roi de France, à la requête de la Pucelle Jeanne et des autres nobles capitaines étant en la ville d'Orléans, leur envoya grand' quantité de gens d'armes, pour aller sur ses adversaires et ennemis.

En ce temps, les François étant en ladite ville d'Orléans, c'est à savoir, les capitaines avec Jeanne la Pucelle, tous d'un commun accord, envoyèrent leurs messages devers le roi de France à plusieurs, lui raconter les vigoureuses besognes qu'ils avoient faites, et comment les Anglois ses ennemis s'étoient départis et retournés en leurs garnisons, icelui roi admonestant que sans délai leur envoyât le plus de gens de guerre qu'il pourroit finer, avecque aucuns grands seigneurs, afin qu'ils pussent poursuivre leurs ennemis, lesquels étoient tous effrayés pour la perte qu'ils avoient faite; et aussi, que lui-même en sa propre personne se tirât avant en la marche. Lesquelles nouvelles furent exaucées, ce fut bien raison, et furent au roi et à son conseil moult fort plaisantes. Si furent incontinent mandés à venir devers lui le connétable, le duc d'Alençon, Charles, seigneur d'Albreth, et plusieurs autres moult nobles et grands seigneurs, et de grand renom; desquels la plus grand' partie fut envoyée à ladite ville d'Orléans.

Et d'autre part, certaine espace de temps après, le roi se retrahit à Gien, et avecque lui très grand nombre de combattants. Et iceux capitaines qui par avant étoient à ladite ville d'Orléans, et les nobles princes et grands seigneurs, qui nouvellement y étoient venus, tinrent grands conseils tous ensemble l'un avec l'autre, pour avoir avis et délibération s'ils poursuivroient les Anglois leurs adversaires et ennemis; èsquels conseils étoit première appelée Jeanne la Pucelle, qui pour ce temps en grand règne.

Finablement, les François, environ le quatrième jour du mois de mai, dont le siége avoit été levé à l'entrée d'icelui mois, se mirent sur les champs jusqu'au nombre de cinq ou six mille combattants, atout charroi et habillements de guerre, et prirent leurs chemins droit vers Jargeau, où étoit le comte de Suffort et ses frères, qui jà par avant avoient envoyé plusieurs messages à Paris, devers le duc de Bedfort, lui noncer la perte de la male aventure qui leur étoit advenue devant Orléans, en lui requérant que bref leur voulsît envoyer secours, ou autrement ils étoient en péril d'être reboutés, et perdre plusieurs villes et forteresses qu'ils tenoient au pays de Beausse, et sur la rivière de Loire. Lequel duc de Bedfort, oyant ces males nouvelles, fut moult tennuyant et déplaisant; néanmoins, lui considérant qu'il convenoit pourvoir aux choses plus nécessaires, manda hâtivement gens de tous pays, étant en son obéissance, et en fit assembler de quatre à cinq mille, lesquels il fit mettre à chemin, et tirer droit vers le pays d'Orléans, sous la conduite de messire Thomas de Rampston, du bâtard de Thien et plusieurs autres, auxquels il promit que bref ensuivant il iroit après eux atout plus grand' puissance, qu'il avoit mandée en Angleterre.

CHAPITRE LXI.

Comment a Pucelle Jeanne, et le connétable de France, et le duc d'Alençon et leurs routes conquirent la ville de Jargeau; et la bataille de Patay, où les nobles François déconfirent les Anglois.

On est vérité que le connétable de France, le duc d'Alençon, Jeanne la Pucelle, et les autres capitaines françois étant tous ensemble sur les champs, comme il est dit ci-dessus, chevauchèrent tant par aucunes journées, qu'ils vinrent devant Jargeau, où étoit le dessusdit comte de Suffort, et de trois à quatre cents de ses gens avecque les habitants de la ville, qui tantôt en toute diligence se mirent en ordonnance de défense; mais en bref ils furent assez tôt environnés de toutes parts desdits François. Et de fait les commencèrent en plusieurs lieux à assaillir moult roidement; lequel assaut dura assez bonne espace, terrible et moult merveilleux. Toutefois iceux François continuèrent si âprement audit assaut, que, malgré leurs adversaires, par force d'armes, entrèrent dedans ladite ville, et par prouesse les conquirent. A laquelle entrée furent occis environ trois cents combattants anglois, desquels fut l'un d'iceux des frères du comte de Suffort, lequel comte, avecque lui son autre frère, le seigneur de la Pole, furent faits prisonniers, et de leurs autres gens jusques à soixante hommes ou au-dessus.

Ainsi donc cette ville et château de Jargeau, conquise et subjuguée, comme dit est, lesdits François se rafraîchirent dedans icelle tout à leur aise, et après, eux partant de là, allèrent à Meung, qui tantôt leur fit obéissance; et d'autre part fuirent les Anglois, qui tenoient la Ferté-Hubert, et se boutèrent tous ensemble à Bois-Gency, jusques auquel lieu ils furent chassés et poursuivis des François, lesquels se logèrent devant eux en plusieurs lieux. Et toujours Jeanne la Pucelle au front devant à tout son étendard. Et lors par toutes les marches de là environ, n'étoit plus grand bruit ni renommée comme il étoit d'elle, et de nul autre homme de guerre.

Et adonc les plus principaux capitaines anglois, qui étoient dedans ladite ville de Bois-Gency, voyant, par la renommée d'icelle Pucelle, fortune être du tout ainsi tournée contre eux, et que plusieurs villes et forteresses étoient déjà mises en l'obéissance de leurs ennemis, les uns par vaillance d'armes et force d'assaut, et les autres par traité, et aussi que leurs gens, pour la plus grand'partie, en étoient moult ébahis et épouvantés, et ne les trouvoient pas de tel propos de prudence qu'ils avoient accoutumé, ains (mais) étoient très désirants d'eux retraire sur les marches de Normandie, si ne savoient que faire, ni quel conseil élire; car ils ne savoient être acertenés ni assurés d'avoir en bref secours. Et pour tant, tout considéré les besognes dessusdites, ils traitèrent avec les François, qu'ils s'en iroient atout leurs biens, saufs leurs corps et leur vie, par condition qu'ils rendroient la place en l'obéissance du roi Charles de France, ou de ses commis. Lequel traité ainsi fait, lesdits Anglois se départirent, prenant leur chemin vers la Beauce, et tirant vers Paris. Et les François entrèrent joyeusement dedans Bois-Gency, et prirent conclusion par l'exhortation de Jeanne la Pucelle, qu'ils iroient au-devant des Anglois, qui des parties vers Paris venoient pour les combattre, comme on leur avoit donné à entendre, laquelle chose étoit véritable. Si se mirent derechef à pleins champs; et venoient à eux chacun jour gens nouveaux de plusieurs marches. Et furent adonc ordonnés le connétable, le maréchal de Boussac, La Hire, Pothon et plusieus autres capitaines, de faire l'avant-garde; et le surplus, comme le duc d'Alençon, le bâtard d'Orléans, le maréchal de Roye, étoient conducteurs de la bataille qui suivoit assez près ladite avant-garde, et pouvoit être de huit à neuf mille combattants.

Et fut demandé à Jeanne la Pucelle, par aucuns des princes là étant, quelle chose il étoit de faire et que bon lui sembloit à ordonner; laquelle Pucelle répondit qu'elle savoit bien pour vrai que leurs anciens ennemis les Anglois venoient pour eux combattre; et disoit outre qu'au nom de Dieu on allât hardiment contre eux, et que sans faillir ils seroient vaincus. Et aucuns lui demandèrent où on les trouveroit, et elle leur dit: « Chevauchez har- » diment, on aura bon conduit. »

Et adonc tous les gens d'armes se mirent en bataille, et en bonne ordonnance tirèrent leur chemin, ayant des plus experts hommes de guerre montés sur fleurs de coursiers, allant devant pour découvrir leurs ennemis, jusqu'au nombre de soixante ou quatre-vingts hommes d'armes. Et ainsi par certaine longue espace chevauchèrent, et vinrent par un jour de samedi à une grand' demi-lieue d'un gros village nommé Patay; en laquelle marche les dessusdits coureurs françois virent de devant eux partir un cerf, lequel adressoit son chemin droit pour aller à la bataille des Anglois, qui jà s'étoient mis tous ensemble, c'est à savoir, iceux venant de Paris, dont dessus est faite mention, et les autres qui étoient partis de Bois-Gency et des marches d'Orléans. Pour la venue duquel cerf, qui se férit, comme dit est, parmi icelle bataille, fut desdits Anglois élevé un très grand cri; et ne savoient pas encore que leurs ennemis fussent si près d'eux. Pour lequel cri les dessusdits coureurs françois furent acertenés que c'étoient les Anglois, car il les virent adonc tout à plein ; et pour ce renvoyèrent aucuns d'eux vers leurs capitaines, pour les avertir de ce qu'ils avoient trouvé, et leur firent savoir que par bonne ordonnance ils chevauchassent avant, et qu'il étoit heure de besogner. Lesquels prestement se réparèrent de tous points, et chevauchèrent bien et hardiment, si avant qu'ils aperçurent l'ost de leurs anciens ennemis. Lesquels, sachant pareillement la venue des François, se préparèrent diligemment pour les combattre, et voulurent descendre à pied emprès une haie qui étoit assez près d'eux, afin que par derrière ne pussent être surpris des François ; mais aucuns des capitaines ne furent point de ce bien contents, et dirent qu'ils trouveroient place plus avantageuse. Pourquoi ils se mirent au chemin en tournant le dos à leurs ennemis, et chevauchèrent jusques à un autre lieu, environ bien un demi-quart de lieue, ou environ, du premier qui étoit assez fort de haie et de buissons ; auquel, pource que les François qui convoitoient iceux moult de près, mirent pied à terre, et descendirent la plus grand' partie de leurs chevaux. Et alors l'avant-garde des François, qui étoient désirants et ardents en courage pour assembler aux Anglois, parce que depuis peu de temps en ça les avoient assaillis et trouvés d'assez méchante défense, se férirent de plein élai dedans iceux Anglois, et d'un hardi courage et grand' volonté les envahirent si vigoureusement et tant soudainement, avant qu'ils pussent être en ordonnance, que mêmement messire Jean Fascot (Fascolfe) et le bâtard de Thien, chevaliers, avecque grand nombre de leurs gens, ne se mirent point à pied avecque les autres, ains se départirent en fuyant à plein cours pour sauver leurs vies.

Et entre temps, les autres, qui étoient descendus à pied, furent tantôt de toutes parts environnés et combattus par iceux François, car ils n'eurent point loisir d'eux fortifier de poinçons aiguisés, par la manière qu'ils avoient accoutumé de faire. Et pour tant, sans ce qu'ils fissent grand dommage aux François, ils furent en assez bref terme, et légèrement rués jus, déconfits et du tout vaincus. Et y eut morts dessus la place d'iceux Anglois environ dix-huit cents, et en y eut de prisonniers de cent à six vingts; desquels étoient les principaux, les seigneurs d'Escalles, de Talbot, de Hongreffort, messire Thomas de Rampston, et plusieurs autres des plus notables, jusques au nombre dessusdit. Et de ceux qui y furent morts furent les principaux; et les autres étoient toutes gens de petit état et moyen, tels et si faits qu'ils ont accoutumé à amener de leur pays mourir en France. Après laquelle besogne, qui fut environ deux heures après-midi, tous les capitaines françois se rassemblèrent ensemble, en regraciant dévotement et humblement leur créateur. Et menèrent grand' liesse les uns avecque les autres pour leur victoire et bonne fortune; et se logèrent celle nuit en icelle ville de Patay, qui est à deux lieux près d'Anville, en Beauce; de laquelle ville cette journée porte le nom perdurablement. Et le lendemain, lesdits François retournèrent atout leurs prisonniers, et les richesses des Anglois, qui morts étoient dépouillés. Et ainsi entrèrent en la ville d'Orléans, et les autres de leurs gens ès marches d'entour et à l'environ, où ils furent grandement reçus de tout le peuple françois. Et, par espécial, Jeanne la Pucelle acquit en icelles besognes si grand'louange et renommée, qu'il sembloit à toutes gens que les ennemis du roi n'eussent plus puissance de résister contre elle, et que bref, par son moyen, le roi dût être remis et rétabli du tout en son royaume. Si s'en alla avecque les autres princes et capitaines devers le roi, qui de leur retour fut moult réjoui, et fit à tous très honorable réception.

Après laquelle, bref ensuivant fut prise par icelui roi, avecque ceux de son conseil, conclusion de mander par tous les pays de son obéissance, le plus de gens de guerre qu'il pourroit finer, afin qu'il se pût bouter avant ès marches, et poursuivir ses ennemis.

A la journée de la bataille de Patay, avant que les Anglois sussent la venue de leurs ennemis, messire Jean Fascot (Fastolfe), qui étoit un des principaux capitaines, et qui s'en étoit fui sans coup férir, s'assembla en conseil avecque les autres, et fit plusieurs remontrances : c'est à savoir, comment ils savoient la perte de leurs gens que les François avoient fait devant Orléans et Jargeau, et en aucuns autres lieux, pour lesquelles ils avoient du pire; et étoient leurs gens moult ébahis et effrayés, et leurs ennemis, au contraire, étoient moult enorgueillis et résignés. Pourquoi il conseilla qu'ils se retrahissent aux châteaux et lieux tenant son parti à l'environ, et qu'ils ne combattissent point leurs ennemis si en hâte, jusques à ce qu'ils fussent mieux rassurés; et aussi que leurs gens fussent venus d'Angleterre, que le régent devoit envoyer brièvement. Lesquelles remontrances ne furent point bien agréables à aucuns des capitaines, et par espécial à messire Jean de Talbot; et dit, que si ses ennemis venoient, qu'il les combattroit. Et par espécial, comme ledit Fascot (Fastolfe) s'enfuit de la bataille sans coup férir, pour cette cause grandement lui fut reproché quand il vint devers le duc de Bedfort, son seigneur; et, en conclusion, lui fut ôté l'ordre du blanc jarretier, qu'il portoit entour la jambe. Mais depuis, tant en partie comme pour les dessusdites remontrances qu'il avoit faites, qui sembloient assez raisonnables, comme pour plusieurs autres excusances qu'il mit avant, lui fut, par sentence de procès, rebaillée ladite ordre de la jarretière, jà-soit-ce qu'il en sourdit grand débat depuis entre icelui Fascot et sire Jean de Talbot, quand il fut retourné d'être prisonnier de la bataille dessusdite. A cette besogne, furent faits chevaliers, de la partie des François, Jacques de Milly, Gilles de Saint-Simon, Louis de Marconnay, Jean de la Haie, et plusieurs vaillants hommes.

CHAPITRE LXII.

Comment le duc de Bourgogne, à la requête du duc de Bedfort, s'en vint à Paris, où de nouvel ils reconfermèrent leurs alliances.

Et derechef, en ces jours, furent apportées nouvelles au duc de Bedfort et au grand conseil du roi Henri d'Angleterre, étant à Paris, de la perte et misérable aventure et destruction de leurs gens, laquelle leur fut tant ennuyeuse et dure à ouïr dire et raconter, que les aucuns, en plein conseil, commencèrent moult fort à pleurer. Et d'autre part furent avertis comment le roi Charles, atout sa puissance, se comparoit et apprêtoit pour venir conquérir pays sur eux. Pourquoi, par le duc de Bedfort et les Parisiens, fut ordonné d'envoyer une solennelle ambassade devers le duc Philippe de Bourgogne, afin de lui remontrer les dessusdites étranges besognes, et lui aussi requerre que brièvement il voulsît venir à Paris, pour, avecque le régent et le conseil du roi, avoir avis sur les affaires dessusdites, qui leur étoient survenues. Lesquels ambassadeurs, c'est à savoir l'evêque de Noyon, deux notables docteurs en théologie de l'université, et aucuns des plus puissants bourgeois de Paris, vinrent à Hesdin, où ils trouvèrent ledit duc de Bourgogne, auquel ils racontèrent leur ambassade, en lui requérant très instamment, de par son beau-frère le régent et les Parisiens, qu'il lui plût aller à Paris, au plutôt que faire se pourroit, pour avecque eux avoir délibération et conseil, pour résister contre leurs adversaires. Laquelle requête icelui duc accorda; et leur promit qu'en dedans brefs jours il seroit en ladite ville de Paris.

Et adonc fit assembler de sept à huit cents combattants en ses pays d'Artois et à l'environ, atout lesquels il alla en ladite ville de Paris. Pour la venue duquel fut faite grand' joie, tant des Parisiens comme du duc de Bedfort. Et, par plusieurs journées, tinrent ensemble de grands conseils sur les affaires dessusdites. En la fin desquels promirent l'un à l'autre, c'est à savoir les ducs dessusdits que chacun d'eux, de toute sa puissance, s'emploieroit à résister contre l'intention de Charles de Valois, leur adversaire; et reconfermèrent derechef les alliances et promesses que, long-temps par avant, ils avoient faites l'un à l'autre.

Et après ces choses faites et accomplies, le duc de Bourgogne retourna en son pays d'Artois, et mena sa sœur la duchesse de Bedfort avec lui; et la mit demeurer et fit tenir en son état à Lens, en Artois; et ledit duc de Bedfort manda sans délai, en Angleterre, qu'on lui envoyât gens de guerre les plus experts que l'on pourroit finer. Et pareillement fit évoquer toutes les garnisons de Normandie et d'autres lieux de son obéissance, avec tous les nobles, et autres qui avoient accoutumé d'eux armer. Duquel pays d'Angleterre, jà pieça mandés, furent envoyés, à l'aide du dessusdit duc, quatre mille combattants ou environ, desquels étoit chef et conducteur le cardinal de Vincestre, lequel passa la mer, et s'en vint à Calais, et de là à Amiens. Duquel lieu le cardinal alla à Corbie devers le duc de Bourgogne et sa belle-nièce la duchesse de Bedfort; lesquels, comme dit est, venoient de Paris. Auquel lieu de Corbie ils eurent l'un avec l'autre aucunes briéves conclusions; depuis lesquelles s'en retourna ledit cardinal à Amiens, et de là mena aucuns de ses gens devers le duc de Bedfort son neveu, lequel eut grand' joie de sa venue. En ces jours, fut envoyé Jean bâtard de Saint-Pol, atout certain nombre de gens d'armes des marches de Picardie, de par le duc de Bourgogne vers le duc de Bedfort, lequel lui bailla en gouvernement, la ville et forteresse de Meaux, en Brie, et l'en fit souverain capitaine, pour la garder contre la puissance du roi Charles, qu'on attendoit chacun jour en icelui pays.

CHAPITRE LXIII.

Comment le roi Charles de France se mit sur les champs atout grand foison de gens d'armes et de chevaliers; auquel voyage mit en son obéissance plusieurs villes et châteaux.

DURANT le temps dessusdit, Charles, roi de France, assembla, à Bourges, en Berri, très grand' multitude de gens d'armes et de trait; entre lesquels étoient le duc d'Alençon, Charles de Bourbon, comte de Clermont, et Arthus, connétable de France, comte de Richemont, Charles d'Anjou son beau-frère, et fils au roi René de Sicile, le bâtard d'Orléans et le cadet d'Armagnac, Charles, seigneur d'Albreth, et plusieurs autres nobles hommes et puissants barons des duchés et comtés d'Aquitaine, de Gascogne, de Poitou, de Berri, et plusieurs autres bons pays. Avec tous lesquels se mit sur les champs, et de là vint à Gien-sur-Loire, toujours Jeanne la Pucelle avec lui; et en sa compagnie un prêcheur nommé frère Richard, de l'ordre de Saint-Augustin, qui naguères avoit été débouté de la ville de Paris et d'autres lieux, où il avoit fait plusieurs prédications, en l'obéissance desdits Anglois, pource qu'en icelles se montroit trop pleinement être favorable, et être de la partie des François. Duquel lieu de Gien prit son chemin en venant vers Auxerre. Toutefois le connétable, atout certain nombre de gens d'armes, s'en alla en Normandie devers Évreux, pour empêcher les garnisons du pays, qu'ils ne se pussent assembler avecque le duc de Bedfort. Et d'autre part, le cadet d'Armagnac fut renvoyé à garder la duché d'Aquitaine et de Bourdelois. Auquel chemin, icelui roi mit en son obéissance deux petites bonnes villes qui tenoient le parti du roi Henri, c'est à savoir Saint-Florentin et Jargeaux, icelles promettant de faire dorénavant au dessusdit roi et à ses commis, tout ce que bons et loyaux sujets doivent faire à leur souverain seigneur; et prenoient aussi du roi sûreté et promesse qu'il les feroit gouverner et maintenir en bonne justice, et selon leurs anciennes coutumes; et de là vint audit lieu d'Auxerre.

Si envoya sommer ceux de la ville, qu'ils le voulsissent recevoir comme leur naturel et droiturier seigneur; lesquels de ce ne furent point contents de pleine venue. Néanmoins plusieurs ambassadeurs furent envoyés d'un côté et d'autre. Si fut en la fin traité fait entre les parties; et promirent iceux de ladite ville d'Auxerre, qu'ils feroient telle obéissance au roi, que feroient ceux des villes de Troyes, Châlons et Reims. Et, par ainsi, administrèrent aux gens du roi, vivres et autres denrées pour leur argent, et ils demeureroient paisibles; et les tint le roi pour excusés pour cette fois. Et de là vint le roi à Troyes, en Champagne, et se logea tout à l'environ ; et y fut trois jours avant que ceux de la ville le voulsissent recevoir à seigneur. En la fin desquels, parmi certaines promesses qui leur furent faites, ils lui firent pleine ouverture; et mirent lui et ses gens dedans leur ville, où il ouït messe. Et, après les sermens accoutumés, faits d'une partie aux autres, le dessusdit roi retourna en son logis aux champs, et fit publier par plusieurs fois, tant en son ost comme en la ville, sur la hart, que homme, de quelque état qu'il fût, ne méfît rien à ceux de la ville de Troyes, ni aux autres qui s'étoient mis en son obéissance. Et en ce même voyage faisoient l'avantgarde les deux maréchaux de France, c'est à savoir Boussac et le seigneur de Rais, avecque lesquels étoient La Hire, Pothon de Sainte-Treille, et aucuns capitaines. Durant lequel voyage, se rendirent en l'obéissance d'icelui roi Charles, très grand nombre de bonnes villes et châteaux, à l'environ des marches où il passoit. Desquelles redditions et de les déclarer chacune à part soi, je m'en passe, pour cause de briéveté.

CHAPITRE LXIV.

Comment le roi Charles de France, atout grande et noble chevalerie, et atout grand nombre de gens d'armes, s'en vint en la cité de Reims, où il fut sacré par l'archevêque de Reims.

Charles, roi de France, lui étant à Troyes, en Champagne, comme dit est dessus, vinrent devers lui aucuns députés de Châlons, en Champagne, qui lui apportèrent les clefs de leur ville et cité, en lui promettant, de par icelle, faire toute obéissance. Après la venue desquels, ledit roi vint audit lieu de Châlons, où il fut bénignement et en grand' humilité reçu. Et là pareillement lui furent apportées les clefs de la ville de Reims, en lui promettant, comme dessus, faire toute obéissance, et le recevoir comme leur souverain seigneur. En laquelle cité de Reims, naguères avoit été le seigneur de Saveuse, de par le duc de Bourgogne, avec certain nombre de gens d'armes, pour icelle ville tenir en l'obéissance du roi Henri et du dessusdit duc de Bourgogne. Lequel seigneur de Saveuse, venu à Reims, par le gouverneur et grand nombre des habitants lui fut promis d'eux entretenir du parti et en la querelle du roi Henri, et aussi d'icelui duc, jusques à la mort; mais, nonobstant ce, pour la crémeur qu'ils avoient de la Pucelle, qui faisoit de grands merveilles, comme on leur donnoit à entendre, se rendirent en l'obéissance du roi Charles, jà-soit-ce que le seigneur de Châtillon et le seigneur de Saveuse, qui étoient leurs capitaines, leur remontrassent et vouloient donner à entendre le contraire. Lesquels deux seigneurs, voyant leur volonté et affection, se départirent de ladite ville de Reims. Car, en leurs remontrances, ceux de ladite ville de Reims n'avoient en rien voulu entendre, et ains leur avoient fait réponse dure et assez étrange.

Lesquelles paroles ouïes, iceux seigneurs de Saveuse et de Châtillon retournèrent au Château-Thierry. Si avoient dès lors iceux de Reims pris conclusion, l'un avec l'autre, de recevoir le dessusdit roi Charles. Laquelle chose ils firent, comme dit est dessus, tant par le moyen de l'archevêque de Reims, lequel étoit chancelier du roi Charles, comme par aucuns autres. Si entra le roi dedans la ville et cité de Reims, le vendredi, sixième jour de juillet, avecque très grand nombre de chevalerie; et puis fut, le dimanche ensuivant, par ledit archevêque, consacré et couronné à roi, dedans ladite ville et cité de Reims, présents ses princes et prélats, et toute la baronnie et chevalerie qui là étoient.

Là étoient le duc d'Alençon, le comte de Clermont, le seigneur de la Trimouille, qui étoit son principal gouverneur, le seigneur de Beaumanoir, breton, le seigneur de Mailly, en Touraine : lesquels étoient en habits royaux, représentant les nobles pairs de France, qui point n'étoient au fait et noble sacre du roi, et aussi au noble couronnement dessusdit. Si avoient les dessusdits pairs absents évoqué et appelé, devant le grand autel, par le roi d'armes de France, ainsi et par la manière qu'il est accoutumé de faire.

Après lequel sacre, fait et accompli, le roi alla dîner en l'hôtel épiscopal de l'archevêque, les seigneurs et prélats en sa compagnie. Et se sit à sa table ledit archevêque de Reims; et servirent le roi, à son dîner, le duc d'Alençon et le comte de Clermont, avec plusieurs autres grands seigneurs. Et fit le roi, le jour de son sacre, trois chevaliers dedans l'église, desquels le damoiseau de Commerci en fut l'un. Et, à son département, laissa en la cité de Reims, pour capitaine, Antoine de Hollande, neveu dudit archevêque. Et, le lendemain, se départit de ladite ville, et s'en alla, en pélerinage, à Corbeny, visiter saint Marcou. Auquel lieu lui vinrent faire obéissance ceux de la ville de Laon, si comme avoient fait les autres bonnes villes et cités dessusdites. Duquel lieu de Corbeny, ledit roi alla à Soissons et à Provins, qui, sans contredit, lui firent pleine ouverture; et constitua lors La Hire nouvel bailli de Vermandois, au lieu de messire Collart de Mailly, qui, par avant, y étoit commis et institué de par Henri, roi d'Angleterre.

Et, après, s'en vint le roi et ses gens devant

Château-Thierry, où étoient dedans le seigneur de Châtillon, Jean de Croy, Jean de Brimeu, et aucuns autres nobles, grands seigneurs, de la partie du duc de Bourgogne, atout quatre cents combattants, ou environ : lesquels, tant pource qu'ils sentoient la communauté incliner à faire obéissance au roi Charles, comme pource qu'ils n'attendoient mie bref secours, et n'étoient mie pourvus à leur plaisir, rendirent et restituèrent icelle forte ville et châtel en l'obéissance et subjection du roi Charles, et s'en partirent sauvement, et sans aucun destourbier ou empêchement, atout leurs biens. Si s'en allèrent à Paris, devers le duc de Bedfort, qui lors faisoit moult grand' assemblée de gens d'armes, pour aller combattre le roi Charles et sa puissance.

CHAPITRE LXV.

Comment le duc de Bedfort fit moult grand' assemblée de gens d'armes pour aller combattre le roi Charles; et comment il lui envoya unes lettres.

En ce même temps, le duc de Bedfort, régent, vint, atout dix mille combattants, ou environ, qu'il avoit assemblés d'Angleterre, de Normandie, et d'aucunes autres marches de France. Si tira de Rouen à Paris, et de là, par plusieurs journées, tendant rencontrer le roi Charles, pour à icelui livrer bataille. Si s'en alla, par le pays de Brie, à Montereau-Faut-Yonne, duquel lieu il envoya ses messagers et ambassadeurs devers le dessusdit roi, portant ses lettres scellées de son scel, desquelles la teneur s'ensuit.

« Nous, Jean de Lancastre, régent et gouverneur de France, et duc de Bedfort, savoir faisons à vous, Charles de Valois, qui vous souliez (aviez coutume (nommer dauphin de Viennois, et maintenant, sans cause, vous dites roi; pour ce que torcionnairement avez, de nouvel, entrepris contre la couronne et la seigneurie de très haut et excellent prince, et très renommé mon souverain seigneur Henri, par la grace de Dieu, vrai, naturel et droiturier roi des royaumes de France et d'Angleterre, par donnant à entendre au simple peuple que venez pour donner paix et sûreté, ce qui n'est pas, ni peut être, par les moyens qu'avez tenus et tenez, qui faites séduire et abuser le peuple ignorant, et vous aidez plus de gens superstitieux et réprouvés, comme d'une femme désordonnée et diffamée, étant en habit d'homme, et gouvernement dissolu, et aussi d'un frère mendiant, apostat et séditieux, comme nous sommes informés; tous deux, selon la sainte-écriture, abominables à Dieu; qui, par force et puissance d'armes, avez occupé, au pays de Champagne et autre part, aucunes cités, villes et châteaux, appartenant à mondit seigneur le roi, et les sujets demeurent en icelles contraints et induits à déloyauté et parjurement, en leur faisant rompre et violer la paix finale des royaumes de France et d'Angleterre, solennellement jurée par les rois de France et d'Angleterre, qui lors vivoient, et les grands seigneurs, pairs, prélats, barons, et les trois états de ce royaume.

» Nous, pour garder et défendre le vrai droit de mondit seigneur le roi, et vous et votre puissance rebouter hors de ses pays et seigneuries, à l'aide du Tout-Puissant, nous sommes mis sus, et tenons les champs en notre personne et en la puissance que Dieu nous a donnée; et comme bien avez su et savez, vous avons poursuivis et poursuivons de lieu en lieu pour vous cuider trouver ou rencontrer, ce que n'avons encore pu faire pour les avertissements qu'avez faits et faites pour nous, qui, de tout notre cœur, désirons l'abrègement de la guerre; vous sommons et requérons que si vous êtes tel prince qui quérez honneur, ayez pitié et compassion du pauvre peuple chrétien, qui tant longuement à votre cause a été inhumainement traité et foulé et opprimé, et que brièvement soit hors de ses afflictions et douleurs, sans plus continuer la guerre. Prenez au pays de Brie, où nous et vous sommes bien prochains de vous et de nous, aucune place aux champs, convenable et raisonnable, et jour brief et compétent, et tel que la prochaineté des lieux où nous et vous sommes pour le présent le peut souffrir et demander; auquel jour et place si comparoir y voulez en personne, avec le conduit de la diffamée femme et apostat dessusdit, et tous les parjures, et autre puissance telle que vous voudrez et pourrez avoir, nous, au plaisir de Notre-Seigneur, y comparerons, ou monseigneur le roi en notre personne. Et lors, si vous voulez aucune chose offrir ou mettre avant, regardant le bien de la paix, nous laisserons et ferons tout ce que bon prince catholique peut et doit faire, et toujours sommes enclins et volontaires à toute bonne paix non feinte, corrompue, dissimulée; violée ni parjurée, comme fut à Montereau faut Yonne, celle dont, par votre coulpe et consentement, s'ensuivit le terrible, détestable et cruel meurtre commis contre loi et honneur de chevalerie, en la personne de feu mon très cher et très amé pere, le duc Jean de Bourgogne, à qui Dieu pardoint. Par le moyen de laquelle paix par vous enfreinte, violée et parjurée, sont demeurés et demeurent cent nobles et autres sujets de ce royaume et d'ailleurs, quittes et exempts de vous et de votre seigneurie, à quelque état que vous ayez pu et pouvez venir; et tous serments de loyauté, féauté et subjection, les avez absolus et acquittés, comme par vos lettres patentes signées de votre main et de votre scel peut clairement apparoir.

» Toutefois, si, pour l'iniquité et malice des hommes, ne pouvoit profiter au bien de la paix, chacun de nous pourra bien garder et défendre à l'épée, sa cause et sa querelle; ainsi, que Dieu, qui est le seul juge, et auquel, et non à autre, mondit seigneur a à répondre, lui en donnera la grâce, et auquel nous supplions humblement, comme à celui qui sait et qui connoît le vrai droit et légitime querelle de mondit seigneur, que disposer en veuille à son plaisir; et par ainsi le peuple de ce royaume, sans tel foulement et oppression, pourra demeurer en longue paix et sûr repos, que tous rois et princes chrétiens, qui ont gouvernement, doivent requérir et demander. Si nous faites savoir hâtivement, et sans plus délayer ni passer temps par écritures ni arguments, ce que faire ne voudrez; car si, par votre défaut, plus grands maux, inconvénients, continuations de guerre, pilleries, et rançonnements de gens, et occisions, et dépopulations de pays adviennent, nous prenons Dieu en témoin, et protestons devant lui et les hommes, que n'en serons point en cause, et que nous avons fait et fesons notre devoir, et nous mettons et voulons mettre en tous termes de raison et honneur, soit préalablement par moyen de paix, soit par journée de bataille de droit de prince, quand autrement entre puissants et grandes parties ne se peuvent faire. En témoin de ce, nous avons fait sceller ces présentes de notre scel.

» Donné audit lieu de Montereau-Faut-Yonne, le septième jour d'août, l'an de grâce mil quatre cent vingt-neuf.

» Ainsi signé par monseigneur le régent du royaume de France, et duc de Bedfort. »

CHAPITRE LXVI.

Comment le roi Charles de France et le duc de Bedfort, et leurs puissances, rencontrèrent l'un l'autre vers le Mont-Épiloy.

APRÈS les besognes dessusdites, le duc de Bedfort, voyant qu'il ne pouvoit rencontrer le roi Charles et sa puissance à son avantage, et que plusieurs villes et forteresses se rendirent à lui sans coup férir ni faire quelque résistance, il se retira à toute sa puissance sur les marches de l'Ile de France, afin d'obvier que les principales villes ne se tournassent contre lui, comme avoient fait les autres. Et d'autre part, le roi Charles, qui jà étoit venu à Crespy, où il avoit été reçu et obéi comme souverain seigneur, se retrahit, atout sa puissance, parmi le pays de Brie, en approchant Senlis, auquel lieu les deux puissances dessusdites, c'est à savoir du roi Charles et du duc de Bedfort, trouvèrent l'un l'autre assez près du Mont-Dallés, une ville nommée le Bar. Si firent de chacune partie grandes préparations, afin de trouver avantage pour combattre l'un l'autre; et prit le duc de Bedfort sa place en assez fort lieu; et adossèrent aucuns lieux, par derrière et de côté, de fortes haies d'épines; et au front devant étoient mis les archers en ordonnance tous à pied, ayant chacun devant lui poinçons aiguisés fichés devant eux ; et ledit régent atout sa compagnie, et autres nobles, assez près desdits archers en une seule bataille, où il y avoit entre autres seigneurs, deux bannières, l'une de France et l'autre d'Angleterre ; et si étoit avecque icelle l'étendard de saint George : laquelle bannière portoit pour ce jour Jean de Villiers, chevalier, seigneur de l'Ile-Adam.

Et étoient lors avecque ledit duc de six à huit cents combattants des gens du duc de Bourgogne, desquels les principaux étoient : le seigneur de l'Ile-Adam, Jean de Croy, Jean de Créquy, Antoine de Béthune, Jean de Fosseux, le seigneur de Saveuse, messire Hue de Launoy, Jean de Brimeu, Jean de Launoy, messire Simon de Lalain, Jean, bâtard de Saint-Pol, et plusieurs autres hommes de guerre, desquels les aucuns furent faits nouveaux chevaliers ; et le fut fait ledit bâtard de la main du duc de Bedfort, et les autres, comme Jean de Créquy, Jean de Croy, Antoine de Béthune, Jean de Fosseux, le Liégeois de Humières, par les mains d'aucuns autres chevaliers. Après lesquelles besognes ainsi mises et conduites, les Anglois et ceux de leur nation tous ensemble, étoient d'un côté de ladite bataille, de la main sénestre, et les Picards et autres de la nation de France étoient de l'autre côté. Et se tinrent en bataille, comme dit est, par très longue espace ; et étoient mis si avantageusement, que leursdits ennemis et adversaires ne les pouvoient envahir et assaillir par derrière, sinon à très grand dommage et danger; et avecque ce étoient pourvus et rafraîchis de vivres et autres nécessités de la bonne ville de Senlis, dont ils étoient assez près. Et puis, d'autre part, le roi Charles, avecque ses princes et capitaines, fit ordonner en son avant-garde la plus grand' partie des plus vaillants et plus experts hommes de guerre de sa compagnie; et les autres demeurèrent, excepté aucuns qui furent commis sur le derrière au lez devers Paris, par manière d'arrière-garde. Et si avoit avecque ce le roi, très grand' multitude de gens d'armes, trop plus sans comparaison, qu'il n'y en avoit en la compagnie des dessusdits Anglois. Et puis si y étoit Jeanne la Pucelle, toujours ayant de diverses opinions, une fois voulant combattre ses ennemis, et autres fois non; mais néanmoins toutes les deux parties, comme dit est dessus, étant l'un devant l'autre, furent ainsi, sans eux désordonner, et tout prêts de combattre, par l'espace de deux jours et deux nuits environ. Durant lequel temps y eut plusieurs grands escarmouches et assauts, lesquelles raconter chacune à part soi, seroit trop longue chose; mais entre les autres y en eut une, qui fut moult dure et âpre et ensanglantée, au côté vers les Picards, laquelle dura bien l'espace d'heure et demie. Si étoient au côté du roi Charles grand parti de François, et autres gens en très grand nombre, qui très fort et âprement; se combattoient et par espécial les archers d'icelle partie tirèrent de leur trait moult courageusement et en très grand nombre l'un contre l'autre.

Si cuidoient aucuns des plus sachants desdites parties, voyant la besogne ainsi multiplier et croître, que point ne se dussent partir l'un de l'autre, que l'une des parties ne fût déconfite et vaincue, et mise à néant. Toutefois ils se trahirent derrière les uns des autres, mais ce ne fut mie qu'il n'y eût de chacune partie des morts et blessés largement. Pour laquelle escarmouche et bataille dessusdite, ledit duc de Bedfort fut moult grandement content des Picards, pource qu'à celle fois s'étoient portés moult vaillamment.

Et après qu'ils se furent retraits, vint ledit duc de Bedfort au long de leur bataille, les remercier en plusieurs lieux très humblement, disant : « Mes » amis, vous êtes très bonnes gens, et avez soutenu » grand faix pour nous, dont nous vous mercions » très grandement, et vous prions, s'il vous vient » aucuns affaires, que vous persévérez en votre » vaillantise et hardiment. » Esquels jours, en icelles parties, étoient en moult grand' haine les uns contre les autres ; et n'étoit homme, de quelque état qu'il fût, pris à finances ; ains mettoient tout à mort sans pitié ni miséricorde ce qu'ils pouvoient atteindre l'un de l'autre; et comme je fus informé, à toutes ces escarmouches, eut de morts environ trois cents hommes des deux parties, mais ne sais de quel côté en a le plus. En la fin desquels deux jours dessusdits ou environ, les deux parties se délogèrent les uns devant les autres, sans plus rien faire.

CHAPITRE LXVII.

Comment le roi Charles de France envoya ses ambassadeurs à Arras vers le duc de Bourgogne.

En ce temps, les ambassadeurs du roi Charles de France vinrent à Arras, vers le duc de Bourgogne, pour traiter de paix entre icelles parties. Desquels ambassadeurs étoient les principaux, l'archevêque de Reims, Christophe de Harcourt, les seigneurs de Dampierre, de Gaucourt et de Fontaines, chevaliers, avecque autres gens d'état, qui trouvèrent audit lieu d'Arras ledit duc avecque son conseil. Apres la venue desquels, et qu'ils eurent requis avoir audience vers ledit duc, allèrent iceux ambassadeurs, aucuns jours après leur venue, en son hôtel, et, par la bouche d'icelui archevêque de Reims, fut audit duc de Bourgogne exposé moult sagement et authentiquement l'état de leur ambassade, présents la chevalerie et ceux de son conseil, avecque plusieurs autres là étant, en lui remontrant, entre les autres choses, la parfaite affection et vrai désir que le roi avoit de pacifier avecque lui et avoir traité; disant outre que pour y venir, icelui roi étoit content de lui commettre et condescendre, en faisant offres de réparations plus qu'à sa majesté royale n'appartenoit, excusant par sa jeunesse le dessusdit roi, de l'homicide jadis perpétré en la personne de feu le duc Jean de Bourgogne, son père ; alléguant avecque ce, que lors, avecque sa dite jeunesse, il étoit au gouvernement de gens qui point n'avoient de regard et considération au bien du royaume ni de la chose publique, et ne les eût pour ce temps osé dédire ni courroucer. Lesquelles remontrances et plusieurs autres assez notables, declarées par le dessusdit archevêque, furent dudit duc et des siens bénignement ouïes. En la fin desquelles fut dit à iceux ambassadeurs : « Monseigneur et son conseil ont bien ouï ce que » vous avez dit ; il aura sur ce avis, et vous fera » réponse dedans brefs jours. »

Et adonc ledit archevêque retourna en son hôtel, avecque lui ses compagnons, qui de toutes gens étoient honorés. Et pour lors la plus grand' partie de tous ceux du pays étoient très désirants que la paix se fît et concordât entre le roi et le duc de Bourgogne; et mêmement, ceux du moyen et bas état y étoient si affectés, que dès lors où il n'y avoit encore paix ni trèves, alloient en ladite ville d'Arras, devers le dessusdit chancelier de France, impétrer en très grand nombre rémission, lettres de grâces, offices et autres plusieurs mandements royaux, comme si le roi fût pleinement en sa seigneurie, et de ce fussent acertenés. Lesquels mandements dessusdits, ou en la plus grand' partie, ils obtenoient dudit chancelier. En après, le duc de Bourgogne, avecque ceux de son privé conseil, fut par plusieurs journées en grande délibération, et furent les besognes entre icelles parties moult approchées.

CHAPITRE LXVIII.

Comment le seigneur de Longueval prit le château d'Aumarle sur les Anglois.

CE temps, le seigneur de Longueval, qui long-temps avoit été débouté de sa seigneurie et étoit retourné devers le roi Charles, par le moyen qu'il eut d'un prêtre demeurant à Aumarle, prit la forteresse d'icelle ville, chef du lieu de toute la comté, qu'adonc tenoient les Anglois; et furent trouvés quatre ou cinq desdits Anglois dedans avecque plusieurs des habitants de la ville, lesquels Anglois furent tantôt mis à mort; et lesdits habitants, en faisant serment d'être bons François, furent reçus à merci, en payant aucune somme d'argent. Laquelle forteresse fut en assez bref temps après largement pourvue et garnie de vivres, et aussi de gens de guerre, qui en bref commencèrent à courre à la marche d'environ et à mener forte guerre aux Anglois et à ceux du pays tenant leur parti, dont grandement en déplut au duc de Bedfort; mais nonobstant, pour autres plus grands affaires qu'il avoit, n'y pouvoit pour lors aller. Et pareillement, en ces propres jours, fut prise d'emblée la forteresse d'Estrépagny, du seigneur de Rambures et de ses gens. Et d'autre côté aussi fut réduite en l'obéissance du roi Charles, la forteresse de Château-Gaillard, qui est excellemment située en forte place, dedans laquelle étoit prisonnier de long temps par avant, ce vaillant et notable chevalier le seigneur de Barbazan, lequel, comme dit est, avoit été pris à Melun, par la vertu et puissance du roi Henri d'Angleterre. Par le moyen duquel Barbazan, icelle forteresse fut mise en l'obéissance du roi Charles, et lui déprisonné. Si y commit en bref aucuns de son parti, et s'en alla au plus tôt qu'il put devers le roi Charles, et aussi fut moult joyeusement reçu et honoré. En outre, fut prise et mise en la main des François la forteresse de Torcy, par le moyen d'aucuns du pays, qui avoient repairé dedans avecque les Anglois, lesquels ils trahirent, et mirent ès mains de leurs ennemis et adversaires. Ainsi donc, en assez bref temps furent françoises les quatre forteresses tenant le parti des Anglois, et qui étoient les plus fortes à l'élite de dedans le pays où elles étoient assises; pour la prise desquelles le pays fut moult travaillé, tant par les garnisons des François, comme de celles des Anglois.

CHAPITRE LXIX.

Comment la ville de Compiégne se rendit au roi Charles, et du retour des ambassadeurs de France, qui étoient allés vers le duc de Bourgogne

Après que le roi Charles de France fut retourné de la journée de Senlis, où lui et le duc de Bedfort avoient été à puissance l'un contre l'autre, comme dit est dessus, et il fut revenu de Crespy en Valois, illecque lui furent apportées nouvelles que ceux de la ville de Compiégne lui vouloient faire obéissance; et pourtant, sans nul délai, alla audit lieu de Compiégne où il fut des habitants d'icelle ville moult honorablement reçu en grand' liesse, et se logea en son hôtel royal. Auquel lieu retournèrent devers lui son chancelier et ses autres ambassadeurs, que par avant il avoit envoyés devers le duc de Bourgogne; avec lequel et ceux de son conseil, ils avoient tenu plusieurs détroits parlements. Néanmoins ils n'avoient rien concordé; mais en conclusion avoient été d'accord que ledit duc enverroit sa légation devers le roi Charles, pour, au surplus, avoir avis et entretennement. Si furent alors informés que la plus grand' partie des principaux conseillers du duc de Bourgogne avoient grand désir et affection qu'icelles deux parties fussent réconciliées l'une avec l'autre. Toutefois, maître Jean de Torcy, évêque de Tournai, et messire Hue de Launoi, qui présentement vinrent devers le duc de Bedfort, et avoient de par lui charge de faire aucunes remontrances audit duc de Bourgogne, en lui admonestant de faire, entretenir le serment qu'il avoit fait au roi Henri, n'étoient pas bien contents que ledit traité fût fait. Sur laquelle parole desquels, fut la besogne attargée (retardée) et prise autre journée d'envoyer, devers le roi Charles, légation, comme dit est. Pour laquelle faire fut commis messire Jean de Luxembourg, l'évêque d'Arras, messire David de Brimeu et aucunes autres notables et discrètes personnes. Et ce même temps, messire Lyonnel de Bournonville, qui avoit perdu la ville et forteresse de Creil, requit au duc de Bedfort, qu'il lui baillât des gens d'armes pour conquerre un sien châtel, nommé Bretèche, que les François avoient pris ; laquelle chose lui fut accordée et octroyée. A tout lesquels il s'en alla à sadite forteresse et la prit d'assaut, et mit à mort ceux qui dedans étoient ; mais en ce faisant, il fut navré, dont il mourut.

CHAPITRE LXX.

Comment le roi de France fit assaillir la cité de Paris.

Le roi Charles de France, lui étant à Compiégne, lui furent apportées nouvelles que le duc de Bedfort, régent, atout sa puissance, s'en alloit en Normandie pour combattre le connétable, lequel étoit vers Évreux, et travailloit fort le pays. Et pour tant, icelui roi Charles, après qu'il eut été dedans la ville de Compiégne, douze jours ou environ, il se partit de là, et laissa Guillaume de Flavi, capitaine d'icelle; et atout son ost, s'en alla à Senlis, laquelle cité se rendit au roi par traité. Si se logea dedans avecque grand' partie de ses gens, et autres se logèrent ès villages environ. Esquels jours aussi firent obéissance au roi dessusdit, plusieurs villes et forteresses, c'est à savoir Creil, Beauvais, le Pont-Saint-Maxence, Choisy, Gournai-sur-Aronde, Remi-la-Neuville-en-Hets; et en l'autre côté, Mognay, Chantely, Saintines et plusieurs autres; et aussi lui firent serment les seigneurs de Montmorenci et de Moy. Et pour vérité, s'il atout sa puissance fût venu à Saint-Quentin, Corbie, Amiens, Abbeville, et plusieurs autres fortes villes et forts châteaux, la plus grand' partie des habitants d'icelle étoient tous prêts et appareillés de le recevoir à seigneur, et ne désiroient autre chose au monde que de lui faire obéissance et pleine ouverture. Toutefois, il ne fut point conseillé d'aller si avant sur les marches du duc de Bourgogne, tant pource qu'il le sentoit fort de gens d'armes, comme pour l'espérance et attente qu'il avoit que aucun bon traité et appointement se fît entre eux. Et après que le roi Charles eut séjourné aucuns jours dedans la ville de Senlis, il se partit et délogea de là, et s'en alla atout son ost loger à Saint-Denis, qu'il trouva comme abondonné; et s'en étoient allés les gens dudit lieu à Paris, c'est à savoir tous les plus grands bourgeois et habitants d'icelle ville; et ses gens logèrent et hébergèrent à Aubervilliers et Montmartre, et ès villages de là autour assez près de Paris. Si étoit lors avecque ledit roi Jeanne la Pucelle, qui avoit moult grand' renommée; laquelle chacun jour induisoit le roi avec ses princes et seigneurs à ce qu'il fît assaillir la ville et cité de Paris. Si fut conclu et délibéré que le lundi, douzième jour dudit mois, on livreroit ledit assaut.

Après laquelle conclusion prise, on fit apprêter toutes gens de guerre, et à ce propre lundi dessusdit, se mit le roi en bataille entre Paris et Montmartre, ses princes et seigneurs avec lui, et aussi étoit ladite Pucelle avec lui. Ceux de l'avant-garde y étoient en très grand nombre. Si s'en alla atout son étendard à la porte Saint-Honoré, faisant apporter avecque lui plusieurs échelles, fagots, et autres habillements d'assaut. Auquel lieu elle fit entrer dedans les fossés plusieurs de ses gens tout à pied, et commença l'assaut à dix heures ou environ, moult dur, âpre et cruel, lequel dura en continuant de quatre à cinq heures, ou plus; mais les Parisiens, qui étoient dedans leur ville, accompagnés de Louis de Luxembourg, l'évêque de Thérouenne et chancelier de France, de par le roi Henri, et d'aucuns autres notables chevaliers que le duc de Bourgogne leur avoit envoyés, comme le seigneur de Créquy, le seigneur de l'Ile-Adam, messire Simon de Lalain, messire Valérien de Bonneval, et aucuns autres notables hommes, accompagnés de quatre cents combattants, se défendirent moult vigoureusement et de grand courage. Et avoient par avant ordonné par capitaineries à chacun sa garde ès lieux propices et convenables. Durant lequel assaut furent renversés plusieurs desdits François; et en y eut très grand nombre de morts et de navrés par les canons, couleyrines, et autres traits que leur jetoient lesdits Parisiens. Entre lesquels Jeanne la Pucelle fut très fort navrée et blessée, et demeura tout le jour ès fossés, derrière un dos d'âne, jusques au vêpre, que Guichard de Thienbronne et autres l'allèrent quérir. Et d'autre part y eut navré plusieurs des défendants. Finablement, les capitaines françois, voyant leurs gens en tel péril, considérant qu'il leur étoit impossible de conquerre et gagner la ville par force, attendu que iceux avoient une volonté de eux défendre sans y avoir division, firent incontinent sonner la retraite.

Et en reportant les dessusdits morts et navrés, retournèrent à leur logis; et le lendemain le roi Charles, triste et dolent de la perte de ses gens, s'en alla à Senlis pour guérir et médeciner les navrés; et lesdits Parisiens, plus que par avant, se reconfermèrent les uns avec les autres, promettant que de toute leur puissance et pouvoir ils résisteroient jusques à la mort contre icelui roi Charles, qui les vouloit comme du tout détruire. Et peut bien être qu'ils le craignoient comme ceux qui grandement se sentoient forfaits par devers lui, en le ayant débouté de ladite ville, et avoient mis à mort plusieurs de ses féables serviteurs, comme en autres lieux plus à plein est déclaré.

CHAPITRE LXXI.

Comment le duc de Bourgogne envoya ses ambassadeurs à Amiens pour entretenir les habitants d'icelle ville de sa partie.

En ces jours, le duc de Bourgogne envoya ses ambassadeurs à Amiens, c'est à savoir l'évêque de Noyon et d'Arras, le vidame d'Amiens, et aucuns autres, afin de remontrer au majeur et aux habitants d'icelle la bonne amour et affection que lui et ses prédécesseurs avoient toujours avecque eux, disant que s'ils avoient à faire de chose que lui et ses pays pussent, il étoit à leur commandement ; requérant en outre qu'il leur plût persévérer toujours, et eux entretenir de son parti, comme ses bons amis et voisins. Lesquels citoyens d'Amiens, eux voyant ainsi honorer par les messagers de si haut et si puissant prince, ils en eurent grand' joie, et dirent entre eux que seroit bon de mettre la ville en sa garde, et qu'il mît à néant toutes aides et impositions. Et firent réponse auxdits ambassadeurs, qu'ils envoieroient brièvement devers ledit duc aucuns de leurs gens, laquelle chose ils firent. Et avecque ce, y envoyèrent ceux d'Abbeville, de Montreuil, Saint-Ribier, Dourlans, et aucunes autres, pour obtenir la mise jus desdites gabelles et impositions. Laquelle chose ne leur fut point par icelui duc accordée; mais il leur fut dit, qu'au plus bref que faire se pourroit, ils auroient de lui aide et assistance de ce impétrer devers le roi Henri.

En ce même temps, ledit duc de Bourgogne fit évoquer par toutes les marches de Picardie tous ceux qui avoient accoutumé d'eux armer, et aussi ès pays à l'environ, pour être prêts chacun jour pour aller avecque lui où il les voudroit conduire. Si furent en peu de temps en très grand nombre; et passèrent à montre (revue) à Beauquesne, en faisant serment à messire Jacques de Brimeu, à ce commis comme maréchal. Si se trahirent et tirèrent vers Abbeville et Saint-Ribier, où ils furent moult grand espace de temps, attendant que ledit duc fût prêt et appareillé ; dont le pays fut moult grandement oppressé.

CHAPITRE LXXII.

Comment le roi Charles de France s'en retourna en Touraine et en Berri.

CHARLES, roi de France, voyant que la ville de Paris, qui étoit chef de son royaume, ne se voulut pas mettre en son obéissance, se disposa et conclut avec ceux de son conseil de laisser gouverneurs et capitaines de lui par toutes les bonnes villes, cités et châteaux qui étoient en son obéissance et gouvernement, et qu'il s'en retourneroit ès pays de Touraine et de Berri. Laquelle chose conclue, comme dit est, il constitua principal chef sur les parties de l'Ile-de-France et de Beauvoisis, Charles de Bourbon, comte de Clermont; et le chancelier dessusdit se tenoit le plus en la ville de Beauvois, et ledit comte de Vendôme à Senlis, et Guillaume de Flavy à Compiégne, messire Jacques de Chabannes à Creil. Et le roi dessusdit, avecque lui les grands seigneurs qui l'avoient accompagné au venir, s'en alla de Senlis à Crespy, et de là, par-devers Sens en Bourgogne, retourna ès pays dessusdits. Toutefois les trèves étoient entre les Bourguignons et les François jusques au jour de Pâques ensuivant; et avec ce, fut remis le passage du pont Saint-Maxence, que tenoient les François, en la main de Regnault de Longueval, pour le tenir. Si demeura la marche de France et de Beauvoisis en grand' tribulation, pource que ceux qui étoient ès forteresses et garnisons, tant du pays de France que d'Angleterre, couroient chacun jour l'un sur l'autre. A l'occasion desquelles courses les villages de là entour se commencèrent à dépeupler, et eux retraire ès bonnes villes.

CHAPITRE LXXIII.

Comment le duc Philippe de Bourgogne, en grand appareil, remena sa sœur en la cité de Paris, au duc de Bedfort son mari.

Le vingtième jour de septembre de cet an, se partit le duc de Bourgogne de Hesdin avec sa sœur, femme du duc de Bedfort, grandement accompagnés de leurs gens; et s'en allèrent au gîte à Dourlens, et le lendemain à Corbie, où ils furent aucuns peu de jours, en attendant les gens d'armes, qui là venoient de toutes parts. Duquel lieu de Corbie ils allèrent à Mont-Didier et puis de là à Châtenay; et tous les gens d'armes se logèrent à l'environ; desquels il pouvoit avoir de trois à quatre mille combattants. Et eux partant de Châtenay, s'en allèrent passer la rivière d'Oise, au pont Saint-Maxence, et de là, par emprès Senlis, allèrent au gîte à Louvres en Parisis.

Si faisoit ledit duc chevaucher ses gens en bonne ordonnance; et menoit messire Jean de Luxembourg l'avant-garde; et ledit duc menoit et conduisoit la bataille; auprès duquel étoit toujours sa dessusdite sœur sur un bon cheval trotier. Et avecque elle étoient huit ou dix de ses femmes, montées sur haquenées. Le seigneur de Saveuse et aucuns autres, avecque certain nombre d'hommes d'armes, chevauchoit tout derrière, par manière d'arrière-garde.

Si fut ledit duc moult grandement regardé des François, qui étoient en grand nombre, de pied et de cheval, de Senlis au dehors de la ville; et y venoient sûrement armés comme bon leur sembloit, par le moyen des trèves qui étoient entre les parties. Car celui duc, armé de plein harnois, sinon sur la tête, séoit sur les champs sur un très bon et excellent cheval, et étoit moult gentement habillé, et orné de sept ou huit de ses pages après lui, chacun monté sur bons coursiers. Devers lequel duc vint et arriva, premier l'archevêque de Reims, chancelier de France, à pleins champs au-dessus de la dessusdite ville et cité de Senlis, faire révérence et hommage. Et assez bref ensuivant y vint Charles de Bourbon, comte de Clermont, accompagné de soixante chevaliers, ou environ; lequel venu jusques assez près dudit duc, ôtèrent leurs chapperons et inclinèrent leurs chefs l'un à l'autre, en disant aucunes paroles de salutations, non mie en embrassant l'un l'autre, par manière de grand amour et joyeuseté, ainsi que l'ont accoutumé de faire si prochains de sang qu'il étoient l'un à l'autre.

Après laquelle salutation et révérence faite, ledit de Bourbon alla baiser et embrasser sa belle-sœur de Bedfort, qui étoit assez près au dextre lez de son beau-frère le duc de Bourgogne; si firent aucunement briève reconnoissance. Et tantôt retourna devers son beau-frère le duc de Bourgogne, duquel, quand alors on ne vit point d'apparence ni de connoissance qu'il eût grand amour, ni désir d'avoir grand parlement avecque icelui comte de Clermont, son beau-frère; ains, sans chevaucher l'un avecque l'autre, ni faire long convoi, se départirent en prenant congé l'un de l'autre au propre lieu où ils étoient abordés et arrivés. Et retournèrent lesdits Charles de Bourbon et chancelier de Senlis, atout leurs gens; et ledit duc de Bourgogne, comme dit est dessus, et sa sœur s'en allèrent au gîte à Louvres. Duquel lieu le lendemain ils se partirent, en allant et tirant vers Paris, où déjà étoit retourné, du pays de Normandie, le duc de Bedfort. A la venue duquel furent faites grands accolées, et joyeuses réceptions de l'un à l'autre. Si furent, assez près de Paris, toutes les gens du duc de Bourgogne mis en bataille par bonne ordonnance, où ils furent grand espace de temps, avant que les fourriers eussent été dedans ladite ville pour ordonner les logis. Et après, iceux princes et la duchesse entrèrent dans ladite ville, et généralement tous les gens d'armes.

A la venue duquel duc de Bourgogne, fut faite moult grand' joie des Parisiens. Si y crioit-on Noël par tous les carrefours où il passoit. Et convoya ledit régent et sa femme jusques à l'hôtel des Tournelles, et puis s'en alla loger en son hôtel d'Artois. Et aucuns jours ensuivant furent, entre iceux princes et ceux de leur conseil, tenus plusieurs grands conseils sur les affaires de la guerre, qui étoient moult pesants.

Et entre les autres choses, furent par les Parisiens requis au duc de Bourgogne, qu'il lui plût à entreprendre le gouvernement de la ville de Paris, qui moult avoit à lui grand' affection; et étoient de présent tous prêts et appareillés de maintenir sa querelle et de son feu père; disant outre, qu'il étoit nécessité et besoin qu'il accordât leur requête et demande, considéré les affaires que avoit le régent, tant en Normandie comme ailleurs. Laquelle chose ledit duc de Bourgogne fit, et leur octroya jusques après Pâques ensuivant, mais ce fut très ennis (avec peine).

Si conclurent et délibérèrent les dessusdits ducs de Bedfort et de Bourgogne, que vers Pâques, à la saison nouvelle, se montreroient sus, chacun atout grand' puissance, pour reconquerre et gagner les villes qui s'étoient retournées contre elles, en la marche de France et sur la rivière d'Oise. Après lesquelles conclusions, ledit duc de Bedfort, avec sa femme et ses Anglois, se départit de ladite ville de Paris; et ledit duc de Bourgogne commit capitaine de Paris, le seigneur de l'Ile-Adam, atout petit nombre de gens; et à Saint-Denis, au bois de Vincennes, au pont de Charenton, et ès autres lieux nécessaires. Après ce de la ville de Paris ordonna capitaine de ses gens; et après qu'il eut séjourné dedans icelle ville de Paris l'espace de trois semaines, prenant congé, premier à la reine de France, mère du roi Charles, s'en retourna par les chemins dont il étoit venu en son pays d'Artois, et de là en Flandre, avec lequel se départirent plusieurs bourgeois de Paris, de leurdite ville, et autres gens marchants.

CHAPITRE LXXIV.

Comment les François et Bourguignons couroient l'un sur l'autre, nonobstant les trèves qui y étoient

Durant le temps dessusdit, que les trèves étoient accordées entre le roi Charles et le duc de Bourgogne jusques aux Pâques ensuivants, néanmoins, icelles parties couroient très souvent l'une sur l'autre. Et mêmement, pour embellir leur querelle, aucuns tenant le parti dudit duc de Bourgogne, se boutoient avec les Anglois, qui point n'avoient trève aux François, et menoient avec eux pleine guerre auxdits François, et les François pareillement couroient et faisoient pleine guerre aux Bourguignons, feignant les dessusdits Bourguignons d'être Anglois. Et y avoit pour lesdites trèves peu ou néant de sûreté. Si fut, entre les autres, faite une entreprise d'un vaillant homme d'armes d'Angleterre, nommé Foulques, avec lequel s'étoient mis aucuns hommes d'armes de ladite partie de Bourgogne, qui se tenoient à la Neufville-le-Roi, en un bel châtel qu'ils avoient réparé; et tous ensemble allèrent accueillir la proie de la ville de Creil. Et avoient laissé une embûche, afin que si leurs ennemis sailloient contre eux, qu'ils les pussent surprendre: laquelle chose advint ainsi que l'avoient imaginé; car messire Jacques de Chabannes, qui étoit principal capitaine de la ville de Creil, tantôt qu'il ouït l'effroi, s'arma incontinent sans délai, et monta à cheval; et de grand' volonté alla férir de plein élai en ses ennemis, desquels, de première venue, fut pris prisonnier un nommé Georges de Croix, et aucuns autres rués par terre. Et eut, entre icelles parties, très grand' escarmouche; mais, en conclusion, par la vaillantise et secours dudit Foulques, fut le dessusdit Jacques de Chabannes, détenu prisonnier; et avecque lui deux autres chevaliers, et aucuns autres des meilleurs gens. Toutefois, en ce faisant, icelui Foulques fut féru à découvert en la gorge, de la pointe d'une épée, d'un bien petit coup, duquel mourut tout prestement. Pour la mort duquel tous ceux de son parti là étant, qui de lui avoient connoissance, eurent au cœur grand' trislesse; car ils le tenoient pour le plus vaillant et expert en armes de tous le pays d'Angleterre.

Si se rassemblèrent tous les Anglois, desquels pour lors étoient les principaux, Bohort de Bozentin, et Robinet Éguelin. Si emmenèrent leurs prisonniers en leur forteresse, et en dedans assez brefs jours, firent traité avec messire Jacques de Chabannes, par si, qu'en payant certaine somme, il fut délivré, moyennant aussi qu'il rendit le dessusdit Georges de Croix.

En ces jours, le duc de Bedfort, considérant que la forteresse du Château-Gaillard étoit située en moult fort lieu et avantageux, pour grandement gréver et guerroyer le pays de Normandie, se conclut que avant que ses ennemis, qui dedans étoient, fussent pourvus de vivres et fortifiés de gens, de les faire assiéger par les Anglois: laquelle chose il fit. Et y fut le siège de six à sept mois, en la fin desquels, les assiégés rendirent ladite forteresse par faute de vivres, et s'en allèrent atout partie de leurs biens.

CHAPITRE LXXV.

Comment le seigneur de Saveuse et le bâtard de Saint-Pol furent pris devant Paris par les François ; et comment, par d'autres François, la ville de Saint-Denis fut prise et échelée.

En ce même temps, le duc de Bourgogne envoya le seigneur de Saveuse et Jean de Brimeu, atout cinq cents combattants ou environ, en la ville de Paris, pour conforter et aider les Parisiens contre les François, qui, chacun jour, couroient devant ladite ville à tous lez, et leur faisoient moult d'oppressions. Lesquels se logèrent dedans Saint-Denis, et firent, par plusieurs fois, des envahies contre leurs ennemis. Néanmoins, un certain jour, iceux François, de plusieurs garnisons du côté vers Mont-le-Héry, vinrent courre auprès dudit lieu de Paris ; et avoient laissé une grosse embûche en un village là environ. Si étoient alors dedans ladite ville le seigneur de Saveuse, et messire Jean le bâtard de Saint-Pol ; lesquels, oyant l'effroi, montèrent à cheval hâtivement à petite compagnie ; et, sans attendre leurs gens, allèrent incontinent aux champs, et poursuivirent vigoureusement lesdits François. Lesquels, en fuyant, les attrahirent jusques bien près de leur dite embûche.

Là tantôt, non pouvant à ce résister, furent

en assez bref terme, tous deux pris prisonniers, et emmenés des dessusdits François en leur forteresse, avec aucuns de leurs gens, non point en grand nombre. Si fut ledit bâtard de Saint-Pol très fort blessé au prendre d'une lance au col, dont il fut en grand péril de perdre la vie. Néanmoins les deux chevaliers dessusdits retournèrent en assez brefs jours en ladite ville de Paris, parmi grande finance qu'ils payèrent à ceux qui pris les avoient, dont les gens furent moult réjouis quand ils les virent. D'autre côté, en ce temps, les François, qui étoient sous Alain Géron, Gaucher de Bruissart, et aucuns autres capitaines, vinrent à un point du jour en la ville de Saint-Denis, dedans laquelle étoit venu nouvellement Jean de Brimeu, atout certain nombre de compagnons qu'il avoit amenés du pays d'Artois; et avec lui étoient les gens du seigneur de Saveuse. Si entrèrent dedans, par échelles, une partie d'iceux François, et ouvrirent une des portes par où les autres, en très grand nombre, se boutèrent dedans; et commencèrent en plusieurs lieux à crier: Ville gagnée! en abattant huis et fenêtres, et envahissoient plusieurs maisons où étoient leurs ennemis. Lesquels, oyant ainsi soudainement si grands cris parmi la ville, furent tout effrayés. Si se trahirent tantôt en aucuns forts lieux d'icelle, c'est à savoir Jean de Brimeu, et plusieurs autres avec lui, en l'abbaye; le bâtard de Saveuse en la porte de Paris, et les autres se mirent en aucunes portes, et tous à sauveté. Et, d'autre part, en y eut grand'partie qui, en issant de leurs logis, contendant à aller devers leurs capitaines eux assembler, furent pris prisonniers, et les aucuns occis. Entre lesquels furent pris Antoine de Wistre, Thierry de Malingehen, et de douze à seize autres, desquels il y en avoit une partie de gentilshommes; et y furent morts Thevenin de Tenequestes, Jean de Hautecloque, et aucuns autres, en petit nombre. Durant lesquelles besognes, les gens des dessusdits seigneurs et Jean de Brimeu, reprirent vigueur en eux, et commencèrent à eux assembler en aucuns lieux au cri, et par l'introduction d'un vaillant homme d'armes, nommé Guillaume de Beauval, lequel, en grand' hardiesse, rassembla aucuns de ceux de leur parti, et envahit ses ennemis, qui, en plusieurs parties, sans tenir grand' ordonnance, entendoient au piller. Finablement, ils furent reboutés dehors, et mêmement, aucuns de leurs gens, jusques au nombre de huit ou dix. Et alors le seigneur de Saveuse, qui étoit dedans Paris, oyant ces nouvelles, assembla hâtivement ce qu'il put avoir de gens; et sans délai chevauchèrent vigoureusement devers ladite ville de Saint-Denis, en intention de bailler secours à ses gens. Mais avant qu'il y pût venir, iceux François s'étoient retraits devers Senlis et les autres garnisons, et avoient emmené grand nombre de chevaux de ceux de la ville.

En ce temps furent assiégés des Anglois le

seigneur de Rambures dedans la forteresse d'Estrepagny, appartenant héritablement au comte de Tancarville ; devant laquelle iceux Anglois tant continuèrent de combattre par leurs engins et autrement, qu'en conclusion ledit seigneur de Rambures, non ayant espérance d'avoir secours, fit traité avecque iceux Anglois, en leur rendant ladite forteresse par condition que lui et ses gens, atout leurs biens, se départirent sauvement.

CHAPITRE LXXVI.

De plusieurs conquêtes que firent les Anglois.

En l'an dessusdit, le duc de Bedfort fit assiéger par ses Anglois le châtel de Torsy, qui étoit le plus excellent et le mieux édifié de la marche environ. Si fut constitué chef desdits Anglois le bâtard de Clarence, lequel fit dresser autour d'icelle forteresse plusieurs engins continuellement jetants, lesquels dommagèrent moult fort la muraille. Et finablement, au bout de six mois ou environ, les assiégés, voyant que point n'étoient secourus, et que leurs vivres commençoient à défaillir, traitèrent avecque le dessusdit bâtard de Clarence, par condition que aucuns des plus notables s'en iroient où bon leur sembleroit, emportant partie de leurs biens ; et les autres, jusques au nombre de douze ou environ, qui autrefois avoient tenu le parti d'iceux Anglois, et mêmement aidé aux François à prendre ladite forteresse, demeureroient à volonté. Lesquels furent cruellement justiciés; et après fut ladite forteresse du tout démolie et rasée.

Au mois de janvier audit an, messire Thomas Kiriel, anglois, atout quatre cents combattants ou environ, dont la plus grand' partie étoient Anglois, se départit de Gournay, en Normandie, où lors se tenoient en garnison; et par-devers Beauvois s'en alla en Beauvoisis vers la comté de Clermont. Auquel pays il fit de très-grands dommages, en prenant prisonniers, bêtes et autres bagages, et par especial chevaux. Si chevaucha jusques aux faubourgs de Clermont; et le lendemain prit son chemin à retourner vers sa garnison. Et adonc le comte de Clermont, qui étoit à Beauvois, sachant l'entreprise dudit messire Thomas, assembla promptement, de toutes les garnisons de la marche environ, tenant le parti du roi Charles, jusques à huit cents combattants et plus, avecque lesquels se mirent grand nombre des paysans, tant de la ville de Beauvois comme des villages d'entour; et tous ensemble allèrent pour rencontrer et combattre ledit messire Thomas et ses gens, lesquels ils trouvèrent à une grande lieue ou environ dudit lieu de Beauvois, où ils s'étoient mis en bataille pour recevoir leurs ennemis, dont ils savoient assez la venue par leurs coureurs, qui leur en avoient fait rapport. Et étoient, les dessusdits Anglois, tous à pied, adossés d'un bois, et par devant eux avoient fiché des poinçons, parquoi on ne les pouvoit rompre de cheval, sinon en grand danger; néanmoins ils furent, par lesdits François, très fort envahis et approchés. Et eut entre icelles parties très dure et très âpre escarmouche. Et assez bref les François qui étoient à cheval, furent reboutés par le trait des archers anglois à cause duquel trait lesdits François se commencèrent à déroyer (mettre en désordre), et iceux Anglois, ce voyant, saillirent vîtement après eux, et s'efforcèrent de plus en plus les envahir et combattre, tant qu'en conclusion ils demeurèrent victorieux sur la place, et occirent une quantité de leurs ennemis, et en prirent environ un cent ou plus, c'est à savoir des dessusdits paysans. Et ceux de cheval s'en retournèrent tous déconfits et ennuyés à Beauvais; et icelui messire Thomas, ayant grand' joie de sa victoire, atout son gagnage, s'en retourna sauvement à Gournai, en Normandie.

En ce temps fut le siége mis par le comte de Suffort, anglois, devant le châtel d'Aumarle, duquel étoit capitaine le seigneur de Rambures, avecque lui, de cent à six vingts combattants. Si fut ledit châtel de toutes parts environné; et tellement furent contraints, que, après que ledit siége y eut été vingt-quatre jours, ledit seigneur de Rambures et toutes ses gens se rendirent, sauf leur vie, réservé trente ou environ qui furent pendus, pour ce que autrefois avoient fait serment auxdits Anglois, et tenu leur parti. Et bref ensuivant, icelui seigneur de Rambures fut mené prisonnier en Angleterre, où il demeura prisonnier de cinq à six ans, avant qu'il pût trouver sa délivrance. Si fut ladite forteresse regarnie de vivres et de gens; et par ainsi iceux Anglois reconquirent en cet an plusieurs fortes places, que les François avoient gagnées sur eux à peu de perte de leurs gens.

CHAPITRE LXXVII.

Comment le duc de Bourgogne se remaria la tierce fois à mademoiselle Isabelle, fille au roi de Portugal.

Le neuvième jour de janvier de cet an fut tenue la fête de Philippe, duc de Bourgogne, et de dame Isabelle, fille au roi de Portugal, en la ville de Bruges, en une maison faite toute propice nouvellement pour lesdites noces. Si fut icelle fête moult riche et solennelle; et étoient les rues de ladite ville encourtinées en plusieurs lieux de tapis et riches draps de haute-lice. Auxquelles noces furent deux des sœurs dudit duc, c'est à savoir Anne, duchesse de Bedfort, et la duchesse de Clèves, la comtesse de Namur, la comtesse de Lorraine et de Conversan; messire Jean de Luxembourg, son frere, et la dame de Beaurevoir, et l'évêque de Liége, et moult d'autres grands seigneurs, dames et damoiselles. Entre lesquelles y furent de grand état de parements, et d'exquis et divers vêtements, de gens et de chevaux, chacun jour en diverses parures, ledit évêque de Liége, messire Jean, bâtard de Saint-Pol, messire Jean d'Hornes, et aucuns autres. Et quand ladite duchesse, laquelle avoient amenée par mer un de ses frères et les ambassadeurs, que y avoit envoyés le duc de Bourgogne, desquels étoient les principaux, le seigneur de Roubaix, et maître Gilles d'Eucornay, prévôt de Harlebecque, vint auprès de la ville de Bruges, les bourgeois, en très grand nombre et en grand état, issirent à l'encontre d'elle. Et avoit avecque eux cent soixante-quatre trompettes, lesquelles sonnoient moult mélodieusement. Quant est à parler des grands états qui y furent faits sans nombre, en divers mets de boires et de mangers, très plantureusement, par l'espace de huit jours ou environ, ils seroient trop longs à déclarer. Et y avoient figures de licornes et autres bêtes sauvages, qui par engin jetoient claire eau rose, vin et autres liqueurs, en l'abandon de ceux qui étoient de ladite fête. Si n'avoit ledit duc à nulle de ses autres femmes épouser tenu si riche fête, comme il fit à icelle, qui étoit la tierce. Si y furent faites par plusieurs jours grands joûtes, et plusieurs ébattements de plusieurs notables chevaliers et écuyers; et coûta icelle fête audit duc très grand' finance.

18.

CHAPITRE LXXVIII.

Comment Étienne de Vignoles, dit La Hire, échela et prit la ville de Louviers, en Normandie.

En ces propres jours, Étienne de Vignoles, qu'on appeloit La Hire, prit d'emblée, par échelle, la ville de Louviers, en Normandie; et avoit avecque lui de cinq à six cents combattants, lesquels trouvèrent en icelle ville très grand' abondance de tous biens, dont ils furent moult enrichis. Et y furent morts, à entrer dedans, tant d'Anglois comme de ceux de ladite ville, trente. Après laquelle prise plusieurs des habitants, pour la plus grand' partie, firent serment audit La Hire. Auxquels habitants fut rendue aucune partie de leurs biens, avecque leurs maisons, et les autres se départirent, eux mettant à sauveté où ils pouvoient le mieux, et délaissant tous leurs biens. Si commencèrent dedans brefs jours, La Hire et ses compagnons, à endommager le pays environ en plusieurs lieux ; et couroient souvent jusque bien près de Rouen ; et en étoit le pauvre peuple malement grévé et oppressé, dont moult grandement déplaisoit aux Anglois; mais pour le présent ne le pouvoient amender, considérées leurs autres grands affaires.

CHAPITRE LXXIX.

Comment, en cet an, le duc de Bourgogne mit sus un ordre, qui fut nommé l'ordre de la Toison.

En cet an, le duc Philippe de Bourgogne mit sus, en l'honneur de Dieu et de monseigneur saint Andrieu, duquel en armes il portoit l'enseigne, une ordre et fraternité de vingt-quatre chevaliers sans reproche, gentilshommes de quatre côtés, auxquels il donna à chacun d'eux un collier d'or moult gentement ouvré de sa devise, c'est à savoir du fusil. Auquel collier pendoit à chacun sur le devant, en manière que portent les grands dames et damoiselles images, fermailles et autres joyaux, une toison, que jadis conquit anciennement Jason, en l'île de Colchos, comme on le trouve par écrit en l'histoire de Troie, de laquelle n'est point trouvé en nulles histoires, qu'oncque nul prince chrétien lui eut révélée ni mise sus. Si fut la dessusdite ordre, à l'imagination de celle que dit est, nommée par ledit duc l'ordre de la Toison d'or; et furent par lui et aucuns de son conseil, élus et nommés pour porter ladite ordre, vingt-quatre chevaliers, desquels les noms s'ensuivent : premier y étoit ledit duc, chef et fondateur d'icelle; en après y étoit Guillaume de Vienne, seigneur de

Saint-George, messire Regnier Pot, seigneur de la Roche, le seigneur de Roubaix, le seigneur de Montagu, messire Rollant de Hutequerque, messire Antoine du Vergy, comte de Dammartin; messire David de Brimeu, seigneur de Ligny, messire Hue de Launoy, seigneur de Santes, messire Jean, seigneur de Commines, messire Antoine de Thoulongeon, maréchal de Bourgogne, messire Pierre de Luxembourg, comte de Conversan, messire Jean de la Trimouille, seigneur de Jonvelles, messire Jean de Luxembourg, seigneur de Beaurevoir, messire Gillebert de Launoy, seigneur de Villerval, messire Jean de Villiers, seigneur de l'Ile-Adam, messire Antoine, seigneur de Croy et de Renty, messire Florimont de Brimeu, seigneur de Massincourt, messire Robert, seigneur de Mamines, messire Jacques de Brimeu, seigneur de Grigny, messire Beaudoin de Launoy, seigneur de Moulambais, messire Pierre de Baufremont, seigneur de Chargny, messire Philippe, seigneur de Ternant, messire Jean de Créqui, et messire Jean de Croy, seigneur de Tours-sur-Marne. Lesquels chevaliers, comme dit est, au recevoir ladite ordre, firent, et devoient faire leurs successeurs, plusieurs solennels promesses et notables ordonnances pour l'entretennement d'icelles : desquelles ci-après en ce présent livre sera faite mention plus à plein, après que ladite ordre sera du tout parfournie en son droit nombre; car depuis que les dessus nommés y furent mis, certaine espace de temps après en eut ajouté aucuns autres. Si doivent les hoirs d'iceux chevaliers renvoyer après leur trépas, audit duc de Bourgogne, ledit collier, pour le bailler à autre chevalier.

CHAPITRE LXXX.

Comment le seigneur de Crèvecœur et Robert de Saveuse furent rencontrés des François en allant à Clermont en Beauvoisis.

Au mois de février, en l'an dessusdit, le seigneur de Crèvecœur, capitaine et gouverneur de Clermont en Beauvoisis, se partit d'Amiens pour aller audit lieu de Clermont, accompagné de Robert de Saveuse et huit vingts combattants ou environ, avecque aucuns chars et charrettes, menant vivres de carême, et autres leurs besognes. Lesquels, passant emprès Saint-Just, vers Saint-Remi en l'Aire, furent guettés des François, qui bien savoient leur venue, et incontinent envahis. Desquels François étoient les capitaines messire Théolde Valeperghe, messire Regnaut de Fontaines, messire Louis de Waucourt et autres, qui bien avoient plus grand nombre de gens que leur adverse partie. Néanmoins les dessusdits seigneurs de Crèvecœur et de Saveuse se mirent à pied avecque leurs gens, dont la plus grand' partie étoient archers, et se défendirent bien et roidement par l'espace de quatre heures ou environ. Durant lequel temps y eut, tant d'une part comme d'autre, plusieurs hommes et chevaux blessés; mais, en conclusion, iceux François se départirent, voyant que sans grand' perte des leurs ne leur pourroient rien faire ni conquerre sur leurs ennemis; et retournèrent en leurs garnisons; et lesdits seigneurs de Crèvecœur et Robert de Saveuse s'en allèrent à Clermont, où ils furent jusques à la saison nouvelle, attendant la venue du duc de Bourgogne.

CHAPITRE LXXXI.

Comment cinq François firent armes à Arras contre cinq Bourguignons, et autres menues matières.

Le vingtième jour de février audit temps, firent armes dedans la ville d'Arras, sur le grand marché, en la présence du duc de Bourgogne, juge en cette partie, cinq des gens du roi Charles de France, à l'encontre de cinq des gens du duc de Bourgogne: lesquelles armes étoient de rompre l'un sur l'autre certain nombre de lances. Et y étoient ceux de la partie du roi, messire Théolde de Valeperghe, Pothon de Sainte-Treille, messire Philibert d'Abrecy, messire Guillaume de Bes, et L'Estendard de Nully. Et de par ledit duc de Bourgogne, messire Simon de Lalain, le seigneur de Chargny, messire Jean de Vaulde, messire Nicolle de Menton, et Philibert de Menton. Si furent icelles armes faites par cinq jours. Et étoit préparé un grand parc couvert de sablon, au milieu duquel avoit une lice garnie d'aisselles, afin que les chevaux ne se pussent rencontrer l'un l'autre. Et coururent pour le premier jour messire Simon de Lalain et messire Théolde, plusieurs beaux coups l'un contre l'autre; mais vers la fin, messire Théolde fut porté jus, lui et son cheval. Et pareillement pour les autres ensuivants, pour les second, tiers, quart et cinquième jour, furent faits de beaux coups d'armes et de lances, desquelles de chacune partie en y eut plusieurs rompues. Toutefois, le seigneur de Chargny, au treizième coup qu'il courut contre ledit messire Philibert, lui leva sa visière de son armet, du fer de sa lance, et lui mit tout dedans son visage : pourquoi, sans délai, il convint qu'on le remenât en son hôtel, comme en péril de mort. Et au dernier jour, et par telle manière, fut ainsi féru l'Estendard de Nully, du dessusdit Philibert de Menton.

Si fut comme l'autre remené en son hôtel, et fut si grièvement blessé, qu'à très grand' peine se pouvoit tenir sur son cheval ; jà-soit-ce que paravant qu'il eût ce coup, il s'étoit porté ce jour moult duement, en rompant sur son adversaire aucunes lances. Desquelles lances servit iceux François un vite et appert homme d'armes, nommé Alardin de Mousay. Et les autres, du côté du duc de Bourgogne, et la plus grand' partie, furent servis de messire Jean de Luxembourg. Si venoit chacun jour ledit duc à son échafaud, moult grandement accompagné de sa chevalerie, et en noble appareil. Après lesquels jours iceux passés, les dessusdits François, qui avoient été moult honorés par ledit duc, et de lui reçu aucuns dons, se départirent de ladite ville d'Arras, tristes et ennuyés des dures aventures qui étoient tournées contre leurs gens; et laissèrent les deux blessés dessusdits dedans Arras, pour eux faire médeciner par l'alliance dudit duc de Bourgogne, lesquels finablement tournèrent à garnison; et les devantdits François s'en retournèrent à Compiégne.

En ce temps, les François, tenant les frontières de la rivière d'Oise et du pays de Beauvoisis, couroient chacun jour sus ceux tenant le parti du duc de Bourgogne; et pareillement, ceux de la partie du duc de Bourgogne couroient sur les mettes d'iceux François, nonobstant les trèves par avant scellées entre icelles parties, jusques aux Pâques ensuivant. A l'occasion desquelles courses, tous les villages, ou la plus grand' partie d'iceux pays, se commencèrent à dépeupler. En après, le duc Philippe de Bourgogne convoqua de plusieurs ses pays très grand' multitude de gens d'armes, lesquels furent en assemblée vers Péronne; et lui-même, et sa femme la duchesse, solennisèrent la fête de Pâques dedans ladite ville de Péronne. Après laquelle passée, il se tira, atout ses gens d'armes, à Mont-Didier, où il fut aucuns jours. Durant ces tribulations, se rendirent en l'obéissance du roi Charles, la ville et château de Melun, laquelle par avant avoit été baillée en garde au seigneur de Humières, qui pour l'entretennement d'icelle y avoit constitué aucuns de ses frères à certain nombre de gens d'armes; lesquels, par les habitants de ladite ville, en furent déboutés et mis dehors, dont le roi Charles et ceux de son parti furent moult joyeux, pourtant que par le moyen d'icelle ils pouvoient par là passer à leur plaisir par la rivière de Seine; et avecque ce étoit située et assise au plus fort lieu de tout le pays environ.

CHAPITRE LXXXII.

Comment le duc de Bourgogne, atout sa puissance, alla loger devant Gournai-sur-Aronde.

Au commencement de cet an, le duc de Bourgogne, lui partant de Mont-Didier, s'en alla loger à Gournai-sur-Aronde, et devant la forteresse d'icelle, appartenant à Charles de Bourbon, comte de Clermont, son beau-frère. Auquel lieu il fit sommer Tristan de Magueliers, qui en étoit capitaine, qu'il lui rendît ladite forteresse, ou sinon il le feroit assaillir. Lequel Tristan, voyant que bonnement ne pourroit résister contre la grand' puissance d'icelui duc de Bourgogne, fit traité avecque ses commis, par condition qu'il lui rendroit ladite forteresse le premier d'août prochainement venant, si audit jour il n'étoit combattu du roi Charles, ou de ceux de son parti; et avecque ce promit que, durant le temps dessusdit, que lui et les siens ne feroient quelque guerre à ceux tenant le parti dudit duc; et par ainsi il demeura paisible jusques audit jour. Si fut telle composition faite ainsi hâtivement, pource que audit duc de Bourgogne et à messire Jean de Luxembourg, vinrent certaines nouvelles, que le damoiseau de Commercy, Yvon du Puis et autres capitaines, atout grand nombre de combattants, avoient assiégé la forteresse de Montagu, laquelle chose étoit véritable : car le dessusdit de Commercy, à qui icelle forteresse de Montagu appartenoit, y avoit secrètement amené grand nombre de combattants, atout bombardes, veuglaires et autres habillements de guerre, tendant icelle, par soudain assaut, ou autrement par force, réduire en son obéissance. Néanmoins, elle fut vigoureusement défendue par ceux que messire Jean de Luxembourg y avoit commis, au gouvernement duquel elle étoit.

Entre lesquels y étoient commis de par lui à la garde d'icelle, comme principaux capitaines, deux hommes, dont l'un étoit d'Angleterre, et un autre nommé George de la Croix. Si furent par plusieurs fois sommés et requis de rendre la forteresse, dont point n'eurent volonté de ce faire; car ils n'étoient en nulle doute, que dedans briefs jours ne fussent secourus. Finablement, lesdits assiégeants, doutant la venue dudit duc de Bourgogne, dont ils étoient jà avertis, et qu'ils seroient combattus, se départirent dudit lieu de Montagu comme épouvantés, en délaissant bombardes, canons et autres habillements de guerre; et se départirent à minuit ou environ, et se retrahirent en leurs garnisons. Laquelle départie ainsi faite, les dessusdits assiégés firent à savoir hâtivement au dessusdit duc de Bourgogne, et à messire Jean de Luxembourg, qui en grand' diligence se préparèrent pour aller combattre les assiégeants dessusdits. Après lequel département venu à leur connoissance, ledit duc de Bourgogne s'en alla à Noyon atout son exercite.

En ces propres jours, messire Jean de Luxembourg alla courre devers Beauvais, sur les marches de ses adversaires et ennemis. A l'instance duquel département fut franc messire Louis de Waucourt et ses gens, qui par longue espace avoient été durant l'hiver, et boutèrent le feu en un bel château qu'avoient réparé; si se retrahirent à ladite ville de Beauvais, et ledit messire Jean de Luxembourg se logea devant le châtel de Prouvenlieu, qu'aucuns Anglois avoient réédifié. Et par leurs courses travaillèrent moult souvent la ville de Mont-Didier et autres marches à l'environ, appartenant au duc de Bourgogne. Si furent en bref contraints d'eux rendre à la volonté du dessusdit messire Jean de Luxembourg, desquels en fit grand' partie exécuter : et les autres furent mis en divers lieux prisonniers ; et de là il s'en retourna à Noyon devers le duc de Bourgogne.

CHAPITRE LXXXIII.

Comment le duc de Bourgogne alla mettre le siége devant le châtel et forteresse de Choisy, lequel il conquit en brefs jours.

Après que le duc de Bourgogne eut séjourné en ladite ville et cité de Noyon huit jours ou environ, il s'en alla mettre le siége devant le châtel de Choisy-sur-Oise, dedans laquelle forteresse étoit Louis de Flavy qui la tenoit par messire Guillaume de Flavi, et y fit ledit duc dresser plusieurs de ses engins, pour icelui châtel confondre et abattre. Si fut moult travaillée par lesdits engins ; tant qu'en conclusion, lesdits assiégés firent traité avec les commis du dessusdit duc de Bourgogne, tel qu'ils départirent, sauf leurs corps et leurs biens, en rendant ladite forteresse, laquelle, sans délai, après qu'ils en furent partis, fut tantôt démolie et rasée. Si fit icelui duc faire un pont par-dessus l'eau d'Oise, pour lui et ses gens passer vers Compiégne, au lez devers Mont Didier. Durant lequel temps avoient été commis le seigneur de Saveuse et Jean de Brimeu, à garder les faubourgs de Noyon, atout leurs gens avec le seigneur de Mongonniry (Montgommery) et autres capitaines anglois, qui étoient logés au Pont-l'Evêque, afin que ceux de Compiègne n'empêchassent les vivres, qui alloient à l'ost dudit duc. Si advint, un certain jour, que les dessusdits de Compiégne, c'est à savoir Jeanne la Pucelle, messire Jacques de Chabannes, messire Théolde de Valeperghe, messire Regnault de Fontaines, Pothon de Sainte-Treille, et aucuns autres capitaines françois, accompagnés de deux mille combattants ou environ, vinrent audit lieu de Pont-l'Evêque, entre le point du jour et le soleil levant, où étoient logés les dessusdits Anglois; lesquels ils envahirent de grand courage; et y eut très dure et âpre escarmouche, à laquelle vinrent hâtivement au secours d'iceux Anglois, les dessusdits seigneurs de Saveuse, Jean de Brimeu, et tous leurs gens. Duquel secours les dessusdits Anglois prirent en eux grand courage tous ensemble. Si reboutèrent par force leurs ennemis, qui déjà étoient bien avant entrés audit logis. Finablement, d'iceux Anglois furent que morts que navrés environ trente; et pareillement des François, lesquels, après cette besogne, se retrahirent à Compiègne, dont ils étoient venus. Et les Anglois dessusdits, depuis ce jour en avant, fortifièrent en grand' diligence leurs logis tout à l'environ. Et aucuns brefs jours ensuivants, Jean de Brimeu, allant, atout cent combattants ou environ, devers le duc de Bourgogne, en passant parmi le bois, au lez vers Crespy en Valois, fut soudainement envahi d'aucuns François, qui à cette cause étoient venus devers Athery en celle marche, pour trouver aventure ; et en bref, sans grand' défense, fut pris et emmené prisonnier. Si fut la cause de sadite prise, pource que lui et ses gens, chevauchant en train, ne se purent assembler tant qu'ils ouïrent l'effroi. De laquelle prise ledit Jean de Brimeu fut depuis mis ès mains de Pothon de Sainte-Treille, lequel enfin le délivra en payant grand' finance.

Après que le duc de Bourgogne eut fait du tout démolir ladite forteresse de Choisy, comme dit est, s'en alla loger en la forteresse de Condin, à une lieu de Compiégne, et messire Jean de Luxembourg se logea à Claroy. Si fut ordonné messire Baudo de Noyelle, atout certain nombre de gens, à loger à Marigny sur la chaussée ; et le seigneur de Mongomery, anglois, et ses gens, étoient logés à Venète, au long de la prée. Si venoient lors audit duc gens de plusieurs parties de ses pays ; et avoit intention d'assiéger ladite ville de Compiégne, et icelle réduire en l'obéissance du roi Henri d'Angleterre.

CHAPITRE LXXXIV.

Comment Jeanne la Pucelle rua jus Franquet d'Arras, et lui fit trancher la tête.

A l'entrée du mois de mai, fut rué jus et pris un vaillant homme d'armes, nommé Franquet d'Arras, tenant le parti du duc de Bourgogne, lequel étoit allé courre sur les marches de ses ennemis, vers Lagny-sur-Marne, atout trois cents combattants ou environ; mais à son retour fut rencontré de Jeanne la Pucelle, qui avec elle avoit quatre cents François. Si assaillit moult courageusement et vigoureusement ledit Franquet et ses gens par plusieurs fois; car, par le moyen de ses archers, c'est à savoir dudit Franquet, qu'il avoit, lesquels par très bonne ordonnance s'étoient mis à pied, se défendirent si vaillamment, que pour le premier et second assaut, icelle Pucelle et ses gens ne gagnèrent rien sur eux. Mais en conclusion elle manda toutes les garnisons de Lagny et autres forteresses de l'obéissance du roi Charles, lesquels y vinrent en grand nombre, atout couleuvrines, arbalêtres, et autres habillements de guerre. Et finablement les dessusdits, tenant le parti de Bourgogne, après qu'ils eurent moult adommagé leurs ennemis de gens de cheval, ils furent tous vaincus et déconfits, et la plus grand' partie mis à l'épée ; et mêmement ladite Pucelle fit trancher la tête à icelui Franquet, qui grandement fut plaint de ceux de son parti, pour tant qu'en armes il étoit homme de vaillante conduite.

CHAPITRE LXXXV.

Comment René, duc de Bar, mit le siége devant Chappes, emprès Troyes, en Champagne.

En ce même temps, le duc de Bar, nommé René de Sicile, convoqua, de ses duchés de Bar et de Lorraine, et des marches d'Allemagne et à l'environ, très grand nombre de gens d'armes, avec lesquels aussi se mit ce prudent et vaillant chevalier le seigneur de Barbazan, lequel, comme dit est dessus, a été très long-temps prisonnier aux Anglois. Et pouvoit avoir icelui duc de deux à trois mille combattants, atout lesquels il alla assiéger Chappes, à trois lieues de Troyes, dedans laquelle étoient le seigneur d'Aumone et son frère, et, avec eux, plusieurs gens de guerre, qui, très vaillamment, se mirent en défense. Et, avec ce, envoyèrent devers les seigneurs de Bourgogne, eux prier qu'ils les voulussent secourir à ce besoin. Lesquels seigneurs, c'est à savoir messire Antoine de Thoulongeon, maréchal de Bourgogne, le comte de Joigny, messire Antoine et messire Jean de Vergy, le seigneur de Jonvelle, le seigneur de Chastellux, le Veau de Bar, et, généralement, la greigneur (majeure) partie de la gentillesse de Bourgogne, jusques au nombre de quatre mille combattants, s'assemblèrent, et vinrent assez près du logis du duc de Bar, pour le combattre. Lequel duc, sachant leur venue, se mit en bonne ordonnance de bataille; mais, en bref, iceux Bourguignons se mirent en desroy (désordre), et retournèrent en leur pays. Si furent environ, que morts que pris, bien soixante : entre lesquels le seigneur de Plansi, Charles de Rochefort. Et, pareillement, le seigneur d'Aumone, en saillant hors de sa place, pour aider à combattre ses ennemis, avec aucuns de ses gens, fut pris prisonnier. Si convint qu'il livrât sa forteresse au duc de Bar, laquelle fut du tout démolie; et son frère fut pris comme lui.

CHAPITRE LXXXVI.

Comment Jeanne la Pucelle fut prise des Bourguignons devant Compiègne.

Durant le temps que ledit duc de Bourgogne étoit logé à Condin, comme dit est, et ses gens d'armes ès autres villages, auprès de Condin et de Compiègne, advint, la nuit de l'Ascension, à cinq heures après midi, que Jeanne la Pucelle, Pothon, avecque, plusieurs autres nobles et vaillants capitaines françois, avec eux de cinq à six cents combattants, saillirent hors, tous armés de pied et de cheval, de ladite ville de Compiégne, par la porte du pont, vers Mont-Didier; et avoient intention de combattre et ruer jus le logis de messire Baudo de Noyelle, qui étoit à Marigny, au bout de la chaussée, comme dit est en autre lieu. Si étoit, à cette heure, messire Jean de Luxembourg, avec lui le seigneur de Créquy, et huit ou dix gentilshommes, tous venus à cheval, non ayant sinon assez petit, de son logis devers le logis messire Baudo; et regardoit par quelle manière on pourroit assiéger icelle ville de Compiégne. Et adonc iceux François, comme dit est, commencèrent très fort à approcher icelui logis de Marigny, auquel étoient, ou la plus grande partie, tous désarmés.

Toutefois, en assez bref terme, s'assemblèrent, et commença l'escarmouche très grande, durant laquelle fut crié à l'arme! en plusieurs lieux, tant de la partie de Bourgogne comme des Anglois; et se mirent en bataille les dessusdits Anglois contre les François, sur la prée, au dehors de Venète, où ils étoient logés; et étoient environ cinq cents combattants. Et d'autre côté, les gens de messire Jean de Luxembourg, qui étoient logés à Claroy, sachant cet effroi, vinrent les aucuns hâtivement, pour secourir leur seigneur et capitaine, qui entretenoit ladite escarmouche, et auquel, pour la plus grand' partie, les autres se rallièrent: en laquelle fut très durement navré au visage ledit seigneur de Créquy. Finablement, après ce que ladite escarmouche eut duré assez long espace, iceux François, voyant leurs ennemis multiplier en grand nombre, se retrahirent devers leur ville, toujours la Pucelle Jeanne avec eux. sus le derrière, faisant grand' manière d'entretenir ses gens, et les ramener sans perte; mais ceux de la partie de Bourgogne, considérant que de toutes parts auroient bref secours, les approchèrent vigoureusement, et se férirent en eux de plein élai. Si fut, en conclusion, comme je fus informé, la dessusdite Pucelle tirée jus de son cheval par un archer, auprès duquel étoit le bâtard de Vendôme, à qui elle se rendit et donna sa foi; et il, sans délai, l'emmena prisonnière à Marigny, où elle fut mise en bonne garde. Avec laquelle fut pris Pothon le Bourguignon, et aucuns autres, non mie en grand nombre. Et les dessusdits François rentrèrent en Compiégne, dolents et courroucés de leur perte; et, par espécial, eurent moult grand' déplaisance pour la prise d'icelle Pucelle. Et, à l'opposite, ceux de la partie de Bourgogne et les Anglois en furent moult joyeux, plus que d'avoir cinq cents combattants: car ils ne craignoient, ni redoutoient nul capitaine, ni autre chef de guerre tant comme ils avoient toujours fait jusques à ce présent jour, icelle Pucelle. Si vint, assez tôt après, le duc de Bourgogne, atoute sa puissance, de son logis de Condin, où il étoit logé, en la prée devant Compiégne.

Et là s'assemblèrent les Anglois, ledit duc, et ceux des autres logis, en très grand nombre, faisant, l'un avec l'autre, grands cris et rébaudissements, pour la prise de ladite Pucelle : laquelle icelui duc alla voir au logis où elle étoit, et parla à elle aucunes paroles, dont je ne suis mie bien récors, jà-soit-ce que j'y étois présent. Après lesquelles se trahit ledit duc et toutes ses gens, chacun en leur logis, pour cette nuit. Et la Pucelle demeura en la garde et gouvernement de messire Jean de Luxembourg. Lequel après, dedans brefs jours ensuivants, l'envoya, sous bonne conduite, au château de Beaulieu, et, de là à Beau-Revoir, où elle fut par long-temps prisonnière, comme ci-après sera déclaré plus à plein.

CHAPITRE LXXXVII.

Comment le jeune roi Henri d'Angleterre vint en France et descendit à Calais.

En cet an, le jeune roi Henri, âgé de huit ans, vint d'Angleterre à Calais, et descendit de sa nef, environ dix heures au matin, le jour de monseigneur Saint-George. Si fut monté sur un cheval, et alla ouïr messe en l'église Saint-Nicolas. Si étoient avec lui cardinal de Vincestre, le duc d'Yorck, le comte de Huntingdon, le comte de Warwick, le comte de Stanfort, le comte d'Arondel, le comte de Suffort, le comte de Bonneterre, le comte de Hem, les seigneurs de Roye, de Beaumont, d'Escaillon, de Grez et plusieurs autres. Si y étoit maître Pierre Cauchon, évêque de Beauvais, qui avoit été envoyé pour le quérir, et depuis vinrent ses gens. Si fut mené atout sa puissance en la ville de Rouen où il fut long-temps.

CHAPITRE LXXXVIII.

Comment, après la prise de la Pucelle, le duc de Bourgogne et ses gens se logèrent devant la ville de Compiégne.

Le lendemain du jour de l'Ascension, le duc de Bourgogne s'en alla loger de Condin à Venète, dedans l'abbaye, et ses gens se logèrent en la ville, d'autre part; et messire Jean de Luxembourg se logea à Marigny. Si fut assez bref ensuivant commencé une bastille de terre, à un trait d'arc ou environ, près du boulevert de la ville; et depuis furent faits aucuns taudis de chênes, pleins de terre, et autre bois fiché en terre, au plus près du dessusdit boulevert. Auxquels taudis se faisoit guet nuit et jour continuellement, d'un certain nombre de gens d'armes. Avec lesquels furent faits, depuis ladite bastille jusques aux dessusdits taudis, grands fossés par où les gens de guerre alloient sûrement à leurdit guet, pour la doute des engins de ladite ville, dont on étoit servi très largement. Si fit icelui duc asseoir aucuns grands engins devant la porte, laquelle, par la continuation des grosses pierres qu'ils y jetoient, dérompirent et crevantèrent en plusieurs lieux, les portes, ponts, moulins et bouleverts de ladite ville.

Enfin, y eut aucune partie des moulins mis en tel point que plus ne purent moudre, laquelle chose déplut grandement aux habitants d'icelle. Et avec ce, entre les autres maux que firent les dessusdits engins, occirent un gentilhomme roide et habile, âgé de vingt-deux ans ou environ, nommé Louis de Flavy, lequel étoit frère de Guillaume de Flavy, général-capitaine d'icelle ville de Compiégne, et de tous ceux là étant. Pour la mort duquel ledit Guillaume fut troublé et ennuyeux; mais nonobstant il n'en montra nul semblant; ains (mais), pour resbaudir (réjouir) ses gens, bref ensuivant, fit devant lui sonner ses ménestriers ainsi qu'il avoit accoutumé de faire; et avec çe fit diligemment garder le boulevert dessusdit, nonobstant que par lesdits engins il fût moult empiré et travaillé. Et avoit fait faire au fond des fossés d'icelui boulevert, de petites maisonnettes de bois, où ses gens se tenoient pour faire leur guet, moult subtilement faites et composées. Si furent, par l'introduction de messire

Jean de Luxembourg, commencées aucunes mines, lesquelles furent cachées bien avant et profond, et à grands coups, sans porter effet ni valeur. Duquel temps aussi, en faisant lesdites mines et approches, en y eut plusieurs des assiégeants qui y furent morts et beaucoup de navrés. Desquels morts furent les principaux, c'est à savoir messire Jean de Belles, chevalier; Alain d'Escassines, Thibault de Cartignies et plusieurs autres, tant de la partie de Bourgogne comme des Anglois.

CHAPITRE LXXXIX.

Comment les Liégeois se mirent sus à grand' puissance de communes et vinrent en la comté de Namur.

En ce temps les Liégeois, tant par l'introduction d'aucuns haussaires tenant le parti du roi Charles, c'est à savoir Jean de Beaurain, Jean de Saumain, Everard de la Marche et aucuns autres, comme par la haine et malveillance que long-temps ils avoient eue au duc de Bourgogne, pour les discords que ses prédécesseurs et lui avoient eus par avant, dont plus à plein est faite mention en ce présent livre, se disposèrent et conclurent de venir à grand' puissance sur le pays dudit duc, et par espécial en sa comté de Namur, tout détruire, nonobstant que de ce faire les désenhorta par plusieurs fois Jean de Heneberghe, leur évêque, en leur remontrant, par plusieurs raisons, les grands maux et inconvénients qui pouvoient venir au pays de Liége, s'ils mettoient leur entreprise à exécution. Lesquelles remontrances iceux Liégeois prenoient très mal en gré, et ne vouloient nullement attarger (retarder) de mettre à fin ladite entreprise. Et pour tant, ledit évêque considérant que bonnement il ne se pouvoit éconduire ni excuser qu'il ne fît assistance et aide à ceux de son pays, qu'il ne se mît en péril d'être enchassé de sa seigneurie, prit conclusion avec aucuns de son conseil, que pour son honneur garder, avant qu'il fît guerre ouverte au duc de Bourgogne ni à ses pays, il lui enverroit premier ses lettres de défiance, desquelles la copie s'ensuit.

« Très haut, très noble et très puissant prince Philippe, duc de Bourgogne, comte de Flandre, d'Artois et de Bourgogne, palatin de Namur, etc. Jà-soit-ce que Jean de Heneberghe, évêque de Liége et comte de Los, par vertu de certain sur-état par vous, et moi pour vous et les nôtres pieçà données l'un à l'autre, dont lettres apparent, vous ait plusieurs fois, par lettres, de bouche, ou autrement, fait supplication, prière et requête, et sommation d'avoir restitution et réparation, selon le contenu dudit sur-état, qui a été assez petitement tenu, de plusieurs grands et horribles dommages commis et perpétrés de vos gens, et capitaines et serviteurs, sur mes pays et sujets, ainsi que votre très noble et pourvue discrétion peut bien avoir mémoire, que mes complaintes et requêtes le contenoient plus pleinement; néanmoins, très noble, très haut et très puissant prince, jusques à ores, obstant vos gracieuses réponses sur ce, contenant que votre intention et plaisir dudit sur-état être entretenu, et qui encore n'ont sorti nul effet, se sont si avant entremêlées icelles choses d'un côté et d'autre, que grieve chose m'est à porter, dont il me déplaît tant que plus ne peut. Et toutefois, très noble et très puissant prince, votre très noble et pourvue discrétion peut assez sentir et connoître que par raison et serment suis tenu de demeurer lez mon église et pays, que sans les éloigner, considérées les choses ainsi avenues, les me convient assister et défendre en tous droits et contre tous, de toute ma force et puissance. Pourquoi très haut, très noble et puissant prince, moi premièrement excusant à votre très excellente personne et haute domination, derechef vous avertis d'icelles choses, en signifiant que, si plus avant advenoit, ou étoit par moi ou les miens fait, par nécessité ou autrement, qui de tant voudrois avoir mon honneur pour bien gardé.

» Donné sous mon scel, pendu à ces lettres, le dixième jour de juillet, l'an mil quatre cent et trente.

» Ainsi signé du commandement monseigneur propre. J. Berrard. »

Et pareillement le défendirent plusieurs autres

seigneurs, alliés d'icelui évêque, c'est à savoir le comte de Beaurienne, Picard de la Grâce, seigneur de Quinquempoix, Rasse de Rabel, Gérard d'E-devant, Jean de Valle, Henry le Gayel, Jean de Boilleur, Jean de la Barre, Jean de Gemblais, Corbeau de Belle Goulle, Thierry Ponthey, et plusieurs autres.

CHAPITRE XC.

Comment le duc de Bourgogne envoya le seigneur de Croy en la comté de Namur, contre les Liégeois.

Après ce qu'il fut venu à la connoissance du duc de Bourgogne, que l'évêque de Liége et ses Liégeois se préparoient pour entrer en sa comté de Namur, si conclut avecque ceux de son conseil, d'y envoyer le seigneur de Croy avec six cents combattants, pour garder et défendre ladite ville de Namur, et forteresse dudit pays. Lequel seigneur de Croy, après ladite conclusion, se départit de devant Compiégne, et avoit avecque lui huit cents combattants qu'il avoit en sa charge; et s'en vint à Namur, où les Liégeois avoient jà commencé la guerre, et pris Beaufort et bouté le feu. Et ledit Croy, venu audit lieu de Namur, fut dix jours sans faire guerre; et depuis prit Fosse d'assaut, laquelle fut arse, réservé le moutier. Et le lendemain, furent mis à fin et morts à Florine, bien quarante ou quatre-vingt Liégeois, et y eut pris quarante prisonniers. Avecque lequel seigneur de Croy étoit son frère messire Jean de Croy. Si y étoient les seigneur de Maisnée, de Rambures, de Fauquemberge et de Juselle; le Galois de Renti, le seigneur de Frammesant, Robert de Neufville, et plusieurs autres nobles. Ledit seigneur de Rambures fut envoyé à Polnache, où il fut à une saillie navré à mort et pris prisonnier. Et depuis y fut mis le seigneur de Senlis, lequel rendit la place aux Liégeois, et puis y boutèrent le feu et l'ardirent. Lesquels Liégeois avecque leur évêque, étoient bien cinquante mille hommes. Et depuis qu'ils eurent pris Polnache, mirent le siége devant Bouvines, et si prirent Golesme et l'ardirent. Durant lequel temps, les gens dudit seigneur de Croy firent plusieurs envahies sur eux, auxquelles, par plusieurs fois en prirent et occirent sept ou huit cents.

CHAPITRE XCI.

Comment le comte de Huntingdon vint devant Compiégne en l'aide du duc de Bourgogne.

En ces jours, vint en l'aide du duc de Bourgogne, le comte de Huntingdon, et Robersart, anglois, atout mille archers d'Angleterre, ou environ, lesquels se logèrent en la ville de Venète, où par avant étoit logé le duc de Bourgogne, lequel de sa personne s'en alla loger en la bastille devant dite, entre Marigny et Compiégne; et ses gens se logèrent audit lieu de Marigny, dont s'étoit délogé le capitaine messire Jean de Luxembourg et ses gens; et s'en étoit allé en la ville de Soissons, laquelle, par certains moyens qu'il avoit dedans, lui fut rendue avec aucunes autre places au pays à l'environ. Si se départirent de devant ladite ville de Compiégne, le seigneur de Mongommery et ses Anglois, et s'en retournèrent en Normandie, après la venue dudit comte de Huntingdon. Et après icelui duc de Bourgogne fit faire, jour et nuit, grand' diligence d'abattre et démolir, par ses engins, le boulevert de devant le pont de la ville, lequel, comme en autre lieu est déclaré, grevoit moult ses gens. Néanmoins il dura bien l'espace de deux mois environ; et par soudain assaut, qui y fut fait par nuit de la partie dudit duc, fut pris de huit à dix hommes dedans, avec aucuns habillements de guerre là étant, qui se défendirent assez petit. Après laquelle prise furent les fossés remplis; et fut icelui boulevert fortifié contre ceux de la ville, et gardé soigneusement chacun jour à force de gens d'armes. A laquelle prise furent noyés aucuns de dedans, parce qu'en eux retrayant en hâte, ils churent en la rivière d'Oise. Et d'autre part, le dessusdit duc de Bourgogne fit faire un pont par-dessus l'eau, à l'encontre de Venète, lequel étoit gardé nuit et jour; et passoient les Anglois et Bourguignons, très souvent de pied et de cheval, pour aller escarmoucher les François au lieu vers Pierrefons. Si passa, un certain jour, le dessusdit comte de Huntingdon, atout ses Anglois, et s'en alla courre devers Crespy en Valois, et de là vint à Saintines, qui se rendit à son obéissance; et après il s'en alla loger à Verberie, où il fit très fort assaillir l'église de la ville, que tenoient les paysans; lesquels, en conclusion, furent contraints d'eux rendre en sa volonté, et eux mettre du tout en sa merci. Et fit pendre un homme nommé Jean de d'Ours, qui étoit comme leur capitaine, pource qu'à sa première requête n'avoit voulu obéir.

Si furent tous lesdits paysans pris et rançonnés, et tous leurs biens ravis.

Après, s'en retourna ledit comte, atout aucunes proies, en son logis devant Compiégne. Durant lequel temps se tenoient à Clermont en Beauvoisis, le seigneur de Crèvecœur et Robert de Saveuse, atout leurs gens, pour garder la frontière contre les François, qui se tenoient à Creil et à Beauvois, et avecque ce, pour faire acconduire en l'ost des vins et tous vivres nécessaires.

Si se tenoient adonc la duchesse de Bourgogne à Noyon atout son état. Laquelle, de fois à autre, alloit visiter le dessusdit duc de Bourgogne, son seigneur. Esquels jours aussi alla ledit duc de Bourgogne, atout sa puissance, tenir la journée devant Gournai-sur-Aronde, laquelle on lui avoit promis de rendre et remettre en son obéissance. Et fut avecque lui, et pour lui assister et faire compagnie, le duc de Norfolk, anglois, atout mille combattants ou environ, et le comte de Huntingdon. A laquelle journée ne vint homme de par le roi Charles; et pour tant Tristan de Magneliers, voyant que point ne seroit secouru, rendit la forteresse en la main dudit duc de Bourgogne, lequel la bailla en garde au seigneur de Crèvecœur; et après, s'en retourna, avecque lui le comte de Huntingdon, à son siége de Compiégne, auquel lieu, à son département, il avoit laissé certain nombre de gens d'armes, pour garder son logis; et le dessusdit duc de Norfolk s'en alla devers Paris.

CHAPITRE XCII.

Comment un homme nommé Toumelaire et ceux de Reims mirent le siége devant Champigneux.

En ces jours, un saquement nommé Toumelaire, qui étoit prévôt de Laon, de par le roi Charles, conduisit de cinq à six cents communes de la ville de Reims et des marches à l'environ, et les mena assiéger la forteresse de Champigneux, dedans laquelle étoient aucuns Anglois et Bourguignons, qui moult oppressoient le pays de Champagne. Si commencèrent iceux assiégeants à approcher la forteresse de toutes parts, espérant iceux subjuguer et mettre en leur obéissance; ce que point n'advint: car dedans brefs jours ensuivants, Guillaume Corain, anglois, et, Georges de Croix, qui se tenoient à Montagu, assemblèrent ce qu'ils purent avoir de gens, et sans faire long délai, allèrent combattre les dessusdites communes, lesquelles, sans faire bien grand' défense, furent tantôt vaincues, et la plus grand' partie furent morts et pris. Toutefois ledit Toumelaire, avec aucuns autres, se sauva; si en demeura sur la place de six à sept vingts morts parmi une partie, qui furent ars en une maison où ils s'étoient retraits; et délaissèrent plusieurs canons, arbalêtres, et aucuns autres habillements de guerre qu'ils y avoient apportés. Après laquelle besogne, et qu'ils eurent la forteresse reformée, les dessusdits Guillaume Corain et Georges de Croix s'en retournèrent à Montagu, très joyeux de leur victoire.

CHAPITRE XCIII.

Comment le duc Philippe de Brabant trépassa; et comment le duc de Bourgogne prit la possession de ladite duché.

En ce temps, mourut, en la ville de Louvain, le duc Philippe de Brabant, qui par long-temps devant sa mort avoit été moult grévé de maladie langoureuse. Si furent aucuns de ses privés serviteurs soupçonnés d'être coupables de sa mort, et mêmement en y eut aucuns pris et très durement questionnés par diverses manières de jehennes. Néanmoins la besogne ne vint plus avant à clarté, et fut dit par aucuns maîtres en médecine, dont il fut visité, qu'il étoit mort de sa mort naturelle par les excès qu'il avoit faits en sa jeunesse, tant en joûtes comme en autres choses. Si fut enterré avec ses prédécesseurs. Et fut la mort dudit duc tantôt mandée au duc de Bourgogne, qui étoit à son siége devant Compiégne, pource que la plus grand' partie de la duché de Brabant et des appartenants, et par spécial, les nobles en disoient icelui duc de

Bourgogne être vrai héritier, pour tant que le devantdit duc de Brabant n'avoit nul enfant, car il n'avoit point été marié. Et les autres disoient que la comtesse de Hainault, douairière et tante d'iceux deux ducs, étoit plus prochaine, et qu'à elle appartenoit la succession. Toutefois, icelui duc de Bourgogne, sachant la mort dessusdite, constitua à son siége de Compiègne aucuns de ses plus féables capitaines et chevaliers, c'est à savoir messire Jacques de Brimeu, maréchal de son ost; messire Hue de Launoy, le seigneur de Saveuses, et aucuns autres, pour d'icelui avoir le gouvernement, et l'entretenir avec le comte de Huntingdon et ses Anglois; et avec ce remanda hâtivement et sans aucun délai messire Jean de Luxembourg, qui étoit au pays de Soissonnois, en lui requérant instamment par ses lettres et messages que sans délai atout ses gens soudain il retournât devant Compiégne, pour du tout avoir la charge de son ost, en lui signifiant les affaires qui lui étoient survenues, et comment il étoit de nécessité qu'il s'en allât audit pays de Brabant.

Après lesquelles besognes ainsi faites, et que le duc de Bourgogne eut mis provision, comme dit est, en son ost, par la manière ci-devant déclarée, et aussi qu'il eut devant la porte du pont fait fortifier et garnir de gens d'armes et d'habillements de guerre une grande et forte bastille, de laquelle fut capitaine messire Baude de Noyelle, prenant premier congé au comte de Huntingdon, il se départit,

20.

et alla à Noyon, et de là par aucuns jours s'en alla à Lille, où il eut conseil avec ses principaux conseillers, avec lesquels il s'accorda d'aller audit pays de Brabant prendre la possession et saisine d'icelui, et de toutes les appartenances. Au partement duquel s'en retourna la duchesse sa femme au pays d'Artois; et bref ensuivant fut ledit duc reçu comme seigneur et duc de toutes les villes et appartenances de la duché, et autres pays que n'aguères tenoit le dessusdit duc de Brabant défunt. Toutefois la dessusdite comtesse de Hainault, douairière, sa tante, y entendoit avoir aucun droit, comme dit est par-dessus. Nonobstant ce, elle, considérant la grand' puissance de son beau neveu, contre lequel ne pouvoit résister; voyant aussi la plus grand' partie des nobles et bonnes villes être déjà contre elle, se déporta de plus avant en faire poursuite, et pour tant icelui duc de Bourgogne en fut par tous les pays plus libéralement obéi. En ce même temps, la demoiselle de Luxembourg, sœur au comte Waleran, moult ancienne, laquelle étoit au château de Beau-Revoir, au gouvernement de messire Jean de Luxembourg, son neveu, appréhenda et fit relever pour lui et en son nom toutes les seigneuries jadis appartenantes au dessusdit comte Waleran, son frère; lesquelles de nouvel lui étoient échues comme la plus prochaine héritière de côté de son beau-neveu le duc de Brabant, naguères trépassé. Si furent par elle partout renouvelés les serments des officiers; et se nomma depuis ce jour en avant comtesse de Ligny et de Saint-Pol, sa vie durant; et pour tant qu'elle aimoit moult cordialement sondit neveu messire Jean de Luxembourg, lui donna à prendre et avoir grand' partie d'icelles seigneuries après son trépas, dont point ne fut bien content le comte de Conversan, seigneur d'Enghien, frère aîné de messire Jean de Luxembourg; et depuis eurent aucunes rédargations ensemble, mais enfin se concordèrent l'un avec l'autre.

CHAPITRE XCIV.

Comment messire Jean de Luxembourg entreprit le gouvernement du siége de Compiégne, et des ordonnances qu'il y fit; et autres matières.

APRÈS ce que le duc de Bourgogne fut parti, comme dit est, de devant la ville de Compiégne, assez bref ensuivant, vint messire Jean de Luxembourg atout ses gens devant icelle ville, et en prit la charge et gouvernement de tout le siége, ainsi que par ledit duc lui avoit été requis et ordonné. Si fit sans délai pourvoir et besogner nécessairement à la grande bastille de devant le pont, et en commencer deux autres moindres sur la rivière au lez vers Noyon, dont Guy de Roye eut la charge de l'une, accompagné d'Aubellet de Folleville, et autres de sa compagnie et de ses gens; et la seconde fut baillée à un routier de Boulenois, nommé Branart, avecque lequel furent commis aucuns arbalêtriers gènevois, portugalois, et autres d'étrange pays. Et après, ledit de Luxembourg se prépara pour passer l'eau, et par-dessus le neuf pont, contre Venète, alla loger en l'abbaye de Royaulieu, avec lui messire Jacques de Brimeu, maréchal de l'ost, messire Hue de Lannoy, le seigneur de Créquy, le seigneur de Saveuses, le seigneur de Humières, messire Daviod de Poix, Ferry de Mailly, messire Florimont de Brimeu; et plusieurs autres notables hommes se logèrent tant en l'abbaye comme au village, qui étoit moult désolé, et ès vignes et jardins à l'environ, et demeura le comte de Huntingdon à son logis de Venète, avec ses gens. Durant lequel temps, firent les assiégés plusieurs saillies de pied et de cheval; auxquelles, tant d'une part comme d'autre, furent aucuns pris et navrés, non mie en grand nombre. Si fut par lesdits assiégeants encommencé une grand' bastille, à un trait et demi d'arc près ladite ville, en tirant vers la porte de Pierrefons, dedans laquelle, pour la garder, furent commis le dessusdit maréchal de l'ost, le seigneur de Créquy, messire Florimont de Brimeu, avec eux trois cents combattants ou environ, qui tous ensemble se logèrent dedans ladite Bastille, avant qu'elle fût du tout parfaite ni fortifiée, et y furent, par longue espace de temps, logés. Auquel temps les assiégés souffrirent moult grand' détresse de famine, et ne pouvoient, pour nulle finance, recouvrer des vivres dedans leur ville; car, en l'espace de quatre mois entiers, n'en fut dedans icelle ville, vendu en public.

Si furent adonc envoyés plusieurs messagers au maréchal de Boussac, au comte de Vendôme, et aux autres capitaines du roi Charles, pour eux requérir instamment qu'ils voulsissent secourir icelle ville de Compiégne, laquelle était moult oppressée par lesdits assiégeants.

Entre temps que les tribulations dessusdites duroient, s'assemblèrent le maréchal de Boussac, Pothon de Sainte-Treille, Théolde de Valleperge, et plusieurs autres capitaines François. Si allèrent assiéger la ville de Proisy-sur-Oise, dedans laquelle étoit le bâtard de Chevreux, atout quarante combattants ou environ, qui, assez bref, furent contraints d'eux rendre à volonté; et en y eut la plus grand' partie mis à mort par les gisarmiers dudit maréchal de Boussac. Et depuis qu'ils se furent ainsi rendus, la forteresse fut démolie, et pareillement furent prises par les dessusdits Cathu le fort moûtier, le châtel, et aucunes autres places. Esquelles furent exécutés à mort la greigneur partie des compagnons, qui dedans étoient.

Toutefois ledit maréchal de Boussac, ni les autres de la partie du roi Charles, ne firent, sur les assiégeants de Compiégne, aucune entreprise, comme il est accoutumé de faire en tel cas, jusques au derrain que le siége fut levé, comme ci-après sera plus à plein déclaré. En ce temps, le duc de Norfolk, anglois, se tenoit à très grand' puissance sur les marches de l'Ile-de-France, où il mit plusieurs forteresses en l'obéissance du roi Henri, c'est à savoir Dampmartin en la Gohelle, la Chasse Mongay, et aucunes autres. Et pareillement, d'autre côté, le comte de Staffort prit d'assaut la ville de Brie-Comte-Robert, par le moyen de laquelle se rendit la forteresse du lieu, laquelle étoit moult forte. Et de là ledit comte s'en alla passer l'eau de Seine avecque toute sa compagnie, et fourrager tout le pays jusques assez près de Sens en Bourgogne; et après s'en retourna atout grand' proie, au lieu dont il s'étoit parti, sans ce qu'il trouvât nul de ses ennemis, qui lui fissent aucun détourbier. Et bref ensuivant, prit le Quesne-en-Brie, Grand-Puis, Rapillon; et en fit bien pendre quatre-vingts de ceux qui étoient dedans ledit Quesne. Et pareillement prit la forte tour de Bus, laquelle, avec les autres places dessusdites, fut toute désolée; et étoient dedans Brie-Comte-Robert, quand elle fut prise, messire Jacques de Milly, et messire Jean de la Haie; lesquels furent prisonniers aux Anglois, et depuis échappèrent de leurs mains, parmi payant grand' finance.

CHAPITRE XCV.

Comment le prince d'Orange fut rué jus par les François.

En l'an dessusdit, le jour de la Trinité, se mit sus le prince d'Orange atout douze cents combattants ou environ, lesquels il mena au pays de Languedoc, où il mit en son obéissance plusieurs châteaux tenant le parti du roi Charles. Et pareillement fit en Dauphiné, dont grandement déplut audit roi et à ceux de sa partie. Si fut par lui conclu avec ceux de son conseil, pour y résister, que le seigneur de Gaucourt, gouverneur du Dauphiné, messire Ymbert de Gauler, sénéchal de Lyon-sur-Rhône, et Rodigue de Villandras, feroient leur assemblée des nobles hommes du pays, et ce qu'ils pourroient recouvrer de gens de guerre, et fleur de droites gens d'armes d'élite, pour icelui pays défendre et recouvrer. Lesquels, quand ils furent mis tous ensemble, se trouvèrent de quinze à seize cents combattants. Si s'en allèrent mettre le siége devant une forteresse, nommée Coulembier, laquelle, en assez bref terme, se rendit aux dessusdits capitaines. Et, entre temps, le prince d'Orange dessusdit, qui s'étoit retrait en sa marche, sachant ses ennemis à puissance être sur les champs, et que déjà avoient assiégé icelle forteresse que ses gens tenoient, envoya hâtivement, et sans délai, ses lettres et messagers devers les seigneurs, nobles, et gens de guerre du pays de Bourgogne, et aussi d'autres lieux où il avoit ses amis, alliés et bienveillants. Si fit si bonne diligence, qu'en assez brefs jours ensuivants, il assembla très grand nombre de nobles hommes, lesquels il conduisit et mena vers le pays où étoient ses ennemis, espérant secourir ladite forteresse, qui, par avant, comme dit est, s'étoit rendue en la main des François. Lesquels François, par leurs espies, savoient la venue des Bourguignons, et, pour ce, s'étoient préparés en grand' diligence pour les recevoir et combattre. Et de fait tous ensemble, par très bonne ordonnance, se mirent à chemin pour aller au-devant d'eux, et les rencontrèrent entre Coulembier et Hauton; mais les dessusdits Bourguignons venoient parmi un bois, et ne se purent pas du tout bonnement rassembler, ne mettre en pleine ordonnance de bataille, parce qu'iceux François les envahirent soudainement et vigoureusement. Toutefois, de première venue, y eut très dure et merveilleuse rencontre.

Entre lesquels de ceux de la partie de Bourgogne se mit à pied un moult vaillant chevalier nommé messire Louis de la Chapelle, et avec lui aucuns de ses gens; mais il fut tantôt mis à mort. Et finablement, et pour briève conclusion, les François obtinrent et gagnèrent le champ, et demeurèrent maîtres. Si y furent morts sur la place environ de deux à trois cents Bourguignons largement, et si en y eut de pris six vingts ou plus; desquels prisonniers furent les principaux, le seigneur de Bussy, fils au seigneur de Saint-George; le seigneur de Varembon, lequel eut le nez abattu d'une taillade; messire Jean-Louis, fils au seigneur de Conches, seigneur de la Freté; Thibault de Rougemont, le seigneur de Ruppes, le seigneur de Scabonne, messire Jean de Vienne, le seigneur de Raix, Jean de Baudre, messire duc de Sicon, Gerard de Beauvoir, et plusieurs autres, jusques nombre dessusdit.

En laquelle journée se départirent plusieurs Bourguignons en grand déroi, lesquels pouvoient être environ de seize à dix-huit cents combattants. Desquels furent les principaux, le dessusdit prince d'Orange, et fut chassé jusque à Autun, où il se sauva à grand' peine; le comte de Fribourg, le seigneur de Montaigu, c'est à savoir, messire Jean de Neuchâtel, qui portoit l'ordre de la toison d'or, qui lui fut ôtée; le seigneur de Pasmes, et moult d'autres notables gentilshommes, qui s'en allèrent en fuyant par plusieurs parties, et en divers lieux. Et fut cette besogne environ l'heure de tierce; en laquelle se porta très vaillamment le dessusdit Rodigues de Villandras, qui menoit l'avant-garde des François. Lesquels François, après cette besogne, se rassemblèrent, et eurent moult grand' joie de leur bonne victoire, en remerciant et louant Dieu leur créateur; et depuis, par le moyen de cette détrousse, conquirent sur la partie de Bourgogne plusieurs villes et forteresses, dont l'une d'icelles fut Aubrune, qui étoit audit prince d'Orange, laquelle, après qu'elle fut prise, fut par iceux François démolie.

CHAPITRE XCVI.

Comment les François vinrent devant la ville de Compiégne, où ils levèrent le siége des Bourguignons.

Après que le comte de Huntingdon et messire Jean de Luxembourg eurent, par grand espace de temps et à grand labeur, continué leur siége devant la ville de Compiégne, et moult astreint de famine les assiégés, par le moyen des bastilles et approches qu'ils avoient faites autour d'icelle ville, et qu'ils espéroient en assez bref terme avoir la fin et conclusion de leur entreprise, et ladite ville réduite en leur obéissance, le mardi devant le jour de la Toussaints, les François, en nombre de quatre mille combattants ou environ, desquels principaux étoient les maréchaux de Boussac, le comte de Vendôme, messire Jacques de Chabannes, Pothon de Sainte-Treille, messire Regnault de Fontaines, le seigneur de Longueval, messire Louis de Vaucourt, Allain Giron, et plusieurs autres vaillants capitaines, qui par plusieurs fois avoient été moult instamment requis de Guillaume de Flavi et des autres assiégés en ladite ville de Compiégne, de leur bailler secours, vinrent loger tous ensemble, ou au moins la plus grand' partie, en la ville de Verberie, atout foison de vivres et grand nombre de paysans, qui avoient plusieurs instruments, coignées, scies, louchés, serpes, hoyaux et autres pareils outils, pour refaire et réparer les chemins parmi forêts et autres lieux que les assiégeants avoient empêchés en plusieurs parties; tant de gros bois, qu'ils avoient fait abattre et traverses esdits chemins, comme de fossés qu'ils avoient fait faire, et autres empêchements. Laquelle assemblée et logis surent assez bref iceux assiégeants, et, pour tant, quand partie des chefs de guerre et des plus notables surent ce, se mirent ensemble à conseil pour avoir avis l'un avec l'autre, savoir s'il seroit bon qu'ils allassent au-devant de leurs ennemis pour les combattre, ou s'ils les attendroient à leur siége. Laquelle besogne mise en conseil fut de plusieurs débattue, et vouloient les aucuns qu'on allât combattre devant qu'ils vinssent plus avant, et les autres, pour plusieurs raisons, disoient qu'il valoit mieux les attendre, et eux fortifier et apprêter pour les recevoir. Disant outre, que s'ils laissoient leur siége pour aller vers les François, et leurs bastilles mal garnies, lors les assiégés, qui étoient en grand' détresse, désirant être délivrés du grand danger où ils étoient, pourroient moult grever lesdites bastilles, ou, à tout le moins, s'en pourroient aller, et eux mettre à sauveté, là où ils pourroient le mieux ; et pour tant retourna ce conseil de la plus grand' partie. Si conclurent tous ensemble d'un commun accord, d'attendre toutes aventures et de y résister de tout leur pouvoir. Si furent les ordonnances telles qui s'ensuit.

Il est à savoir que le lendemain très matin, qui étoit le mercredi, le comte de Huntingdon, atout ses Anglois, passeroit l'eau par le neuf pont, et viendroit vers Royaulieu, pour lui mettre en bataille avec messire Jean de Luxembourg, et laisseroit en l'abbaye de Venète, qui étoit forte, la plus grand' partie de leurs gens, chevaux et bagues, avec un peu de ses gens, qui seroient commis pour les garder, et aussi pour garder le pont.

Fut ordonné que tous les chars, charrettes, chevaux, marchands, vivres et autres telles besognes fussent mis et retraits en la dessusdite abbaye de Royaulieu ; à laquelle garde fut commis messire Philippe de Fosseux, et le seigneur de Cohen.

Item, fut ordonné que messire Jacques de Brimeu, atout trois cents combattans ou environ, demeureroient en leur bastille. Et leur fut promis par les seigneurs, que si on les alloit assaillir, et ils avoient affaire, on les iroit secourir sans point de faute à certain signe qui fut dénommé, lequel ils devoient faire, s'il leur sourdoit nécessité.

Item, fut ordonné que la grand' bastille, qui étoit de lez le pont vers Marigny, s'entretiendroit ;

pareillement feroient les deux autres, qui étoient sur l'eau au lez vers Claroy. Après lesquelles ordonnances, tous les seigneurs se retrahirent chacun en son logis, et admonestèrent et induirent chacun endroit soi, leurs gens de eux préparer pour le lendemain attendre leurs ennemis. Et avec ce, fut ordonné à faire bon guet en plusieurs lieux, où il appartenoit, tant de pied comme de cheval.

Et le lendemain, selon leurs ordonnances dessusdites, le dessusdit comte de Huntingdon passa l'eau avec sa puissance qui pouvait être d'environ six cents combattants, s'alla mettre en bataille avec messire Jean de Luxembourg, entre Royaulieu et la forêt au lez, où ils pensoient que leurs ennemis dussent venir. Et les autres, tant des dessusdites bastilles comme de ceux qui devoient garder les dessusdits logis, se mirent chacun en bonne ordonnance, pour défendre ce à quoi ils étoient commis.

En après, à ce même mercredi, les François, qui étoient logés à Verberie, comme dit est, se mirent dès le point du jour en plein champ; et fut ordonné, par le maréchal de Boussac et les autres capitaines, qu'ils iroient environ cent combattants vers le lez de Choisy, atout aucuns vivres devant eux, pour mettre dedans Compiégne, et pour réjouir lesdits assiégés, et eux faire hâtivement saillir à l'encontre d'eux et assaillir la grand' bastille. Et, d'autre part, fut commis Pothon de Sainte-Treille, atout de deux à trois cents combattants ou environ, à aller par le grand chemin de Pierrefons, devers ladite bastille; et ledit maréchal, le comte de Vendôme et les autres capitaines, atout leurs gens, s'en allèrent passer entre la rivière d'Oise et la forêt, et se mirent en bataille devers ladite forêt, à l'encontre de leurs ennemis, environ à un trait et demi d'arc près l'un de l'autre. Et se tenoient les dessusdits François à cheval, pour la plus grand' partie, réservé aucuns gisarmiers et menues gens. Et les Anglois et Bourguignons étoient tous à pied, sinon aucuns en petit nombre, qui avoient été ordonnés à être à cheval. Et alors, de la partie dudit seigneur de Luxembourg, furent faits aucuns nouveaux chevaliers, c'est à savoir Andrieu de Humières; Ferry de Mailly, l'Aigle Saint-Giles, de Saucourt, et aucuns autres. Avecque lequel de Luxembourg étoient messire Hue de Launoy, seigneur de Xaintes; le seigneur de Saveuse, messire Daviod de Poix, messire Jean de Fosseux, et plusieurs autres nobles hommes, dont la plus grand' partie avoient grand désir d'assembler à bataille contre leurs ennemis, ce que bonnement ne pouvoient faire, parce que, comme dit est, ils étoient de pied, et leurs ennemis, de cheval; et si leur convenoit avoir regard de secourir leur logis et la grand' bastille, si besoin étoit.

Néanmoins il y eut plusieurs escarmouches le jour, à l'une desquelles fut rebouté le comte de Vendôme. Toutefois, d'un côté ni de l'autre n'y eut point fait grand dommage; mais entre les autres, un vaillant hommes d'armes, qui étoit au maréchal de Boussac, s'alla férir dedans les archers picards, pensant que ses compagnons le dussent secourir et suivir, ce que point ne firent, et pour ce fut tantôt d'iceux archers tiré jus de son cheval, et mis à mort cruelle. Et entre temps, les dessusdits François, qui avoient été ordonnés à aller devers Choisy, noncèrent aux assiégés tout l'état et ordonnance dessusdite, lesquels, sans délai, en ferveur de hardiesse et de grand' joie, désirant sur toutes riens eux venger de leurs ennemis, qui tant de peine et de mésaise leur avoient fait souffrir, saillirent en très grand nombre hors de leur ville, atout échelles et habillements de guerre, et de grand courage allèrent assaillir la grand' bastille, où étoit messire Jacques de Brimeu, maréchal, le seigneur de Créquy et les autres, qui très vigoureusement se défendirent, et de fait les reboutèrent bien arrière de leurdite bastille. Mais assez bref revinrent nouvelles gens d'icelle ville de Compiégne, qui derechef allèrent avecque les autres recommencer nouvel assaut, lequel dura assez longuement : mais comme ils avoient été devant, furent pour la seconde fois reboutés hors des fosses, qui étoient moult petites et peu avantageuses, et avecque ce étoit ladite bastille très petitement emparée et mise en défense.

Et adonc, Pothon de Sainte-Treille, atout les gens qu'il conduisoit, vint issir de la forêt, et par emprès le grand chemin de Pierrefons, s'en alla joindre avecque les François de la ville, et là, tantôt ensemble, allèrent assaillir âprement icelle bastille. Auquel assaut étoient Guillaume de Flavi, en grand' diligence, et fier hardement induisoit ses gens à faire tout devoir; avecque lesquels étoient hommes et femmes, qui, sans eux, épargner, grandement et vilainement, en tous périls s'aventuroient à grever leurs adversaires, lesquels, comme dit est dessus, se défendoient très vaillamment, et par longue espace. Mais, finablement, les dessusdits François firent si bon devoir, que ladite grand' bastille fut prise par vive force d'armes, malgré les défendeurs, et sans remède furent mis à mort, dedans icelle, huit vingts hommes de guerre; desquels étoient les principaux, le seigneur de Lignières, chevalier, Archambaut de Brimeu, Guillaume de Poilli, Druot du Sonis, Lyonnel de Touteville, et plusieurs autres gentilshommes; et les autres furent tous pris et prestement menés devant Compiégne, c'est à savoir ledit messire Jacques de Brimeu, maréchal de l'hôtel, le seigneur de Créquy, messire Florentin de Brimeu, messire Vaeren de Beauval, Arnoul de Créquy, Collart de Bertancourt, seigneur de Relepot; Regnaut de Saints, Thierry de Mazingien de Reteslay, le bâtard de Remi, et aucuns autres nobles hommes, lesquels depuis, parmi payant grands finances, furent délivrés.

Durant lequel assaut, messire Jean de Luxembourg, qui aux dessusdits avoit promis de les secourir, oyant et voyant celui assaut multiplier, eut volonté d'y aller atout (avec) sa puissance, mais pour les empêchements que lui bailloient et pouvoient faire ses ennemis, il eut conseil d'entretenir en ordonnance la bataille, pour eschever toutes mauvaises aventures qui y pouvoient survenir : si ce commença entre temps le jour à passer. Et adonc, ledit maréchal de Boussac, comte de Vendôme, et les autres capitaines françois, se boutèrent dedans la ville de Compiégne atout leurs gens, où ils furent reçus à moult grand joie, jàsoit-ce qu'en icelle ville fussent moult contraints de famine, et que pour cette nuit convint à la plus grand' partie souffrir grand' disette de vivres. Néanmoins, pour la bonne aventure qu'ils avoient eue contre lesdits assiégeants, prirent tout en gré, et eux abaudissant, menèrent grand' liesse les uns avec les autres ; au surplus, espérant de totalement débouter leurs ennemis arrière d'icelle ville. Et mêmement firent hâtivement un pont de bateaux et d'autres habillements, par lequel ils passèrent ; et de fait allèrent assaillir une petite bastille sur la rivière, dedans laquelle pouvoit avoir de quarante à cinquante combattants, tant d'arbalétriers gènevois, portugalois et d'autres brigands d'étranges marches, comme Boulonnois et d'autres lieux. Laquelle bastille fut assez brièvement subjugée et conquise, et tous ceux de dedans mis à mort, réservé un routier Boulonnois, appert homme d'armes, nommé Canart, qui étoit capitaine ; si fut pris et mené prisonnier dedans Compiégne, avec les autres.

Durant lequel temps, Aubel de Folleville et ses gens, qui tenoient la forte bastille sur la rivière, doutant être pris d'assaut comme les autres, boutèrent le feu dedans et se retrahirent ès logis anglois. Si fut par lesdits François livrée grand' escarmouche à la quarte bastille du bout du pont, laquelle étoit grand' et puissante, durement. Si la tenoit messire Baudot de Noyelle, mais pour la force d'icelle et pour la grand' défense de ceux de dedans, qui étoient en une grosse compagnie de combattants, et bien pourvus d'artillerie, ils ne purent rien faire, et se retrahirent pour cette nuit dedans leur ville. Après que les François furent entrés en ladite ville de Compiégne, comme dit est, et qu'il étoit déjà bien tard sur le vêpre, le comte de Huntingdon, anglois, et messire Jean de Luxembourg, voyant clairement que pour ce jour ne seroient point combattus de leurs adversaires, se mirent ensemble, avec eux grand' partie de leurs capitaines et pour avoir avis sur ce qui étoit à faire, pour savoir comment ils se pourroient conduire. Si fut conclu entre eux, que pour icelle nuit, ils se retrairoient en leurs logis, et coucheroient tout armés, et le lendemain se mettroient sus en bataille, devant ladite ville, pour savoir si leurs dessusdits adversaires se voudroient se combattre avec eux, espérant que bonnement ne se pourroient tenir si grand nombre dedans la dessusdite ville, sans issir, attendu que tous vivres, comme dit est, y étoient exillés.

Après laquelle question, s'en retourna ledit comte de Huntingdon, et ses Anglois, en son logis, et promit de bien faire garder le pont, afin que nuls de leurs gens ne s'en pussent aller sans congé; et messire Jean de Luxembourg se retrahit aussi atout ses gens en son logis de Royaulieu, et commit gens à faire bon guet; mais en celle propre nuit, y eut grand' partie de ses gens qui s'assemblèrent de sa compagnie secrètement, et se prirent à eux déloger sans trompette, et eux en aller où ils purent le mieux. Et par espécial, en repassa grand' partie au pont dessusdit, pour eux en aller en leur pays, lequel pont, comme il avoit été promis, ne fut point gardé, et pareillement s'assemblèrent aucuns des gens du comte de Huntingdon.

Et pour tant, ce venu à la connoissance des capitaines, muèrent ce qu'ils avoient conclu, c'est à savoir, eux mettre en bataille devant la ville; et se disposa ledit messire Jean de Luxembourg, de lui et toutes ses gens repasser l'eau, et aller avec ledit comte de Huntingdon, laquelle chose il fit le jeudi bien matin, lequel jour les François issirent à grand' puissance hors de la ville, et envoyèrent leurs coureurs en plusieurs lieux, pour savoir nouvelles de leurs ennemis, lesquels aperçurent tantôt qu'ils s'en étoient partis, et repassé l'eau; si le firent savoir à leurs gens, qui de cette chose eurent moult grand' joie. Si s'en allèrent prestement en grand nombre à l'abbaye de Royaulieu, où ils trouvèrent foison de bons vivres et vins, dont ils furent remplis à largesse; si en firent très bonne chère, car il ne leur avoit rien coûté. Et après s'assemblèrent la plus grand' partie des plus nobles et mieux habillés, et s'en allèrent devers le pont contre Venète; et sans ce qu'ils trouvassent défense, rompirent ledit pont bien avant, et le ruèrent en la rivière, en pleine vue des Anglois et des Bourguignons, en leur disant plusieurs injures et vilaines paroles. Si ne furent iceux François en doute que Bourguignons et Anglois les pussent gréver pour cette fois, puisque ledit pont étoit rompu.

Et d'autre part, ce propre jour, assirent tous les gros engins de ladite ville contre la bataille de messire Baudot de Noyelle, desquels ils le travaillèrent moult fort, en plusieurs manières. Et finablement, pour briève conclusion, le dessusdit comte de Huntingdon et messire Jean de Luxembourg, avec les plus notables de leur compagnie, voyant que par nulle manière ne pouvoient surmonter ni vaincre leurs adversaires, quant à présent, considérant qu'il étoit chose impossible de longuement entretenir leur gens, délibérèrent, tous d'un commun accord, de eux en aller à Noyon et de là en leurs propres lieux, laquelle chose ils firent. Et mandèrent à messire Baudot de Noyelle qu'il boutât le feu en sa bastille, et qu'il s'en partît, et ainsi le fit comme ils lui avoient mandé. Si se délogèrent au vêpre, et s'en allèrent par nuit en assez méchant arroi et petite ordonnance, jusqu'au Pont-l'Evêque, délaissant honteusement en leurs logis et en la grosse bastille, très grand nombre de grosses bombardes, canons, veuglaires, serpentines, coulevrines et autres artilleries, avecque plusieurs engins et habillements de guerre, qui demeurèrent en la main des François, leurs adversaires et ennemis; lesquels artilleries étoient au duc de Bourgogne. Pour lequel département messire Jean de Luxembourg eut au cœur très grand déplaisance : toutefois il n'en put avoir autre chose.

Si se départirent, le samedi ensuivant, lui et le comte de Huntingdon, anglois, du logis du Pont-l'Evêque, et s'en allèrent à Roye, et de là, sans entretennement, se retrahirent eux et leurs gens chacun en leurs propres lieux et garnisons, dont ils s'étoient partis. Et pour tant ceux qui étoient en la ville de Compiégne, sachant icelle départie, firent incontinent réédifier le pont de dessus l'eau d'Oise, et issirent à grand' puissance de ladite ville, chevauchant à étendard déployé par plusieurs compagnies, courant en divers lieux sur les marches que avoient tenues leurs ennemis, et le remanant des fuyants qu'ils trouvèrent, mirent à l'épée. Si ardirent et embrasèrent en icelles, plusieurs villages, maisons et édifices, faisant en peu d'espace très grands cruautés, pour lesquelles leurs ennemis eurent grand' peur, si qu'à peine les osoient attendre, sinon moult doutablement, en quelque forteresse qu'ils se tinssent; et mêmement, pour la cremeur des dessusdits, se rendirent à eux, sans coup férir, ni attendre nul assaut, les forteresses ci-après dénommées, c'est à savoir, Ressons-sur-le-Mas, Gournai-sur-Aronde, le pont de Remy, le pont Saint-Maxence, Longueil, Sainte-Marie, la ville et le fort châtel de Bertheuil, le châtel de Guermegil, la Boissière, le châtel d'Ireligny-les-Châtaigniers, la tour de Verdeuil, et aucunes autres places, dedans lesquelles ils trouvèrent très grand' abondance de biens, et mirent partout garnison de leurs gens, dont le pays fut en bref terme moult oppressé et travaillé, et par espécial ceux qui tenoient le parti des Anglois et des Bourguignons.

CHAPITRE XCVII.

Comment le maréchal de Boussac alla assiéger le châtel de Clermont en Beauvoisis.

DURANT les tribulations dessusdites, le maréchal de Boussac rassembla la plus grand' partie des François qui avoient été à lever le siége de Compiégne. Si fit charger plusieurs engins et habillements de guerre; si s'en alla mettre le siége autour du châtel de Clermont en Beauvoisis, par l'introduction et pourchas d'aucuns bourgeois de la ville, dedans laquelle ville lui et ses gens se logèrent. Auquel châtel étoient le seigneur de Crèvecœur, son frère

Jean de Barentin, le bâtard Lamon, avec environ cinquante combattants, qui très vigoureusement se défendirent contre iceux assiégeants, qui par plusieurs fois les assaillirent; mais ce fut sans rien gagner. Et y eut plusieurs de leurs gens occis et blessés. Néanmoins ils continuèrent leur siége environ dix jours, au bout duquel terme entra par nuit dedans le châtel, par la poterne, vers les vignes, Boort de Bazentin, avec lui dix combattants et une trompette; lequel certifia audit seigneur de Crèvecœur qu'il auroit bref secours, comme c'étoit vérité; car le comte de Huntingdon, qui puis naguères s'étoit retrait à Gournai, en Normandie, s'étoit de nouvel remis sur les champs, avec lui messire Jean, bâtard de Saint-Pol, et mille combattants ou environ, en intention d'aller lever ledit siége et secourir les assiégés; duquel secours iceux assiégeants furent avertis, et pour tant se despartirent à un matin moult hâtivement, et y laissèrent plusieurs de gros engins qu'ils avoient amenés de devant Compiégne. Si retournèrent en leurs garnisons, et avec eux plusieurs Bourguignons de Clermont, qui s'étoient tournés de leur parti, pour lequel département ledit seigneur de Crèvecœur fut moult joyeux.

CHAPITRE XCVIII.

Comment plusieurs Anglois et Bourguignons veuillant, au commandement du duc de Bourgogne, aller assiéger Garmigny, furent rencontrés et vaincus des François.

Le duc Philippe de Bourgogne, qui étoit encore en la duché de Brabant, ouït les certaines nouvelles comment ses gens avoient été levés par les François de devant la ville de Compiégne, dont il fut moult émerveillé et troublé, tant pour la perte de ses gens qui y avoient été morts et pris, comme pour les grands frais et dommages que avoit soutenus à l'occasion dudit siége. Et pour tant se prépara atout ce qu'il put avoir de gens pour retourner en son pays d'Artois, où il convoqua tous les nobles du pays et de la marche environ, qu'ils vinssent sans délai devers lui atout ce qu'ils pourroient avoir de gens de guerre. Et se trahit ledit duc à Péronne, et fit partir aucuns de ses capitaines pour aller loger, à manière d'avant-garde, devers Lihons, en Santerre : c'est à savoir, messire Thomas Kiriel, anglois, Jacques de Helly, messire Daviod de Poix, Antoine de Vienne, et autres, accompagnés de cinq à six cents combattants.

Et entre temps, le dessusdit duc de Bourgogne, en attendant ses gens, se préparoit pour les suivre, en intention d'aller loger à Garmigny, où étoient dedans la forteresse les François, comme dit est dessus, qui moult travaillèrent le pays à l'environ. Si advint que les dessusdits capitaines, envoyés, comme dit est, par le duc de Bourgogne, se délogèrent au matin, après qu'ils eurent couché ès dessusdits villages vers Lihons, en Santerre, et prirent leur chemin à aller à Garmigny en plusieurs troupeaux, sans eux mettre en ordonnance de bataille, ni envoyer leurs coureurs devant eux, ainsi que le font et ont accoutumé de le faire droites gens d'armes experts en fait de guerre, et mêmement quand ils furent près de leurs ennemis. Et adonc vint devers eux de la ville de Roye, dont il étoit capitaine, Gérard, bâtard de Brimeu, atout environ quarante combattants, et chevauchèrent les dessusdits, l'un assez près de l'autre, jusques à une ville nommée Bouchoire. Si trouvèrent en leur chemin plusieurs lièvres, après lesquels fut fait grand déroi de courre et de huer; et n'avoient adonc point lesdits capitaines de regard d'entretenir ni rassembler leurs gens, ainsi qu'ils devoient; et aussi la plus grand' partie d'iceux n'avoient point tout leur harnois sur eux. Pour laquelle négligence il leur mésadvint vilainement; car ce propre jour, Pothon de Sainte-Treille étoit venu du matin audit lieu de Garmigny, et là, à tant de ses gens qu'il trouva audit châtel, comme à tous ceux qu'il avoit amenés, tira aux champs, et pouvoit avoir environ douze cents combattants, dont la plus grand' partie étoient droites gens de guerre, experts et éprouvés en armes, atout lesquels il prit son chemin droit devers Lihons, en Santerre, et si fit sagement chevaucher aucuns de ses coureurs devant, pour découvrir et enquérir nouvelles de ses ennemis, lesquels venus emprès ladite ville de Bouchoire, ouïrent crier, et aperçurent l'état et ordonnance de leursdits adversaires, et pour tant, sans délai et en grand' diligence, retournèrent devers leurs capitaines, auxquels ils noncèrent ce qu'ils avoient ouï et vu. Sur lequel rapport, Pothon dessusdit fit incontinent habiller ses gens de tous points, et moult soudainement les mena et conduit devers ses ennemis dessusdits, en leur admonestant que chacun s'acquittât en droit soi, et fît bon devoir de combattre leurs ennemis, lesquels ses ennemis étoient très petitement préparés pour batailler. Et pour tant Pothon et ses gens venant sur eux d'un vouloir soudain en grand bruit et roideur, avant qu'ils se pussent mettre en ordonnance, les eut tantôt éparpillés et mis en grand déroi, et furent la plus grand' partie portés jus de fers de lances de leurs chevaux.

Toutefois les capitaines, avec aucuns de leurs gens, se rassemblèrent à l'étendard de messire Thomas Kiriel, et commencèrent à eux mettre à défense vigoureusement; mais ce rien ne leur valut: car, comme dit est la greigneure partie de leurs gens étoient déjà tournés à grand meschef et à grand déroi, fuyant en plusieurs et divers lieux pour eux sauver. Pourquoi, en assez bref terme, ceux qui étoient demeurés sur les champs furent tournés à déconfiture, morts et pris, et sans nul remède; desquels morts furent les principaux Jacques de Helly, Antoine de Vienne, et avec eux de cinquante à soixante, tant Bourguignons comme Anglois; et avec ce en furent pris de quatre-vingts à cent, desquels étoient les principaux messire Thomas Kiriel dessusdit, et avec lui, de ceux de sa famille, deux vaillants hommes d'armes, c'est à savoir un nommé Robin, et l'autre Guillaume Courouan. Et de la même partie des Bourguignons furent aussi pris messire Daviod de Poix, L'Aigle de Sains, chevalier, L'Hermite de Boval, et aucuns autres avec eux, jusques au nombre dessusdit. A laquelle détrousse se cuida retraire à Roye, dont il s'étoit parti, Gérard, le bâtard de Brimeu; mais pource qu'il avoit vêtu une housse d'orfaverie et de grand nombre, il fut roidement poursuivi de ses ennemis, et enfin pris des François, et ramené avecque les autres.

Après laquelle déconfiture, ledit Pothon remit ses gens ensemble, et de là atout ses prisonniers à Garmigny, premier dépouillés ceux qui morts gisoient sur les champs, entre lesquels furent trouvés occis tant seulement quatre ou cinq des gens dudit Pothon. Auquel lieu de Garmigny, lui et les siens se rafraîchirent le jour et la nuit ensuivant, et le lendemain emmena toutes ses gens et laissa la forteresse en la main des habitants de la ville, et pareillement fit dégarnir la Boissière, que ses gens tenoient, et icelle mettre au feu et en flambe. Si s'en alla à Ressons, sur le Mas, et de là à Compiégne, atout ses prisonniers, où il fut reçu joyeusement pour la victoire qu'il avoit eue sur ses ennemis. Auquel temps ledit Jacques de Helly fut là enterré en l'église, et les autres, pour la plus grand' partie, furent enterrés en l'église et cimetière de Bouchoire, assez près de la place où ils avoient été occis.

CHAPITRE XCIX.

Comment les François demandèrent à avoir bataille contre le duc de Bourgogne et à sa puissance; laquelle ledit duc, par son conseil, ne voulut accorder; et autres matières.

En ce même jour que la bataille eut été des François et des Bourguignons, emprès Bouchoire, furent portées les nouvelles au duc de Bourgogne, de la perte et déconfiture de ses gens dessusdits; lequel duc étoit demeuré à Péronne. Pour lesquelles nouvelles il fut grandement troublé, et par espécial, pour la mort de Jacques de Helly et Anthoine de Vienne. Si furent mandés à venir devers lui les capitaines là étant : c'est à savoir messire Jean de Luxembourg, le vidame d'Amiens, le seigneur d'Antoing, le seigneur de Saveuse, et plusieurs autres, avec ceux de son hôtel, avec lesquels il conclut d'aller loger à Lihons, en Santerre, laquelle chose il fit ce propre jour; et le lendemain il se tira à Roye, en Vermandois, et là séjourna environ huit jours, attendant le comte de Staffort, le comte d'Arondel, et aucuns autres Anglois, que paravant il avoit mandés à venir vers lui. Durant lequel temps s'assemblèrent plusieurs capitaines tenant le parti du roi Charles, et avec eux seize cents combattants ou environ; c'est à savoir le maréchal de Boussac et le comte de Vendôme, messire Jacques de Chabannes, Guillaume de Flavy, Pothon de Sainte-Treille, le seigneur de Longueval, messire Regnault de Fontaine, messire Louis de Vaucourt, Allain Guyon, Boussart, Blanchefort, et plusieurs autres, qui tous ensemble passèrent en belle ordonnance auprès de Mont-Didier, et de là s'en allèrent loger à deux lieues près de Roye, en deux villages.

Et le lendemain, très matin, se mirent tous ensemble, et conclurent tous d'un commun accord, et affermèrent à combattre le duc de Bourgogne et sa puissance, s'il se vouloit contre eux mettre aux pleins champs. Et afin que ledit duc fût ce averti, ils envoyèrent vers lui un héraut lui signifier ladite conclusion. Lequel duc, sachant les nouvelles dessusdites, fit réponse qu'ils seroient combattus; toutefois la besogne fut attargée par ceux de son conseil, lesquels lui démontrèrent plusieurs raisons, disant qu'il n'étoit mie à lui propice de mettre son corps et son honneur en aventure contre telles manières de gens et compagnies, sans y avoir nul prince, ni seigneur de grande autorité, et aussi qu'il avoit peu de gens, et que ils étoient ébahis et effrayés, tant pour la perte qu'ils avoient faite au siége de Compiégne, comme pour la détrousse de Jacques de Helly. Et pour tant ledit duc, très grièvement au cœur courroucé de ce, qu'il ne pouvoit faire sa volonté, crut son conseil; lequel fit faire réponse absolute auxdits François, que s'ils vouloient attendre jusques au lendemain, on les laisseroit loger paisiblement, et si, on leur livreroit certaine quantité de vivres, et avec ce les combattroit messire Jean de Luxembourg, et de ce on feroit bonne sûreté; lesquels François, cette réponse ouïe, dirent qu'ils n'en feroient rien; mais si ledit duc, comme dit est, se vouloit mettre aux champs, ils étoient prêts de le combattre.

Durant lequel temps, issit ledit duc de Bourgogne, atout sa puissance, et se mit en bataille au dehors de la ville de Roye, et les François étoient pareillement en bataille; mais à grand' peine pouvoient-ils passer de l'un à l'autre, pour aucunes eaux de marais qui étoient entre les deux batailles. Néanmoins si furent; celles faites entre deux parties plusieurs escarmouches, durant lesquelles la nuit approcha très fort. Et pour ce iceux François se retrahirent vers Compiégne, moult indignés, faisant grands moqueries dudit duc de

Bourgogne et ses capitaines, disant qu'ils ne les avoient osé combattre.

Et ainsi s'en retournèrent chacun en leurs garnisons, et ledit duc avec les siens retourna dedans la ville de Roye, auquel lieu bref ensuivant vint devers lui le comte d'Estanfort, atout six cents combattants ou environ. Et adonc ledit duc, lui partant de Roye, alla loger à Ligny-les-Châtaigniers, où avoit une petite forteresse, dedans laquelle étoit l'abbé de Saint-Pharon de Meaux, frère au seigneur de Gamache, et avec lui environ quarante combattants françois, lesquels furent signifiés d'eux rendre en la volonté dudit duc, ce que faire ne voulurent ; pourquoi on les assaillit prestement ; si fut en bref leur basse-cour prise de force. Si s'aperçurent tantôt qu'ils ne pourroient tenir leur fort, ni le défendre, et pour ce se rendirent en la volonté dudit duc, lequel les livra à messire Jean de Luxembourg, pour en faire à sa volonté, et ladite forteresse fut arse et démolie.

Si firent ceux de Noyon audit duc prière et requête, qu'il les voulsît délivrer de la forteresse d'Ine, qui moult les oppressoit ; mais pource qu'il étoit hiver, et que ledit duc n'avoit point gens à son plaisir, s'en retourna à Mont-Didier et y mit garnison, et par Corbie vint à Arras, et par Arras en son pays de Flandre ; et le comte d'Estanfort, atout ses Anglois, retourna en Normandie. En cet an fut prise la ville de Coulombiers, en Brie, par échelles, au point du jour, par ceux de la garnison de Meaux, en Brie, qui tenoient le parti du roi Henri d'Angleterre. Dedans laquelle ville de Coulombiers étoit de par le roi Charles, comme capitaine, messire Denis de Chailly, lequel, oyant cet effroi, se sauva par-dessus les murs, et avec lui plusieurs autres, en abandonnant tous leurs biens. Si étoit ladite ville remplie de tous biens; et de toute cette guerre n'avoit été prise de nulle des parties; toutefois elle fut pillée et les habitants mis à grand' finance, sinon ceux qui se sauvèrent par fuite. En cet an, Pierre de Luxembourg, comte de Conversan et de Braine, successeur de la comté de Saint-Pol et des appartenances, fit certain traité avec ses deux frères, c'est à savoir, Louis, évêque de Thérouenne, et messire Jean de Luxembourg, des terres dessusdites, par condition que ledit évêque dût avoir le châtel de Huclies en Boulonnois, la châtellenie de Tingry, avec toutes les appartenances. Et ledit messire Jean de Luxembourg eut pour sa part à lui et à ses hoirs, la comté de Ligny, en Barrois, et les terres de Cambrésis, jadis appartenant à Valeran, comte de Saint-Pol; c'est à savoir, Bohain, Serin, Hélincourt, Marcoin, Cautaing, et aucunes autres notables seigneuries. Et pour tant de ce jour en avant, on nomma ledit messire Jean de Luxembourg en tous ses titres, comte de Ligny, seigneur de Beau-Revoir et de Bohain, Et tout le surplus desdites seigneuries demeurèrent au dessusdit Pierre de Luxembourg, lequel se nomma, en cas pareil, comte de Saint-Pol, de Conversan, de Braine, et seigneur d'Enghien.

Le trentième et dernier jour de septembre de cet an, fut né en la ville de Bruxelles, le premier fils du duc Philippe de Bourgogne, et la duchesse Isabelle, fille du roi de Portugal, son épouse, lequel fils en son baptême fut nommé Antoine, et à sa venue, par toute la ville de Bruxelles, fut faite grand' joie et grand' liesse.

Et étoit alors en celle ville le comte de Nuche, neveu de l'empereur d'Allemagne, lequel tenoit grand et noble état, et alloient lui et aucuns de ses gens, les têtes nues, chacun un chapel verd sur son chef, en signifiant qu'il étoit chaste, jà-soit-ce qu'il faisoit moult fort et dur temps. Et tinrent icelui enfant sur les fonts ledit comte et l'évêque de Cambrai. Et les marraines furent la duchesse de Clèves et la comtesse de Namur. Et y avoit bien trois cents torches, tant de l'hôtel dudit duc comme de ceux de la ville. Lequel enfant alla de vie à trépas l'an ensuivant. Et quand les nouvelles en furent portées audit duc de Bourgogne, il en fut moult déplaisant, et dit : *Plût à Dieu que je fusse mort aussi jeune, je m'en tiendrois pour bien heureux.*

En l'an dessusdit, fut pris dedans son châtel, à Auchel, messire Antoine de Béthune, seigneur de Mareuil, qui avoit environ trente combattants ; et l'avoient assiégé, le comte de Vendôme, de Thoumelaire, prévôt de Laon, dont j'ai parlé, ci-dessus avec grand nombre de communes. Lequel messire Antoine, voyant que bonnement ne pouvoit tenir la forteresse, se rendit audit comte, par condition qu'il s'en iroit lui et ses gens sauvement; mais nonobstant lesdites promesses à lui faites, quand ce vint à partir, il fut mis à mort par icelles communes, et avec lui un gentilhomme nommé Franquet de Beguynes, pour la mort desquels icelui comte de Vendôme fut très dolent; mais il n'en put avoir autre chose. Et avec ce fut ladite forteresse tout arse et démolie, dont messire Jean de Luxembourg fut fort troublé, quand il vint à sa connoissance, à cause de ce que ledit Antoine étoit cousin-germain de madame Jeanne de Béthune sa femme, fille du vicomte de Meaux, et prit grand'indignation contre ceux de Laon.

CHAPITRE C.

Comment les gens de messire Jean de Luxembourg prirent le fort de Saint-Martin, auquel ils furent tous morts et pris.

En l'an dessusdit, c'est à savoir au commencement de cet an mil quatre cent trente-un, s'assemblèrent aucuns capitaines de messire Jean de Luxembourg comte de Ligny; c'est à savoir, messire Jean de Lalain, Bertrand de Manicain, Enguerrand de Créquy, Enguerrannet de Gribauval, et aucuns autres, accompagnés de quatre cents combattants ou environ, des frontières de la marche de Laonnois. Si s'en allèrent tous ensemble jusqu'au fort de l'abbaye de Saint-Vincent-lez-Laon, où alors se tenoient aucuns François, et entrèrent dedans par subtilité, avant qu'ils fussent aperçus, et là commencèrent à faire un très grand cri, auquel cri s'éveillèrent ceux qui léans étoient en une forte porte, et vigoureusement se mirent à défense. Durant lequel temps, icelui effroi fut su dedans la cité de Laon, par le seigneur de Pennesac, qui étoit dedans. Lequel s'avala pour aller quérir secours dedans Laon, lequel secours il amena; pourquoi sans délai, les gens d'armes avec le commun tout irés (courroucés) de savoir tels voisins près de lui, se habillèrent en grand nombre, et issirent incontinent hors de leur cité pour aider et secourir leur gens qui, comme dit est, étoient dedans la forte porte, où ils se défendoient contre leurs ennemis, desquels une partie attendoient à piller les biens de ladite abbaye et aucuns lieux, et n'avoient point regard à poursuivir premier, ni mettre à fin leur emprise, ni aussi aux périls qui leur en pouvoient advenir. Si furent tout soudainement envahis des dessusdits gens d'armes, d'un commun accord, et très âprement combattus; et en conclusion furent mis à grand meschef et à déconfiture, et y en mourut sur la place soixante des plus notables, entre lesquels y furent morts, Bertrand de Manicain et Enguerrannet de Gribauval, lequel Enguerrannet offrant grand' finance pour sa rançon ne fut à ce reçu, pource que lesdites communes avoient sur lui grand' haine, pour la diverse et désordonnée guerre qu'il leur avoit long-temps par avant faite; et messire Jean de Lalain fut pris prisonnier, et eut la vie sauve, par le moyen d'un gentil galant de la garnison nommé Archanciel, qui étoit bien aimé desdites communes. Avec lequel messire Simon fut pris Enguerrand de Créquy, et aucuns autres en petit nombre; et le surplus, sachant cette male aventure, se retrahirent ès lieux dont ils étoient venus. Pour laquelle besogne ainsi advenue, le dessusdit messire Jean de Luxembourg eut au cœur très grand' tristesse, non pas sans cause, car il perdit en cette détrousse grand' partie de ses plus vaillants hommes de guerre, et y fut aussi mort le frère dudit seigneur de Pennesac, nommé Jamet. En ce temps fut conquis le fort châtel de Rambures par les François, et le prit par échelles d'emblée un nommé Charles des Marêts, qui étoit au seigneur de Rambures, prisonnier en Angleterre, auquel ledit châtel appartenoit, lequel avoit en sa garde, pour la partie du roi Henri, messire Ferry de Mailly, et fut par le moyen de cette prise, grand' entrée pour les François, au pays de Vimeu, en la Marche à l'environ, comme ci-après sera déclaré.

CHAPITRE CI.

Comment Pothon de Sainte-Treille et messire Louis de Vaucourt furent pris des Anglois.

En l'an dessusdit, le maréchal de Boussac, Pothon de Sainte-Treille, messire Louis de Vaucourt, et aucuns autres capitaines tenant le parti du roi Charles, accompagnés de huit cents combattants ou environ, se partirent de la ville de Beauvais, pour aller quérir leurs aventures, et fourrer le pays envers Gournai, en Normandie. Avec lesquels y étoit un que les François nommoient Pastourel, et le vouloient exaucer en renommée, comme et par telle manière comme par avant avoit été Jeanne la Pucelle. Si fut sue leur entreprise, et rapportée au comte de Warwick, lequel, en grand' diligence, assembla jusque à six cents combattants, et chevaucha en tirant de Gournai à Beauvais, et rencontra ses ennemis, qui point ne se doutoient de sa venue auprès d'une ville nommée Gournai; lesquels de lui et de ses Anglois furent âprement assaillis, et enfin, sans ce que par eux fût faite grand' défense, furent déconfits et mis en déroi; et furent pris, de première venue, Pothon de Sainte-Treille, messire Louis de Vaucourt, et avec eux soixante combattants ou environ; et les autres, réservés huit ou dix, qui furent morts, se sauvèrent avec ledit maréchal, en retournant à Beauvais. Auprès duquel lieu furent, par iceux Anglois, poursuivis et rechassés moult vivement, et après, ledit comte de Warwick rassembla ses gens, et retourna à Gournai, moult joyeux de sa bonne aventure, et depuis à Rouen, devers le duc de Bedfort, duquel ils furent joyeusement reçus.

CHAPITRE CII.

Comment Maillotin de Bours et messire Hector de Flavi se combattirent l'un contre l'autre en la ville d'Arras.

Le vingtième jour du mois de juin en cet an, fut fait à Arras, en la présence du duc de Bourgogne, un champ d'armes entrepris par avant de Maillotin de Bours, appelant contre messire Hector de Flavi, défendant. Et étoit la querelle, pource que ledit Maillotin avoit accusé ledit messire Hector devers ledit duc de Bourgogne, en disant qu'il avoit volonté de soi rendre son ennemi, et se tourner du parti du roi Charles; et lui avoit requis qu'il s'en voulût aller avecque lui, et que d'un commun accord prissent Guy Guillebault, lequel étoit gouverneur des finances d'icelui duc, ou quelque autre bon prisonnier, pour payer leurs dépens. Sur lequel rapport avoit été chargé de par le dessusdit duc, audit Maillotin, que lui même prît ledit Hector, et l'amenât prisonnier en la ville d'Arras; ce qu'il fit. Car lui, reçu le mandement dessusdit, fut accompagné de gens en nombre compétent, et s'en alla en un village emprès Corbie, nommé Bauray. Si le manda, et ledit messire Hector vint devers lui, comme non sachant que ledit rapport eût été fait de lui. Si y vint à privée mesgnie, car ledit Maillotin feignoit qu'il vouloit parler audit messire Hector.

Et quand ledit Hector fut venu devers lui, tantôt le prit et fit prisonnier, et le mena audit lieu d'Arras, où il fut longue espace. Néanmoins, par le pourchas de ses amis, fut mené à Hédin en la présence du duc. Et aussi ledit Hector s'excusa moult fort de ce qu'on lui mettoit sus, disant, entre les autres choses, que ledit Maillotin même l'avoit requis de pareil cas, dont il l'accusoit. Toutefois la besogne fut tant pourparlée entre les parties, que le Maillotin jeta son gage, et messire Hector le leva par le congé du prince. Si leur fut jour assigné au vingtième jour de juin, comme dit est, et y pouvoit avoir environ quarante jours de jour. Si baillèrent chacun bon répondant de comparoir en personne audit jour; laquelle chose ils firent, et pourtant en ce même jour, environ deux heures, vint ledit duc de Bourgogne, de son hôtel d'Arras, grandement accompagné de sa chevalerie et autres nobles, à son échafaud, qui étoit fait pour lui tout propice sur le grand marché, contre le milieu des lices, qui par avant avoient été faites au lieu accoutumé. Dedans lequel échafaud entrèrent, avec ledit duc, le comte de Saint-Pol, de Ligny, et plusieurs autres notables chevaliers et écuyers. Si avoit dedans ledit parc deux pavillons tendus, et au dehors d'iceux deux grandes chaires de bois pour les deux champions, et étoit celui de Maillotin dextre lez du duc, pource qu'il étoit appelant, et ledit messire Hector au sénestre. Lequel pavillon du dessusdit messire Hector étoit armoyé moult richement de seize manières de blasons, c'est à savoir, des côtés dont lui et ses ancêtres étoient issus; et dedans icelui étoit figuré un sépulcre, pource qu'icelui messire Hector avoit été fait chevalier au saint sépulcre de Jérusalem. Si fut assez bref ensuivant le dessusdit Maillotin appelé par le roi d'armes, à venir comparoir en personne au jour qui lui étoit assigné.

Lequel Maillotin, environ onze heures, issit de son châtel, accompagné du seigneur de Chargny, du seigneur de Humières, et de messire Pierre Quieret, seigneur de Ramencourt, avecque plusieurs autres gentilshommes ses parents et amis; et séoit sur un cheval couvert de ses armes, et si étoit armé de plein harnois, le bassinet au chef, la visière abattue, tenant en l'une de ses mains la lance, et en l'autre tenoit l'une de ses épées, desquelles il en avoit deux; et si avoit une grosse dague pendue à son côté au harnois, et menoient deux des chevaliers dessusdits, étant à pied, leur cheval par le frein; et ainsi vint jusque à la barrière des lices, au dehors desquelles il fit le serment accoutumé en tel cas, en la main de messire Jacques de Brimeu, qui à ce étoit commis et ordonné.

Après lequel serment, lui fut la barrière ouverte. Si entra dedans lui et ses gens, qui étoient tous à pied, atout lesquels il s'alla présenter au duc de Bourgogne devant son échafaud, et puis retourna à sa chaire où il descendit jus de son cheval, et entra en son pavillon pour lui reposer et attendre son adversaire. Et avec lui entra aussi le seigneur de Chargny, qui l'introduisoit de ce qu'il avoit à faire, et aucuns autres de ses plus privés. Et assez bref ensuivant, le roi d'armes d'Artois dessusdit, appela messire Hector de Flavi, ainsi qu'il avoit fait l'autre. Lequel messire Hector, environ le quart d'une heure après, issit hors de son hôtel, et vint tout à cheval, armé et embâtonné, comme avoit fait son adversaire, jusques à la barrière des lices, grandement accompagné de plusieurs gentilshommes, entre lesquels étoient les deux enfants du comte de Saint-Pol, c'est à savoir Louis et Thibaut, et menoient tout à pied leurs chevaux par le frein; et les autres seigneurs suivoient derrière tout à pied, c'est à savoir le seigneur d'Antoing, le vidame d'Amiens, Jean de Flavi, frère dudit messire Hector, Hue de Launoy, le seigneur de Chamy, le seigneur de Saveuse, messire Jean de Fosseux, le seigneur de Crèvecœur, et très grand nombre d'autres notables chevaliers et écuyers. Lesquels venus à icelle barrière, fut, par ledit messire Hector, fait le serment; et puis entra dedans, et s'alla présenter au dessusdit duc de Bourgogne, et après retourna à sa chaire, où il descendit de son cheval, et puis entra en son pavillon. Si allèrent assez tôt après tous deux devant l'échafaud d'icelui duc et tout à pied, où ils firent le serment sur le livre, chacun de combattre sur bonne querelle, et après retournèrent en leurs lieux. Et adonc fut crié, par le roi d'armes dessudit, que, sur la hart, tout homme vuidât les lices, sinon ceux qui étoient commis à les garder. Et lors on ôta les chaires et pavillons, et fut crié de rechef qu'on laissât aller les champions, et qu'ils fissent leur devoir. Si avoit été ordonné, de par le prince, que de chacune partie demeurassent dedans les lices, huit hommes de leurs plus prochains, non armés, avecque les huit qui étoient commis pour les prendre ou lever, quand ils auroient le commandement du juge; et leur chevaux, qui étoient couverts de leurs armes, furent laissés aller. Après lequel cri, le dessusdit Maillotin de Bours, qui étoit appelant, commença à marcher tout premier; et après, messire Hector vint contre lui, chacun d'eux deux paumoyant leurs lances gentement; lesquels, à l'approcher, les jetèrent l'un contre l'autre, et point ne s'entr'atteignirent. Et incontinent, montrant signe de grand' hardiesse, approchèrent l'un l'autre, et commencèrent à combattre, et pousser très fort de leurs épées l'un sur l'autre. Toutefois, en ce faisant, messire Hector leva audit Maillotin la visière de son bassinet, de coups d'épée, par plusieurs fois, tant qu'on véoit son visage pleinement. Pourquoi le plus d'iceux là étant tenoient messire Hector être au-dessus de sa querelle. Néanmoins ledit Maillotin, sans lui pour ce ébahir, à toutes les fois le referma vitement, en frappant de son épée par-dessus, et en démarchant un pas.

Durant lequel temps que les deux champions dessusdits montrèrent signe de grand' hardiesse et vaillance l'un contre l'autre, fut dit, de par le duc de Bourgogne, qu'on les prît en ce point; laquelle chose fut faite sans délai, par ceux qui étoient commis à ce faire, et n'avoient point tiré de sang l'un de l'autre. Si fut tantôt ordonné que chacun d'eux retournât en son hôtel. Laquelle chose ils firent, et issirent hors des lices, aussitôt l'un comme l'autre, chacun par son lez. Et le lendemain, chacun d'eux dînèrent à la table du duc, et étoit messire Hector, au dextre lez. Après lequel dîner, leur fut ordonné, de par icelui duc, et sur peine capitale, que jamais ne portassent dommage ni déshonneur l'un à l'autre, ni à leurs amis, alliés et bienveillants; et avec ce, leur fit pardonner la malveillance qu'ils avoient l'un à l'autre, et les fit toucher ensemble.

CHAPITRE CIII.

Comment les gens du roi Charles voulurent prendre la ville de Corbie.

En ce même temps, s'assemblèrent plusieurs des capitaines du roi Charles, c'est à savoir le seigneur de Longueval, Antoine de Chabannes, Blanchefort, Allain Géron, et plusieurs autres. Si chevauchèrent tous ensemble avec leurs gens vers la ville de Corbie, laquelle ils cuidèrent prendre par soudain assaut; mais, par la diligence de l'abbé dudit lieu, ladite ville fut moult bien défendue, et ceux qui étoient dedans. Et aussi ils furent fort confortés de Jean de Humières, Avieux de Gribauval, et aucuns autres gentilshommes qui étoient avec eux, et tant qu'en conclusion ils furent reboutés, et perdirent de leurs gens. Et mêmement ledit Allain Géron fut navré moult durement, et mis comme en péril de mort. Si furent ars, à l'occasion d'eux, un très beau faubourg au lez vers Feulloy, et après se départirent et allèrent fourrer le pays sur l'eau de Somme, et prirent le châtel de Morcourt et de Lihons, qui étoit au seigneur de Longueval, et firent de grands dommages au pays. Mais, en assez bref terme, ils laissèrent ladite forteresse, et s'en retournèrent ès lieux dont ils étoient issus, pour doute qu'ils ne fussent assiégés dedans. Lesquelles forteresses furent démolies et abattues, par l'ordonnance du duc de Bourgogne.

CHAPITRE CIV.

Comment le seigneur de Barbazan mit siége devant le châtel d'Anglure, que tenoient les gens du duc de Bourgogne.

En cet an, le seigneur de Barbazan, qui, le plus du temps, se tenoit avec le duc de Bar, ès marches de Champagne, mit le siége devant le châtel d'Anglure, que tenoient les gens du duc de Bourgogne; mais, par continuation, furent fort approchés et combattus, tant de canons, comme d'autre artillerie. Et entre temps que ce se faisoit, en furent les nouvelles portées au duc de Bedfort, lequel, par leurdit siége, y envoya le comte d'Arondel, l'enfant de Warwick, le seigneur de l'Ile-Adam, le seigneur de Châtillon, le seigneur de Bonneul, et autres capitaines, a tout seize cents combattants ou environ, lesquels, par aucuns jours, chevauchèrent tant qu'ils vinrent assez près dudit lieu d'Anglure, où ils trouvèrent le seigneur de Barbazan, lequel, sachant leur venue, s'étoit déjà retrait en un lieu qu'il avoit fortifié assez à son avantage. Si y eut entre les parties aucunes escarmouches, ès quelles furent morts de seize à vingt hommes d'entre eux, et ledit seigneur de l'Ile-Adam y fut blessé. Et pource que les Anglois et Bourguignons virent que bonnement, et sans trop grand danger, ne pouvoient combattre leurs ennemis, ils tirèrent leurs gens hors de la forteresse avec la dame du lieu, et mirent le feu dedans. Et après ce, se retrahirent vers Paris, et ès lieux dont ils s'étoient partis. Ledit seigneur de Barbazan avoit été commis, de par le roi Charles de France, gouverneur et capitaine des pays de Brie, de Laonnois et de Champagne : et avant qu'il assiégeât Anglure, avoit conquis Nornivile en Laonnois, Voisines, et autres plusieurs places : et fut audit siége d'Anglure environ un mois. Si étoient avec lui le seigneur de Conflans, messire Jean, bâtard de Dampierre, et grand nombre de communes. Et quand de vint que les Anglois et Bourguignons, dessus nommés, vinrent pour lever ledit siége, à une escarmouche que firent les assiégés, gagnèrent les François, icelle bastille et forteresse : mais prestement fut reconquise par les dessusdits Anglois. Et pour ce fut-elle mise en feu et en flamme, et du tout démolie, comme dit est dessus.

CHAPITRE CV.

Comment Jeanne la Pucelle fut condamnée à être arse et mise à mort dedans la cité de Rouen.

S'ensuit la condamnation qui fut faite en la cité de Rouen, contre Jeanne la Pucelle, comme il peut apparoir par lettres envoyées de par le roi d'Angleterre au duc de Bourgogne, desquelles la copie s'ensuit.

« Très cher et très aimé oncle, la fervente dilection que savons vous avoir, comme vrai catholique, à notre mère sainte Église et l'exaltation de notre sainte foi, raisonnablement nous exhorte et admoneste de vous signifier et écrire ce qu'à l'honneur de notredite mère sainte Église, fortification de notre foi et extirpation d'erreurs pestilentieuses, a été, en cette notre ville de Rouen, fait jà naguères solennellement. Il est assez commune renommée, jà comme partout divulguée, comment celle femme, qui se faisoit nommer Jeanne la Pucelle erronée, s'étoit, deux ans et plus, contre la loi divine et l'état de son sexe féminin, vêtue en habit d'homme, chose à Dieu abominable, et en tel état transportée devers notre ennemi capital et le vôtre; auquel, et à ceux de son parti, gens d'Église, nobles et populaires, donna souvent à entendre que elle étoit envoyée de par Dieu, en soi présomptueusement vantant qu'elle avoit communication personnelle et visible avec saint Michel et grand' multitude d'anges et de saints de paradis, comme sainte Catherine et sainte Marguerite. Par lesquels faux donnés à entendre, et l'espérance qu'elle promettoit de victoires futures, divertit plusieurs cœurs d'hommes et de femmes de la vérité, et les convertit à fables et mensonges; se vêtit aussi d'armes appliquées pour chevaliers et écuyers; leva l'étendard, et en trop grand outrage, orgueil et présomption, demanda avoir et porter les très nobles et excellentes armes de France, qu'en partie elle obtint, et les porta en plusieurs courses et assauts, et ses frères, comme on dit, c'est à savoir un écu à deux fleurs de lys d'or, à champ d'azur, et une épée, la pointe en haut, férue en une couronne. En cet état s'est mise aux champs, a conduit gens d'armes et de trait en exercite et grands compagnies, pour faire et exercer cruautés inhumaines, en épandant le sang humain, en faisant séditions et commotions de peuple, l'induisant à parjurements, rébellions, superstitions et fausses croyances, en perturbant toute vraie paix et renouvelant guerre mortelle, en se souffrant honorer et révérer de plusieurs, comme femme sanctifiée, et autrement damnablement ouvrant en divers cas longs à exprimer, qui toutefois ont été en plusieurs lieux assez connus, dont presque toute la chrétienté a été toute scandalisée. Mais la divine puissance, ayant pitié de son peuple loyal, qui ne l'a longuement voulu laisser en péril, ni souffert demeurer ès vaines, périlleuses et nouvelles crédulités, où jà légèrement se mettoit, a voulu permettre sa grand' miséricorde et clémence, que ladite femme ait été prise en votre ost et siége que teniez lors de par nous devant Compiégne, et mise par votre bon moyen en notre obéissance et domination. Et pour ce que dès lors fûmes requis par l'évêque au diocèse duquel elle avoit été prise, qu'icelle Jeanne, notée et diffamée de crimes de lèse majesté divine, lui fissions délivrer, comme à son juge ordinaire ecclésiastique; nous, tant pour la révérence de notre mère sainte Église, de laquelle voulons les ordonnances préférer à nos propres faits et volontés, comme raison est, comme aussi pour l'honneur et exaltation de notredite sainte foi, lui fîmes bailler ladite Jeanne, afin de lui faire son procès, sans en vouloir être prise par les gens et officiers de notre justice séculière, aucune vengeance ou punition, ainsi que faire nous étoit raisonnablement licite, attendu les grands dommages et inconvénients, les horribles homicides et détestables cruautés et autres maux innumérables qu'elle avoit commis à l'encontre de notre seigneurie et loyal peuple obéissant. Lequel évêque, adjoint avecque lui le vicaire de l'inquisiteur des erreurs et hérésies, et appelé avec eux grand et notable nombre de solennels maîtres et docteurs en théologie et droit canon, commença par grand' solennité et due gravité le procès d'icelle Jeanne. Et après ce que lui et ledit inquisiteur, juges en cette partie, eurent par plusieurs et diverses journées interrogé ladite Jeanne, firent les confessions et assertions d'icelle, mûrement examiner par lesdits maîtres docteurs, et généralement par toutes les facultés de notre très chère et très aimée fille l'université de Paris, devers laquelle lesdites confessions et assertions ont été envoyées. Par l'opinion et délibération desquels trouvèrent lesdits juges, icelle Jeanne superstitieuse, devineresse de diables, blasphèmeresse en Dieu et en ses saints et saintes, schismatique et errant par moult de sortes en la foi de Jésus-Christ.

» Et pour la réduire et ramener à l'unité et commun de notredite mère sainte Eglise, la purger de ses horribles et pernicieux crimes et péchés, et guérir et préserver son ame de perpétuelle peine et damnation, fut souvent, et par bien long-temps, très charitablement et doucement admonestée, à ce que toutes erreurs fussent par elle rejetées et mises arrière, voulsît humblement retourner à la voie et droit sentier de vérité, ou autrement elle se mettoit en grand péril d'ame et de corps. Mais le très périlleux et divisé esprit d'orgueil et d'outrageuse présomption, qui toujours s'efforce de vouloir empêcher l'unité et sûreté des loyaux chrétiens, occupa et détint tellement en ses liens le courage d'icelle Jeanne, que pour quelconque sainte doctrine ou conseil, ni autre douce exhortation qu'on lui eût administrée, son cœur endurci et obstiné ne se voulut humilier ni amolir; mais se vantoit souvent que toutes choses qu'elle avoit faites étoient bien faites, et les avoit faites du commandement de Dieu et desdites saintes vierges, qui visiblement s'étoient à elle apparues; et, qui pis est, ne reconnoissoit ni ne vouloit reconnoître en terre fors Dieu seulement et les saints de paradis, en refusant et doutant le jugement de notre Saint Père le pape, du concile général et universelle église militante.

» Et, voyant les juges ecclésiastiques sesdits courage et propos, par tant et si long espace de temps, endurcis et obstinés, la firent mener devant le clergé et le peuple, illec assemblés en très grand' multitude. En la présence desquels, furent prêchés, exposés, et déclarés solennellement et publiquement, par un notable maître en théologie, à l'exaltation de notre foi, extirpation des erreurs, et édification et amendement du peuple chrétien. Et, derechef, fut charitablement admonestée de retourner à l'union de sainte Eglise, et de corriger ses fautes et erreurs, en quoi elle étoit obstinée; et, en ce considéré, les juges dessusdits procédèrent à prononcer la sentence contre elle, en tel cas de droit introduite et ordonnée. Mais, avant que la sentence fut parfaite, elle commença, par semblant, à muer son courage, disant qu'elle vouloit retourner à sainte Eglise, ce que volontiers et joyeusement ouïrent les juges et le clergé dessusdits, qui à ce la reçurent bénignement, espérant, par ce moyen, son ame et son corps être rachetés de perdition et tourment. Adonc se soumit à l'ordonnance de sainte Eglise, et ses erreurs et détestables crimes révoqua de la bouche, et abjura publiquement, signant, de sa propre main, la cédule de ladite révocation et abjuration. Et, par ainsi, notre piteuse mère sainte Eglise, soi éjouissant sur la pécheresse faisant pénitence, veuillant la brebis retrouver et recouvrer, qui, par le désert, s'étoit égarée et forvoyée, et ramener avec les autres, icelle Jeanne, pour faire pénitence, condamna en chartre. Mais guères ne fut illecque, que le feu de son orgueil, qui sembloit être éteint en icelle, rembrasa en flambes pestilentieuses, par les soufflements de l'ennemi; et tantôt ladite femme malheurée renchut ès erreurs et ès rageries (rage) que, par avant, avoit proférées, et depuis révoquées et abjurées, comme dit est.

» Pour lesquelles causes, selon ce que les jugements et institutions de sainte Eglise l'ordonnèrent, afin que, dorénavant, elle ne contaminât les autres membres de Jésus-Christ, elle fut, derechef, prêchée publiquement; et comme elle fut renchue ès crimes et fautes vilaines par elle accoutumées, fut délaissée à la justice séculière, laquelle, incontinent, la condamna à être brûlée. Et, voyant son finement approcher, elle connut pleinement et confessa que les esprits qu'elle disoit être apparus à elle souventefois, étoient mauvais et mensongers, et que les promesses qu'iceux esprits lui avoient plusieurs fois faites de la délivrer étoient fausses : et ainsi se confessa par lesdits esprits avoir été déçue et démoquée. Si fut menée, par ladite justice, liée, au vieil marché dedans Rouen, et là, publiquement, fut arse (brûlée), à la vue de tout le peuple. »

Laquelle chose ainsi faite, le dessusdit roi d'Angleterre signifia, par lettres, comme dit est, au dessusdit duc de Bourgogne, afin qu'icelle exécution de justice, tant par lui, comme les autres princes, fût publiée en plusieurs lieux, et que leurs gens et sujets, dorénavant, fussent plus sûrs et mieux avertis de non avoir créance en telles ou semblables erreurs, qui avoient régné pour l'occasion de ladite Pucelle.

CHAPITRE CVI.

Comment le concile fut remis et ordonné à Bâle, par la mort et induction de l'empereur d'Allemagne.

En cet an, fut, par notre Saint Père le pape et par l'Eglise universelle, constitué à tenir un concile général en la ville de Bâle, lequel avoit été promu à être assemblé durant le pape Martin. Laquelle ville de Bâle est une cité assez puissante et plantureuse de biens, située et assise sur la rivière du Rhin. Auquel lieu se commencèrent à assembler les députés de plusieurs études et nations, entre lesquels y vinrent, en notable compagnie, ceux de l'université de Paris, les ambassadeurs de l'empereur d'Allemagne, et plusieurs rois, princes, prélats, et colléges en grand nombre. Si advint que le pape Eugène voulut délayer de mettre icelui concile jusques à an et demi ensuivant, et le translater à Boulogne-la-Grasse, afin que les Grégeois y pussent venir; mais pour ce que l'empereur lui écrivit moult instamment ses lettres touchant en icelles, l'entretenement dudit concile demoura icellui en son estat : desquelles lettres ou en substance la teneur s'ensuit :

« Premièrement, contenoient les lettres de l'empereur, qu'il désiroit moult que le concile de Bâle ne fût dissipé ni retardé pour l'espérance des Grecs, car on avoit moult de fois labouré, sans effet, pour les attraire à l'union de notre mère sainte Eglise ; mais conseilloit mieux d'arracher et extirper les hérésies régnantes.

» *Item*, car ceux du concile avoient écrit à ceux de Prague, appelés Housses, qu'ils vinssent au présent concile ; et l'empereur leur en avoit écrit pareillement, et, pour y venir, donné sauf-conduit et sembloit qu'ils avoient intention d'y venir ; car ils avoient eu grand' perte contre les Hongres, et si avoient été repoussés, par deux fois, du duc d'Autriche.

» *Item*, pource que les Pragois savoient que le

saint concile étoit principalement tenu pour détruire et abolir leurs hérésies, pouvoit-on espérer que, par information, sans disputation, on les convertiroit à bonne créance.

» *Item*, s'il advenoit qu'ils ne se voulsissent consentir de condescendre à raison, ceux du concile, étant de tous pays, admonesteroient ceux de leurs contrées, à ce qu'ils voulsissent détruire ces Pragois.

» *Item*, pource qu'il veulent approuver leur secte par sainte Ecriture, si on délaissoit le concile, ils diroient qu'on ne sauroit que répondre à leurs raisons, et que rien n'étoit du concile. Et, par ainsi, s'enhardiroient en leurs fausses créances et perverses erreurs.

» *Item*, parceque renommée couroit que le saint concile étoit assemblé présentement pour réformer les mœurs du peuple chrétien, et aussi l'état de l'église, il étoit à douter que les gens laïques, qui moult parloient sur leur état, diroient que si on assembloit, et puis que départît le concile, ainsi qu'on avoit ja fait à Pise et à Constance, que c'étoit sans utilité et profit, et que ce n'étoit qu'une moquerie et confusion.

» *Item*, étoit le concile commencé pour apaiser les dissensions qui, par spécial, étoient en la foi, entre clercs et laïques; pour quoi ceux du concile l'avoient ja écrit, et mandé aucunes villes de venir au concile. Et, par spécial, aucunes villes en Saxogne (Saxe), dont l'une ville, c'est à savoir

Magdebourg, avoit bouté hors son évêque avec le clergé, et autres s'étoient rebellées à leur évêque. Et pour ce qu'ils étoient enclins aux Pragois, étoit à douter aucuns, que si le concile se départît, que ceux-ci et autres se mettroient avec iceux Pragois, tant qu'à grand'peine on y pourroit remédier.

» *Item*, jà-soit-ce que plusieurs princes et villes situées et assises entour les Pragois avoient fait trèves avec iceux, toutefois la greigneur partie se tenoit encore fermement à eux, espérant sur la provision du concile; mais, s'ils savoient le département d'icelui, si feroient aussi trève comme les autres, dont il s'ensuivroit qu'ils se hardiroient avec les Pragois.

» *Item*, avoit eu avis, sur le concile, de pacifier plusieurs rois, princes et autres; et, en ce, commencé à trouver moyen de paix : mais, si le concile étoit séparé, iceux princes étoient taillés d'eux employer à guerroyer, et continuer en guerre, et ne remainderoit (resteroit) nulle espérance d'assembler le concile, pour les séditions et cruautés qui adviendroient, et, ainsi, seroient attargés plusieurs provisions et moyens servant au profit commun de la chrétienté. Si adviendroient grands esclandres et destructions, qui plus évidemment apperroient qu'on ne les pourroit écrire. »

Lesquelles considérations déclarées en l'épître de l'empreur, si étoit la conclusion en icelle, comme il s'ensuit. « Pourquoi, nous requérons à votre sainteté, qu'incontinent écrivez au président et à ceux du saint concile, qu'en nulle manière ne se départent, mais bienheurement accomplissent ce qu'ils ont encommencé, et ce pour quoi ils sont, au nom de Notre-Seigneur, assemblés, en rappelant et annihilant si aucunes choses avez écrites au contraire. Et veuillez considérer que les hérétiques armées accroissent, et que si vous ne les faites décharger à l'Église, et remettre au premier état, on n'y pourra remédier par nulle puissance, par nul conseil, ni par nul engin. Et certainement, ceux qui vous ont conseillé le département du concile, n'entendoient mie les griefs maux qui en pourroient naître. Plût à Dieu qu'ils assavourassent et entendissent la fin comme l'attente, et retardement en ce cas soit moult périlleux et nullement à souffrir! et si on doutoit que par aventure, par les lays peut être usurpée aucune chose contre l'état de l'Église, on s'abuseroit, pour ce qu'ils ne doivent jeter leur faux en autrui lieu, champ ou fruits; mais pour vrai, ses subtilités de retarder le saint concile, feront forcener les lays contre l'Église et clergé; laquelle chose on pourroit par bonne manière détourner, c'est à savoir par entretenir le concile, en quoi les lays seroient refrénés, quand ils verroient que le clergé n'entendroit seulement au singulier profit.

» *Item*, devez considérer qu'il est à supposer que le saint concile, à ce département, ne se voudra nullement consentir, et le suivroient la plus grand' partie des rois, princes, prélats et communes ; et votre sainteté, qui jusques à maintenant a été de bonne réputation en sainte Eglise et sans tache, cherra par cette œuvre, en suspection ou rouille ; et par ce département, sans réelle cause, corromprez votre innocence ; car on pourra dire que vous nourrissez les hérésies et occasions en terre entre les chrétiens, et persévérance de mauvaises mœurs et de péchés au peuple. Pourquoi est à douter grandement inobédience, esclandre et dissension en l'Église de Dieu ; car aucuns vous imposeront que vous avez donné matière et occasion de ces choses, et est à présumer qu'on trouvera assez de ceux qui s'accorderont à ce.

» *Item*, si votre sainteté vouloit en propre personne être présent au saint concile, ce seroit bon et utile ; mais s'il ne pouvoit être, si commandez hâtivement qu'il soit entretenu ainsi qu'il est commencé. Car ces choses, qui touchent sang, et ne peuvent être sans blessure de chrétienté, ne quièrent et ne demandent nul retardement.

» *Item*, si votre sainteté désire au temps à venir à entendre au fait des Grégeois ou autres choses, lesquelles ne quièrent mie si grand' hâte, pourra bien être célébré un autre concile qui sera chose avenante et plus acceptable que ne seroit pour le présent, le rallongement de celui concile. Car il est bien à douter que si ce concile se départ, qu'on ne pourra faire nulle assemblée dedans un an et demi, pour les inconvénients qui adviendroient.

» *Item*, toutes lesquelles choses veuille votre sainteté diligemment considérer, si que ledit concile soit tantôt restauré, et veuillez notre admonition retenir paternellement et débonnairement ; car à ce nous contraint notre conscience et nos dernières nécessités, en quoi nous voyons être mise l'Église de Dieu ; et aussi notre magnificence ne voudroit point volontiers que de ce naquît suspection contre votre sainteté, si comme plus clairement vous donnerons à connoître, quand nous serons par-devers vous, ce que nous espérons que serons brièvement. »

Lesquelles considérations dessus touchées par notredit Saint Père, il restaura et rétablit le saint concile dessusdit, où se rassemblèrent plusieurs seigneurs ecclésiastiques, et séculiers ambassadeurs d'études, prélats et princes, en grand nombre et en grand' multitude.

FIN DU CINQUIÈME VOLUME.

TABLE

DES

MATIÈRES CONTENUES DANS CE VOLUME.

LIVRE SECOND.

	Page
PROLOGUE d'Enguerrand de Monstrelet..............	1
CHAP. I. Comment les nouvelles de la mort du roi Charles le Bien-Aimé furent apportées au duc de Touraine, dauphin, son seul fils; et plusieurs autres matières...	7
CHAP. II. Comment Charles, duc de Touraine, dauphin, fut couronné après la mort du roi Charles, son père..	10
CHAP. III. Comment les Parisiens envoyèrent leur ambassade en Angleterre devers le jeune roi Henri et son conseil; et autres matières...................	11
CHAP. IV. Comment les capitaines du roi Charles s'assemblèrent en grand nombre pour lever le siége de Meulan; et comment le duc de Bedfort traita à ceux dudit lieu...	14
CHAP. V. S'ensuit la copie du dessusdit traité de Meulan...	16
CHAP. VI. Comment les François échelèrent et prirent la forteresse de Dommart, en Ponthieu; et plusieurs autres matières.....................................	21

TABLE

Page

Chap. vii. Comment les ducs de Bedfort, de Bourgogne et de Bretagne vinrent à Amiens, et firent alliance entre eux... 25

Chap. viii. Comment Pothon de Sainte-Treille et Lyonnel de Vendôme firent armes à Arras, en la présence du duc de Bourgogne...................... 30

Chap. ix. Comment le comte de Salsebery assiégea la forteresse de Mont-Aiguillon, laquelle se rendit à lui; et autres matières................................. 34

Chap. x. Comment le roi Charles de France fit assiéger la ville de Crevant par le connétable d'Écosse et le comte de Ventadour, auvergnois............... 37

Chap. xi. Cy parle de plusieurs matières en bref..... 43

Chap. xii. Comment messire Jacques de Harcourt tint parlement avec messire Raoul le Bouteillier, pour la reddition du Crotoy.................................. 46

Chap. xiii. Cy parle de plusieurs autres matières en bref. 52

Chap. xiv. Comment la ville de Compiégne fut remise en la main des Anglois; et comment la ville et le châtel du Crotoy furent rendus au duc de Bedfort... 57

Chap. xv. Comment deux maîtres en arts furent envoyés en la cité de Tournai pour admonester et entretenir le peuple en l'amour du roi Charles; et autres matières... 60

Chap. xvi. Comment messire Jean de Luxembourg assiégea le châtel de Wiègue, et comment il fit une embûche, où Pothon de Sainte-Treille et ses compagnons furent déconfits........................... 63

Chap. xvii. Comment, en cet an, grand' quantité d'Anglois arrivèrent à Calais; et comment messire Jean de Luxembourg assiégea la ville de Guise; et plusieurs autres matières................................ 65

Chap. XVIII. Comment le seigneur de Longueval et plusieurs autres seigneurs tournèrent de la partie du roi Charles.. 69

Chap. XIX. Comment le duc de Bedfort alla à grand' puissance tenir sa journée devant Ivry, laquelle ville et forteresse lui furent rendues........................ 71

Chap. XX. Comment le duc de Bedfort poursuivit les François, et comment il les combattit devant Verneuil.. 74

Chap. XXI. Comment ceux de la ville de Tournai se rémurent l'un contre l'autre................................ 81

Chap. XXII. Comment ceux de Guise traitèrent avecque messire Jean de Luxembourg et messire Thomas de Rampston.. 82

Chap. XXIII. Comment les ducs de Bedfort et de Bourgogne prirent peine à apaiser les ducs de Glocestre et de Brabant.. 91

Chap. XXIV. Comment le duc de Glocestre et la duchesse sa femme allèrent de Calais en Hainaut, prendre l'obéissance des bonnes villes; et comment le duc de Bourgogne se prépara pour aller en l'aide du duc de Brabant, son cousin.......................... 94

Chap. XXV. Comment le duc de Glocestre envoya unes lettres au duc de Bourgogne, et la copie d'icelles... 97

Chap. XXVI. Copie des premières lettres du duc de Bourgogne envoyées au duc de Glocestre........... 101

Chap. XXVII. Copie des secondes lettres envoyées par le duc de Glocestre au duc de Bourgogne........... 106

Chap. XXVIII. Comment le duc de Bourgogne retourna en Flandre; et comment il envoya unes secondes lettres au duc de Glocestre, et la copie d'icelles.... 109

Chap. XXIX. Comment la ville de Braine en Hainaut fut détruite et désolée par les commis de Brabant et autres.................................... 112

Chap. xxx. Comment le pape Martin envoya unes bulles au duc Jean de Brabant, et la teneur d'icelles. 119

Chap. xxxi. Comment, après le département du duc de Glocestre, la guerre s'émut en Hainaut; et comment la duchesse Jacqueline de Bavière écrivit au duc de Glocestre pour avoir secours, et le contenu des lettres................................... 121

Chap. xxxii. Comment le duc de Bedfort et le duc de Bourgogne se trouvèrent ensemble en la ville de Dourlans; et autres matières suivants........... 128

Chap. xxxiii. Comment le soudan et les Sarrazins délibérèrent d'aller conquerre tout le royaume de Chypre. 131

Chap. xxxiv. Comment le duc de Bourgogne fit grands préparations pour combattre le duc de Glocestre; et autres matières............................. 133

Chap. xxxv. Comment la duchesse Jacqueline de Bavière se partit et embla de la ville de Gand, et s'en alla au pays de Hollande..................... 137

Chap. xxxvi. Comment le duc de Bedfort mit jus le champ des ducs de Bourgogne et de Glocestre, et autres matières............................. 138

Chap. xxxvii. Comment le seigneur de Silvatier (Fitzwalter) vint au pays de Hollande en l'aide de la duchesse Jacqueline de Bavière................. 141

Chap. xxxviii. Comment le duc de Bourgogne retourna en Hollande et assiégea la ville de Zenenberghe, laquelle se rendit à lui; et autres matières......... 146

Chap. xxxix. Comment les Sarrazins retournèrent en Chypre, et eurent bataille aux Chypriens, en laquelle bataille le roi fut pris, et mené au soudan... 149

Chap. xl. Comment la forteresse de Moyennes en Champagne fut prise des François; et comment sen-

DES MATIÈRES. 371
Page

tence fut rendue pour le duc Jean de Brabant; et de la forteresse d'Oripecte en Provence............ 160

CHAP. XLI. Comment le duc de Bedfort fit assiéger Montargis, et comment le siége fut levé par les François ; et autres matières................ 162

CHAP. XLII. Comment la forteresse de la Malle-Maison, qui étoit à l'évêque de Cambrai, fut prise par messire Jean Blondel ; et autres matières................ 167

CHAP. XLIII. Comment messire Jean Blondel rendit la forteresse de la Malle-Maison, qu'il avoit prise, laquelle appartenoit à l'évêque de Cambrai......... 170

CHAP. XLIV. Comment le duc de Bourgogne retourna au pays de Hollande, où il fit assaillir la ville de Hermontfort ; et autres matières................ 172

CHAP. XLV. Comment en ce temps le soudan de Babylone écrivit lettres aux princes chrétiens, et la teneur d'icelles................ 175

CHAP. XLVI. Comment les Anglois vinrent en la duché de Bretagne, où ils firent moult de maux et de grands dommages ; et autres matières................ 176

CHAP. XLVII. Comment messire Jean de Luxembourg assiégea Beaumont en Argonne................ 183

CHAP. XLVIII. Comment le traité se fit entre le duc de Bourgogne et la duchesse Jacqueline de Bavière, pour la guerre de Hollande ; et le contenu d'icelui.. 185

CHAP. XLIX. Comment le comte de Salsebery vint en France atout grand gent en l'aide du duc de Bedfort; et comment le duc de Bourgogne ramena la duchesse Jacqueline de Bavière en Hainaut................ 187

CHAP. L. Comment ceux de Tournai s'émurent derechef l'un contre l'autre................ 189

CHAP. LI. Comment le comte de Salsebery conquit Jargeau et plusieurs villes devers Orléans ; et comment le duc de Bedfort voulut avoir les rentes des églises.. 190

Chap. lii. Comment le comte de Salsebery assiégea la cité d'Orléans, où il fut occis..................... 192

Chap. liii. Comment un prêcheur, nommé frère Thomas, convertit plusieurs personnes, et abattit les bobans et atours des femmes en plusieurs parties... 197

Chap. liv. Comment grands tournoiements se firent en la ville de Bruxelles............................ 202

Chap. lv. Comment le comte de Namur trépassa, et fut le duc de Bourgogne son héritier................. 204

Chap. lvi. Comment les Anglois, allant au secours du siége d'Orléans, rencontrèrent les François qui les assaillirent... 206

Chap. lvii. Comment une Pucelle, nommée Jeanne, vint devers le roi Charles, à Chinon, où il se tenoit; et comment ledit roi Charles la retint avec lui..... 210

Chap. lviii. Comment, de par le roi Charles et ceux de la ville d'Orléans, vinrent ambassadeurs en la cité de Paris, pour faire traité au duc de Bedfort, afin que ladite ville d'Orléans demeurât paisible........ 213

Chap. lix. Comment la Pucelle Jeanne et plusieurs nobles capitaines de France et de grand renom, rafraîchirent la noble ville et cité d'Orléans de vivres et de gens d'armes, et depuis levèrent le siége....... 216

Chap. lx. Comment le roi de France, à la requête de la Pucelle Jeanne et des autres nobles capitaines étant en la ville d'Orléans, leur envoya grand' quantité de gens d'armes, pour aller sur ses adversaires et ennemis... 221

Chap. lxi. Comment la Pucelle Jeanne, et le connétable de France, et le duc d'Alençon et leurs routes conquirent la ville de Jargeau; et la bataille de Pa-

DES MATIÈRES. 373

Page

tai, où les nobles François déconfirent les Anglois. 223

Chap. LXII. Comment le duc de Bourgogne, à la requête du duc de Bedfort, s'en vint à Paris, où de nouvel ils reconfermèrent leurs alliances............... 231

Chap. LXIII. Comment le roi Charles de France se mit sur les champs atout grand foison de gens d'armes et de chevaliers; auquel voyage mit en son obéissance plusieurs villes et châteaux............... 234

Chap. LXIV. Comment le roi Charles de France, atout grande et noble chevalerie, et atout grand nombre de gens d'armes, s'en vint en la cité de Reims, où il fut sacré par l'archevêque de Reims............ 237

Chap. LXV. Comment le duc de Bedfort fit moult grand' assemblée de gens d'armes pour aller combattre le roi Charles; et comment il lui envoya unes lettres.. 240

Chap. LXVI. Comment le roi Charles de France et le duc de Bedfort, et leurs puissances, rencontrèrent l'un l'autre vers le Mont-Épiloy............... 245

Chap. LXVII. Comment le roi Charles de France envoya ses ambassadeurs à Arras vers le duc de Bourgogne. 249

Chap. LXVIII. Comment le seigneur de Longueval prit le château d'Aumarle sur les Anglois............ 251

Chap. LXIX. Comment la ville de Compiégne se rendit au roi Charles, et du retour des ambassadeurs de France, qui étoient allés vers le duc de Bourgogne. 253

Chap. LXX. Comment le roi de France fit assaillir la cité de Paris............................... 255

Chap. LXXI. Comment le duc de Bourgogne envoya ses ambassadeurs à Amiens pour entretenir les habitants d'icelle ville de sa partie........................ 258

Chap. LXXII. Comment le roi Charles de France s'en retourna en Touraine et en Berri................ 260

Chap. LXXIII. Comment le duc Philippe de Bourgogne,

en grand appareil, ramena sa sœur en la cité de Paris, au duc de Bedfort son mari.................... 261

Chap. lxxiv. Comment les François et Bourguignons couroient l'un sur l'autre, nonobstant les trêves qui y étoient.. 265

Chap. lxxv. Comment les seigneurs de Saveuse et le bâtard de Saint-Pol furent pris devant Paris par les François; et comment, par d'autres François, la ville de Saint-Denis fut prise et échelée.......... 268

Chap. lxxvi. De plusieurs conquêtes que firent les Anglois.. 271

Chap. lxxvii. Comment le duc de Bourgogne se remaria la tierce fois à mademoiselle Isabelle, fille au roi de Portugal...................................... 274

Chap. lxxviii. Comment Etienne de Vignoles, dit La Hire, échela et prit la ville de Louviers, en Normandie.. 276

Chap. lxxix. Comment, en cet an, le duc de Bourgogne mit sus un ordre, qui fut nommé l'ordre de la Toison..................................... 277

Chap. lxxx. Comment le seigneur de Crèvecœur et Robert de Saveuse furent rencontrés des François en allant à Clermont en Beauvoisis................. 279

Chap. lxxxi. Comment cinq François firent armes à Arras contre cinq Bourguignons; et autres menues matières... 280

Chap. lxxxii. Comment le duc de Bourgogne, atout sa puissance, alla loger devant Gournai-sur-Aronde. 283

Chap. lxxxiii. Comment le duc de Bourgogne alla mettre le siége devant le châtel et forteresse de Choisy, lequel il conquit en brefs jours.................. 286

Chap. lxxxiv. Comment Jeanne la Pucelle rua jus Franquet d'Arras, et lui fit trancher la tête........ 289

CHAP. LXXXV. Comment René, duc de Bar, mit le siége devant Chappes, emprès Troyes, en Champagne.. 290

CHAP. LXXXVI. Comment Jeanne la Pucelle fut prise des Bourguignons devant Compiégne............ 291

CHAP. LXXXVII. Comment le jeune roi Henri d'Angleterre vint en France et descendit à Calais........ 294

CHAP. LXXXVIII. Comment, après la prise de la Pucelle, le duc de Bourgogne et ses gens se logèrent devant la ville de Compiégne...................... 295

CHAP. LXXXIX. Comment les Liégeois se mirent sus à grand'puissance de communes et vinrent en la comté de Namur............................... 297

CHAP. XC. Comment le duc de Bourgogne envoya le seigneur de Croy en la comté de Namur, contre les Liégeois................................. 300

CHAP. XCI. Comment le comte de Huntingdon vint devant Compiégne en l'aide du duc de Bourgogne... 302

CHAP. XCII. Comment un homme nommé Toumelaire et ceux de Reims mirent le siége devant Champigneux.................................. 305

CHAP. XCIII. Comment le duc Philippe de Brabant trépassa; et comment le duc de Bourgogne prit la possession de ladite duché.................... 306

CHAP. XCIV. Comment messire Jean de Luxembourg entreprit le gouvernement du siége de Compiégne, et des ordonnances qu'il y fit; et autres matières... 309

CHAP. XCV. Comment le prince d'Orange fut rué par les François................................. 315

CHAP. XCVI. Comment les François vinrent devant la ville de Compiégne, où ils levèrent le siége des Bourguignons.............................. 316

CHAP. XCVII. Comment le maréchal Boussac alla assiéger le châtel de Clermont en Beauvoisis......... 328

TABLE DES MATIÈRES.

Page

Chap. XCVIII. Comment plusieurs Anglois et Bourguignons veuillant, au commandement du duc de Bourgogne, aller assiéger Garmigny, furent rencontrés et vaincus des François........................ 330

Chap. XCIX. Comment les François demandèrent à avoir bataille contre le duc de Bourgogne et à sa puissance, laquelle ledit duc, par son conseil, ne voulut accorder; et autres matières............... 334

Chap. C. Comment les gens de messire Jean de Luxembourg prirent le fort de Saint-Martin, auquel ils furent tous morts et pris...................... 340

Chap. CI. Comment Pothon de Sainte-Treille et messire Louis de Vaucourt furent pris des Anglois......... 343

Chap. CII. Comment Maillotin de Bours et messire Hector de Flavi se combattirent l'un contre l'autre en la ville d'Arras.............................. 344

Chap. CIII. Comment les gens du roi Charles voulurent prendre la ville de Corbie...................... 350

Chap. CIV. Comment le seigneur de Barbazan mit siége devant le châtel d'Anglure, que tenoient les gens du duc de Bourgogne............................. 351

Chap. CV. Comment Jeanne la Pucelle fut condamnée à être arse et mise à mort dedans la cité de Rouen... 353

Chap. CVI. Comment le concile fut assemblé et ordonné à Bâle, par la mort et induction de l'empereur d'Allemagne.. 359

FIN DE LA TABLE DES MATIÈRES.

www.ingramcontent.com/pod-product-compliance
Lightning Source LLC
Chambersburg PA
CBHW060614170426
43201CB00009B/1012